真.

トレーダーズ
バイブル

小次郎講師流
目標利益を安定的に
狙い澄まして獲る

Vトレーダーになるためのルール作り

著 小次郎講師

Pan Rolling

JN216028

# 序章

　狙い澄まして勝つ。大勝ちはしないまでも、自分が設定した利益目標を狙い澄まして達成する。しかもコンスタントに。

　そういったトレーダーのことを **「Ｖトレーダー」** と呼びます。そんなことが果たして可能でしょうか？　私は可能だと思っています。この書はＶトレーダーを養成するために作りました。

　私がトレードの世界に入ったのは1970年代後半でした。それからわずか数年後にトレード世界を震撼させた世紀の賭け、「タートルズの大実験」がスタートしたのです。

　タートルズの大実験、皆さんはご存じでしょうか？ことの発端は二人の天才トレーダーの賭けからスタートしました。ひとりは400ドルを元手に数十億ドルを稼ぎ出し、生きながら伝説となった男リチャード・デニス。もうひとりは年間60％以上の利益を長期にわたって上げ続けた数学者でありトレーダーでもあったウイリアム・エックハートです。

　この二人がある日、口論となりました。その口論の内容は「天才トレーダーは育てられるか？」というものです。「俺たちは天才トレーダーと世間から言われているが、俺たちのようなトレーダーは教育によって育てることができるか？　それとも天賦の才能によるものか？」。リチャード・デニスは出来ると言い、ウィリアム・エックハートはできないと主張しました。そして、その口論の末、「では実験

して決着をつけよう！」ということになり、世紀の大実験が始まった
のです。

　新聞広告でほとんど素人に近いトレーダーを募集し、そのトレーダーに2人が教育を施し、ひとり平均なんと1億円前後の運用資金を渡して運用をさせました。その実験に参加したトレーダーたちのことをタートルズと名付けたのです。

　その結果は？

　数年にわたって繰り広げられたこの実験は参加者が年平均80％の利益を上げ続けたことにより大成功に終わりました。そして、タートルズ出身者はその後もトレードの世界で長く活躍を続けました。つまり**天才トレーダーは育てられた**のです！

　私は何が何でもその手法を知りたいと思いました。しかし、その手法は10年間の守秘義務が設定されており、なかなか知ることができませんでした。守秘義務が解けた後も、自分の手法を公開する人は少なく、断片的にしか、その手法は知れ渡っていません。現在、タートルズ関係の本はたくさん出ていますが、そのすべてを読んだとしても、6割程度の内容を知ることができれば御の字でしょう。

　私は仲間とタートルズのトレード手法研究に5年以上の年月を掛けて、ようやくその全貌を理解するに至りました。そして驚愕したのです。
　タートルズは予想を一切しません。むしろ、予想することを禁止していました。そして、タートルズが成功した大きな理由は、実は「資金管理」にあるのだと理解しました。タートルズのエントリールールも有名ですが、実は**そのエントリールールが素晴らしいから勝てたの**

ではなく、**資金管理が素晴らしいからこそ、タートルズは勝ち続けることができた**のです。

　この書では**タートルズのトレード手法の全容を紹介**します。なおかつ、それをバージョンアップした現在私が使っている手法も紹介します。しかし、この本の最大のテーマは既存の手法を紹介することではなくて、Myルール作りにあります。

　Myルールとは自分自身のトレードルールのことです。トレーダーはひとりひとり資金量も違えば性格も違います。ですから、勝つためには自分自身で作り上げたMyルールが必要です。と言っても、勝てるMyルールを作りあげることはとてもレベルの高い作業となります。そこで、**たたき台として今でも通用するタートルズルールを提示し、それをカスタマイズしてMyルールを作り上げる方法を紹介**しようというのがこの書の趣旨です。

　政府が「貯蓄から投資へ」という政策を推進しています。何故、貯蓄から投資なのでしょうか。国民が貯蓄をしていても国家の財産が増えることはありません。大きな借金を抱える国は、国民の面倒を見ることができないのです。自分の老後は自分でなんとかしてくださいというのが、投資を進める政府の本音なのです。

　残念ながら、その政策にもかかわらず、日本の投資教育は非常に遅れており、勉強しないままにトレードの世界に参加する人が後を絶ちません。勉強せずに参加して勝てるほどトレードは簡単ではありません。勉強をして、鍛錬をして、初めて勝ち組トレーダーになれるのです。
　今日、投資の必要性はますます高まっています。
　これからトレードを始めようという人にとっては、本書はやや難し

く感じるかもしれません。しかし、最初にきちんと学ぶことはとても大事なことなのです。ぜひ、自分のものにしてください。

　そして、すでに自己流でトレードをやっていてVトレーダーになれていない人がいるのなら、本書を熟読し、自分のどこが未熟であったかを探り出してください。Myルール作りは自分のトレードを点検する最高の課題となります。

　すべての投資家のバイブルになるものを書こうと決意してから数年の時を経て、本書はようやく完成しました。

　株式・FX・先物、すべてのトレードの基本は同じです。本書を読むことによって、正しいトレードの考え方を学んでいただけると思います。

　最後に。本書の制作最終段階でインフルエンザに罹られながらも、その病床で編集作業を続けてくださったパンローリングの磯崎公亜氏、校正に私以上に情熱を注いでくださり、いつも的確な助言をしてくださった小島栄一氏に心から感謝します。この本はこの二人をはじめ、多数の方の協力の下にようやく出来上がったものです。もし、この本が少しでも日本のトレーダーのお役に立つものになったとしたら、その方たちのお陰であることを明記しておきたいと思います。ありがとうございました。

# 本書の特徴

　本書の目的は、トップトレーダーの良いところを真似して、それを自身のトレードルールに適用させようというものです。具体的には、伝説のトレーダー集団であるタートルズのトレードルールから資金管理とリスク管理を採用し、エントリーに関しては、小次郎講師流のルールを取り入れました。両者の長所を融合したトレード手法の紹介になっています。

　本書で学ぶトレードの主な流れは以下のとおりです。

## ステップ１：破産しないような「賭け金」を決める

例）　１回のトレードにつぎ込んでも良い金額は決まっている

## ステップ２：エッジにある局面を探す

例）　移動平均線３本の並び順

## ステップ３：エッジのあるときにだけエントリーする

例）　買いにエッジがあるときは買いエントリーのみ

## ステップ４：理にかなった出口を考える

例）　トレンドが続いているうちは利を伸ばす

　　　市場のノイズに巻き込まれないところにロスカットを置く

## ステップ５：チャンスが来たときには増し玉する

例）　増し玉にもルールがある

**タートルズ**

◎資金管理（賭け金の調整）
◎リスク管理（ロスカットの調整）
◎増し玉

**小次郎講師**

◎エッジの探し方
◎エントリールール

目標利益を、コンスタントに、
狙い澄まして稼ぎ出すトレードルール

このうち、一番大事なのは、ステップ1です。なぜなら、どんなに優れたエントリールールがあったとしても、たった1回の無謀な挑戦の結果、破産してしまうことは、十分、あり得るからです。

　本書では、破産しないことを前提に、安定的に、かつ、目標とする利益を狙い澄まして獲るルール作りを紹介しています。

# 第7章　増し玉（追加）のルール

# 第2部　移動平均線大循環分析と大循環MACD

# 第11章　移動平均線大循環分析

# 第12章　大循環MACD

# 第1部

## Myトレードルールを作る

第1章から第10章までは、
タートルズのトレードルールを軸に、
目標利益を、コンスタントに、狙い澄まして獲るための
My トレードルール作りについて解説しています。
タートルズのトレードルールの中で、
秀逸なのは資金管理とリスク管理のルールです。
優れたエントリールールがあれば
それだけで勝てるわけではないという事実を学習し、
資金管理とリスク管理のやり方を
自身のトレードルールに加えてください。

# 第1章

## トレードエッジのあるトレードをしているか

# エッジのないトレードをしていないか

　あなたがトレードを始めた理由は何でしょうか？　個々人の事情によって、細部は異なるでしょうが、「資産を増やしたいと考えて始めた」という思いは、どのトレーダーにも共通しているはずです。

　トレーダーたちの心の中にある「資産を増やしたい」という思いを実現するためのトレード手法は、世の中に、数多くあります。移動平均線を使ったやり方、オシレーター（RSIやストキャスティクスなど）を利用したやり方、ローソク足の動きを見たプライスアクション重視のやり方など、トレーダーの数だけあるといっても言い過ぎではないでしょう。

　基本的には「この手法は使えるが、あの手法は使えない」という話にはなりません。"あるひとつのこと"が守られている限り、どの手法を使っても結果を出すことができます。もう少し具体的に言えば、破産しないことを前提とした資金管理とリスク管理のもとで"あるひとつのこと"を守り続ける限り、勝てる確率が負ける確率を上回ります。

　気になるのが"あるひとつのこと"とは何かでしょう。結論を先に言うと、それは「エッジ（トレードエッジ）があるかどうか」という

ことになります。

　一般的に、エッジは「優位性」と訳されています。しかし、価格変動の渦中においては、明らかに買いが有利、もしくは明らかに売りが有利という場面に対して「エッジがある」という言い方をします。

　トレードでは、通常、価格が上がるか下がるかは五分五分（フィフティフィフティ）です。ところが稀にある時期、買い方または売り方のどちらか一方が有利になる局面が訪れます。

　その代表例として挙げられるのが、トレンドが発生している局面です。上昇トレンド中なら明らかに買いが有利です。このときに仕掛けるなら、もちろん「買い」です。売りで参入するべきではありません。

　このようなことを話すと、「そんな基本的なことを今さら……」と思う人がいるかもしれません。でも、良い機会ですので、一度、自分のトレードを見つめ直してみてはいかがでしょうか。上昇トレンド中にもかかわらず「もう、そろそろ天井だろう」と、安易に売りを仕掛けていませんか。「オシレーターのテクニカル指標を見ると、買われ過ぎだから……」という理由だけで、売りで勝負しているようなことはありませんか。

　話をまとめます。

　トレードでは、価格変動の中でエッジがある局面を読み取り、エッジがある方向に仕掛けるのが鉄則です。それ以外のときは仕掛けません。もちろん、エッジがある場面で仕掛けても外れることはいくらでもあります。エッジはあくまで有利な局面というだけで絶対ではないからです。

　だからこそ、逆方向に動いた場合は、ロスカットラインに達したときにためらいなく損切りします。

　世の中に絶対に勝てるやり方がない以上、個々のトレードの結果に

着目すれば損切りで終わることももちろんあります。しかし、エッジのある局面で仕掛けていれば、当たり外れを繰り返す中で、最終的にトータルでプラスになります。それがエッジを利かせたトレードなのです。

　あなたのトレードはどうでしょうか？

## 第2節
# 相場は確率のビジネスである

### 1）予想はよそう

　一般的にトレーダーは先々の価格変動を予想して、上がると思えば買い、下がると思えば売ります。そして予想が当たれば儲かり、予想が外れれば損をすると考えているはずです。

　しかし、相場の達人は予想をしません。予想することは百害あって一利なしだと知っているからです。

　例えば、タートルズ（後述）のひとりがのちに出版した書籍の中で次のように語っています。

タートルズは予想をしない。先が読めるふりもしない。市場がこれから上げ相場になるのか下げ相場になるのかは誰にもわからないのだ。とかく初心者は、明日の取引を予想したがる。（中略）タートルは、先が読めるふりもしない。市場を眺めて「金は上がる」などとはぜったいに言わない。

（『タートル流投資の魔術』より）

　また私が研究している一目均衡表の原著でも一目山人氏がこう言っています。

私のところにも、相場がちょっと変わった動きをした時は、よく電話がかかって来て、「この相場はどうなんですか。これからどうなるんですか」と聞かれるのですが、私はいつも同じような答え方をします。「先のことは知りません。」（中略）私は、相場の予想をすることに、非常な危険性を感じています。

（『一目均衡表原著』より）

　時代も違い、国も違う相場の達人が、口を揃えて予想することを戒めています。それなのに凡人は必死で予想しようと躍起になっているのです。

**では、なぜ予想がいけないのでしょうか。**

　将来のことは誰にもわかりません。どれほど偉いアナリストが自信たっぷりに将来を語っても、そうなるとは限らないのです。むしろ、現在のようにさまざまなファンダメンタルズが入り組んだ時代では、読めることのほうが少ないでしょう。予想をした"今"と予想した事柄が生じるはずの"将来"までには時間差があります。その間に何が起こるかは誰にもわかりません。

　それほど不確かであるにもかかわらず「アベノミクスだから株式は上がる」とか「日銀の異次元緩和だから必ず円安になる」と思い込んでしまうと、それ自体が命取りになるのです。

## 2）確率のビジネスとしてのトレード

　思い込みは、トレーダーの判断を誤らせます。

　例えば、あるトレーダーが価格は上がると"思い込んだ"とします。するとそのトレーダーは、価格が下がっても、それは一時的な現象だと

自分に言い聞かせてしまうのです。それどころか、一時的な下げならむしろ買いチャンスだとすら考え始めます。結果、ロスカットしないばかりか、価格が下がれば下がるほど買いポジションを増やすのです。

　ファンダメンタルズを極めたと過信し、確度が高いと自信を持っても、予想は簡単に外れます。にもかかわらず、意地になって買い進み、大失敗するのは予想に自信があるときほど起こりやすくなります。

　トレードをするとき、自分の予想を他人に話すことは厳に慎むべきです。「トヨタは上がると思う」「豪ドル／円がこんな状況で下がるはずはない」と口にした瞬間から、トレーダーはその予想に縛られます。その後にいろいろな材料が出てきても、都合の良い材料だけを受け入れ、都合の悪い材料は無視し始めるのです。自分で意識はしなくても、気づいたときには、そういう状況に陥っています。そして、ますます自分の予想に凝り固まっていくのです。このことが命取りになるのです。

　ですから、私の塾生には、ファンダメンタルズのセミナーに行くなら、三流の講師を選べと言っています。

　一流講師の話には説得力があります。仮にそこで予想が示されれば、聞き手はそれに納得し、受け入れてしまいがちです。冷静に考えれば、その予想が必ず当たるとは限りません。それにもかかわらず、これは間違いないと受け入れてしまうことが命取りになるのです。

　三流講師のセミナーも、ファンダメンタルズの勉強になるでしょう。しかし、そこで示される予想が聞き手を得心させるほどの説得力を持たないなら、それだけでトレードしようとは思わないはずです。

　それでは予想をせずに、どのようにトレードして、どのように勝つのでしょうか。

　大多数の投資家はトレードを「予想のゲーム」だと思っています。それとは対照的に、相場の達人はトレードを「確率のビジネス」だととらえています。彼らは、**勝つ確率が高いところ（トレードエッジのあるところ）を見つけ、そこで勝負している**のです。

「予想」ではなく、「確率」をベースにトレードで勝つためには、覚えておくべき「公式」があります。本節で詳しく解説します。

### 1) まずは大数の法則を理解する

サイコロを振って１の目が出る確率は６分の１です。しかし、６回サイコロを振れば必ず１回は１が出るとは限りません。６回振って１回も出ないこともあるでしょうし、２回、３回と連続で出ることもあります。では、６分の１の確率とはどういう意味でしょうか。

それは、６回サイコロを振っても１の目が１回出るか出ないかはわからないが、600回振れば１の目が出る回数は100回に、6000回振れば1000回に近づくように、それぞれの確率を計算すると、振る回数が多くなればなるほど６分の１に収れんするということなのです。すなわち理論上の確率は、実測の回数が増すほど正確に現れます。これを「大数の法則」と呼びます。

この大数の法則は、保険会社が保険金額を決めるときにも用いられています。ある人が保険の加入期間中に、事故に遭ったり病気になったりするかどうかはわかりません。しかし日本人全体ならば、どれくらいの人が事故に遭い、どれくらいの人が病気になるかはある程度わかります。それを元に確率をはじき出し、保険会社が儲かるように保

険金額を決めるのです。

　大数の法則は投資の世界でも有効です。例えば、サイコロを振って1の目が出たら7倍になって返ってくるという賭けがあったとします。これは有利な賭けでしょうか、それとも不利な賭けでしょうか。

　1回1万円ずつ6回賭けると6万円を支払うことになります。そして、6回に1回、1の目が出ると7万円が戻ってきます。「7万円－6万円＝1万円」ですから、これは有利な賭けです。つまり「エッジがある」のです。

　もちろん、6回振って1回も「1」が出ない場合もあるでしょう。しかし600回、6000回と続ければ、最終的には、高い確率で勝ちにつながります。これが「大数の法則で勝つ」ということです。

　しかし、大数の法則を有効にするためには、それなりのトレード回数が必要になります。だからこそ、その間に資金不足に陥ったり、途中で破産したりしないように、資金管理とリスク管理がとても重要になってくるのです。


## 2）トレードで勝つためのステップ

　トレードで勝つためには、以下の手順（ステップ）が必要です。


**①破産しないように、資金管理とリスク管理を確立すること**
　　**※第2章＆第3章で解説**
**②大数の法則を利用して、エッジのある局面を探すこと**
　　**※第4章で解説**
**③エッジのある局面に絞ってトレードすること**
　　**※第5章＆第6章＆第7章で解説**


　まず、資金管理とリスク管理をしっかり確立して、大数の法則によ

り、価格変動の中でエッジがある状況を見つけ出します。そして、エッジのある状況になったら、買いにエッジがあるときは「買い」を仕掛け、売りにエッジがあるときは「売り」を仕掛けます。ひとつひとつのトレードには当たり外れがあるかもしれませんが、大数の法則に則っている以上、トレード全体としては狙い澄まして勝てる可能性が高まります。

### 3）トレードエッジを導き出す計算式

トレードエッジを導き出す計算式は、トレードにおける"勝利の方程式"です。理解すればよいというレベルではなく、身体に染みこませて、使いこなせなくては意味がありません。トレードエッジの計算式は以下の通りです。

**TE（トレードエッジ）＝勝率×平均利益−（１−勝率）×平均損失**
**＝勝率×平均利益−負け率×平均損失**

この計算式のうち、（１−勝率）は負ける確率です。ここではわかりやすく「負け率」と呼びます。勝率が70％なら負け率は30％、勝率が40％なら負け率は60％になる理屈です

「平均利益」はすべてのトレードの中で勝ちトレードだけをピックアップして、合計の収益額を勝ちトレードの回数で割って求めます。平均損失はその逆で、すべてのトレードの中で負けトレードだけをピックアップして、合計の損失額を負けトレードの回数で割って求めます。

| 1回目 | 2回目 | 3回目 | 4回目 | 5回目 | 6回目 | 7回目 | 8回目 | 9回目 | 10回目 |
|---|---|---|---|---|---|---|---|---|---|
| +50 | -20 | +100 | -70 | -30 | +150 | +40 | +60 | -40 | +200 |

この例では、10回トレードして勝ちは6回、負けは4回です。

勝ちトレードだけピックアップして収益を合計すると600万円（＋50万円＋100万円＋150万円＋40万円＋60万円＋200万円＝600万円）となります。6回のトレードで600万円の利益ですから平均利益は100万円です。

一方、負けトレードの合計損失額は160万円（－20万円－70万円－30万円－40万円＝－160万円）です。4回のトレードで160万円の損失ですから、平均損失は40万円となります。

次に、このトレードをもとにトレードエッジを計算してみます。

**TE＝60%×100万円－40%×40万円**
**＝60万円－16万円＝44万円**

つまり、このケースでは44万円のトレードエッジがあることになります。

### 4）トレードエッジがプラスなら勝利の方程式が成立する

トレードエッジを理解するうえで重要なことのひとつが、勝率80%でもトレードでは負けがありえるということです。例えば10万円ずつ8回勝って、50万円ずつ2回負けるケースがそうです。トレードエッジはマイナスの値となり、損失状態を示しています。

**（計算）**
**勝率＝8÷10＝0.8（※80%）**
**TE＝80%×10万円－20%×50万円**
**＝8万円－10万円＝－2万円**
※以降、計算式では勝率は小数点で考える、例えば勝率80%なら0.8。

この事実は、逆にいえば、勝率30％でも収益を上げられることを意味しています。トレードエッジの計算式は、トレードで勝つとはどういう状態かを突き詰めた結果、導き出されたものなのです。

　あるトレードルールに則ってトレードした場合、そのトレードルールが有効か有効でないかは、トレードの結果をTEの計算式に当てはめれば判別がつきます。計算の結果、**トレードエッジがプラスなら勝てるルール、マイナスなら勝てないルール**です。また、TEの値がプラスで大きければ大きいほど収益も大きくなり、逆にマイナスでその値が大きくなれば損失も大きくなります。

　ただし、大数の法則に則るので、ある程度トレードの回数をこなさなければ適切な答えは得られないことに注意してください。

## 確認テスト

### ◆設問1

あるトレードルールが勝率60%、平均利益30万円、平均損失50万円の場合、これは勝てるルールか否か。

### ◆設問2

コインを投げて表が出たら賭け金の4倍が払い戻され、裏が出たら賭け金は没収というゲームがあったとする。ただしコインには細工があり、表が出る確率は24%である。このゲームで表に賭けることにエッジはあるか。

～～～～～～～～～～～～～～～～～～～～～～～～～～

### ◆設問1の回答

勝てないルール。

TE = 60% × 30万円 − 40% × 50万円 = 18万円 − 20万円
= − 2万円

### ◆設問2の回答

エッジはない。

仮に10万円賭ける場合、1回の勝ちに対する収益金は30万円（40万円 − 10万円）である点に注意する。

TE = 24% × 30万円 − 76% × 10万円 = 7.2万円 − 7.6万円
= − 0.4万円

## 5）期待値を考える

　トレードにおける "勝利の方程式" ともいえるトレードエッジの考え方を身体に染みこませるために、もう少し練習します。次の問題を考えてみましょう。

---

【競馬の問題】
1番人気A、勝つ確率55%　配当170円
2番人気B、勝つ確率25%　配当410円
3番人気C、勝つ確率20%　配当600円


（設問）
エッジのある順番に並べよ。

---

　馬券は1枚100円。配当170円とは、1番人気の馬Aが1着になった場合、100円が170円になって返ってくるということです。

　この問題を解くには、トレードエッジの計算式をきちんと理解している必要があります。

---

**【トレードで勝つための条件】**
**勝率×平均利益＞負け率×平均損失**

---

　トレーダーの目的はトレードで勝つことです。それにもかかわらず、中には勝つことの意味、そして勝つためには何が必要なのかを理解し

ていないトレーダーがいます。そういうトレーダーは投資用資金の増減だけしか見ていません。勝つために必要なプロセスを忘れているのです。

　競馬の問題に戻ります。はじめに馬Aのエッジを計算しましょう。

> **馬Aのエッジ**
> ＝ 55%× 70 円－ 45%× 100 円＝ 38.5 円－ 45 円
> ＝－ 6.5 円

　なぜこのような式になったのかを考えます。馬Aの勝率は55％で、1着になった場合に得られる収益は常に70円（170円 － 100円）で、これが平均利益となります。

　一方、負け率は「1 － 勝率55％」ですから45％です。また負けた場合は常に馬券の100円を失うのですから平均損失は100円です。これらの数字を TE の計算式に当てはめると「－ 6.5円」という結果が得られます。すなわち1番人気の馬Aにはエッジがないために、買い続ければ必ず損をします。

　同様に馬Bと馬Cのエッジを計算します。

> **馬Bのエッジ**
> ＝ 25%× 310 円－ 75%× 100 円＝ 77.5 円－ 75 円
> ＝ 2.5 円

> 馬Cのエッジ＝ 20％× 500 円− 80％× 100 円
> ＝ 100 円− 80 円
> ＝ 20 円

　エッジがある順番はＣ、Ｂ、Ａで、１番人気の馬だけにエッジがありません。ですから、馬Ａは買ってはいけないのです。

　さて、ここで、トレードエッジの計算式を使って求めた、各馬のエッジである − 6.5 円、2.5 円、20 円という数値は何を表しているのかを考えてみましょう。

　ここで求められる数値は **「期待値」** と呼ばれるものです。同じ確率の賭けを続けていると、１回当たりいくらの利益または損失につながるかがわかります。

　競馬の話に戻ります。馬Ｃのエッジはプラス 20 円ですから、この馬は１回当たり 20 円の利益を稼ぎ出してくれると期待できるのです。

　繰り返しになりますが、毎回 20 円を稼ぎ出すわけではありません。大数の法則に基づき、馬Ｃに賭け続けた場合、100 回なら（20 円× 100 回）で 2000 円の利益が期待でき、1000 回なら２万円の利益が極めて狙い通りに稼げることを意味します。

　話をまとめてみましょう。勝利の方程式で求められるトレードエッジとは「期待値」のことです。その数値が大きいほど、１回当たりの利益が大きくなります。

　トレーダーが注目すべきは、勝率ではなく、期待値が高いかどうかです。そして、期待値の高いものが見つかったら、それを信じて、繰

り返すことなのです。

# 第4節
# リスクリワード比率を考える
## 〜どういう状態が勝てる状態かを知る〜

　トレードエッジ、つまり期待値が高いほど、1回当たりの利益が大きくなることを学びました。これは、トレードで勝つためには欠かせない考え方です。

　トレードで勝つためには、トレードエッジ（期待値）のほかに、実はもうひとつ、覚えておいたほうがよい知識があります。それは「リスクリワード（RR）比率」です。これは、勝率との関係を見て「どういう状態であれば勝てる状態なのか」を教えてくれます。

## 1）勝つための数字、リスクリワード比率を知る

　いくら勝率が高くても、トレードの勝ちを保証するものではありません。トレードで勝つためには、勝率に対する"リスクリワード（RR）比率"が一定の値以上であることが必要です。リスクリワード比率は次の計算式で求めます。

【リスクリワード比率の計算式】
RR比率＝平均利益÷平均損失

勝率とRR比率の関係を示しているのが下の表です。

| 勝　率 | 10% | 20% | 30% | 40% | 50% | 60% | 70% | 80% | 90% |
|---|---|---|---|---|---|---|---|---|---|
| その勝率で勝つためのリスクリワード比率 | 9.00 | 4.00 | 2.33 | 1.50 | 1.00 | 0.67 | 0.43 | 0.25 | 0.11 |

　この表が意味するのは、勝率10％でもRR比率が9より大きければ必ず勝てるし、勝率90％でもRR比率が0.11未満ならば絶対に勝てないということです。

## 2）RR比率を知らないために起こること

　勝率至上主義の勝てないトレーダーは、勝つための要素のひとつでしかない勝率にこだわり過ぎるあまり、自らの投資行動を歪めるきらいがあります。例えば、「わずかな利益でもその確定を急ぐ」というようなことはその典型です。

　実際には、利益確定を遅らせることで、より大きな利益を得られることもあるはずです。しかし、勝率至上主義トレーダーは、利益の大小ではなく、言葉通り、あくまでも勝率を重視します。それゆえ、利益確定を遅らせることで、今ある利益がマイナスになって勝率が下がることを極端に恐れるのです。

　その一方で、ポジションを取った後に思惑を外れた値動きとなって含み損が出ると、いつまでも損切りをせず我慢してしまいます。

　本来なら早めに損切りするという選択肢もあるはずです。もちろん我慢しているうちにマイナスがプラスに転換する可能性は否定できません。しかし、往々にして含み損がさらに広がるケースのほうが多いのです。

勝率を重視し過ぎるあまり、わずかな利益を手にする一方、大きな含み損を抱えてしまう。これが、勝率至上主義のトレーダーの末路です。利益確定を早くし、損切りは遅くすることで、結果として損大利小のトレードタイプになるのです。これは、RR比率を知らないことから起こる間違いです。

　トレードで勝つための鉄則は"損小利大"です。損小利大は、損切りは早めに、利は伸ばせるだけ伸ばすことで実現します。ところが、多くの日本人には、それが難しいのです。なぜなら勝率こそ重要だという意識があまりにも浸透しているからです。その一方で勝率と並んで重要な「RR比率」は、ほとんどのトレーダーが知りません。
　RR比率には、どれだけ損小利大ができているかを数値で示す効果があります。
　RR比率が1より大きければ、トレード1回当たりの利益（平均利益）は同じく1回当たりの損失（平均損失）を上回り、すなわち損小利大となります。逆に1未満なら損大利小です。このRR比率と勝率の関係を理解することで初めて「どういう状態が勝てる状態か」を知ることになるのです。

## 3）RR比率を意識しよう

　タートルズの平均的な勝率は35％〜40％と決して高くはありません。ところがRR比率は3程度の高率をはじき出していたのです。仮に勝率が35％でもRR比率が3ならば圧倒的な勝ち組になるはずです。
　これに対して日本人の一般的なトレーダーはどうでしょう。常に意識している勝率は高く、60％程度と言われます。ところが、意識の薄いRR比率は0.33程度となっています。勝率60％に対して必要なRR比率は0.67以上です。それが0.33ですから圧倒的な負け組と言わざ

るを得ません。

　RR 比率 0.33 とは、平均損失が平均利益の 3 倍以上になっている状態です。つまり 10 万円、10 万円と勝っても、次に 30 万円負けるようなものなので、この RR 比率では勝率が 70％あっても勝てないことになります。RR 比率の重要性を知らないことに起因する悲劇といえるでしょう。目先の小さな利益を確定させる一方で損切りがなかなかできないとなれば、最終的に大きな損を被ることは必定です。

　今、自分のトレードを振り返って損大利小になっていると思い当たるなら、これからのトレードでは、何より RR 比率を意識することです。おそらく、勝率は下がるでしょう。しかし、これまで勝率を意識しながら結果として勝てていないなら、RR 比率に重点を移してみるべきです。トレード手法を根本から見直す良いきっかけになるはずです。


## ４）ＲＲ比率と勝率の関係

　先ほども紹介した下記の表を見てください。RR 比率と勝率の関係を考えます。

　勝率 30％でも RR 比率が 2.33 より大きければ勝てること、勝率 70％でも RR 比率が 0.43 より小さければ勝てないことが、この表からわかります。

| 勝 率 | 10% | 20% | 30% | 40% | 50% | 60% | 70% | 80% | 90% |
|---|---|---|---|---|---|---|---|---|---|
| その勝率で勝つためのリスクリワード比率 | 9.00 | 4.00 | 2.33 | 1.50 | 1.00 | 0.67 | 0.43 | 0.25 | 0.11 |

　勝率 50％のときに、RR 比率が 1 以上なら勝てるというのは直感的にわかりやすいはずです。勝つ確率と負ける確率がイコールの状態な

らば、平均利益が平均損失を上回ることによって収益が発生する（＝トレードで勝つ）からです。

　それでは勝率40%のときにRR比率が1.5より大きければ勝てるという理屈はどうでしょうか。これを計算式で表すと次のようになります。

> 【勝つためのＲＲ比率と勝率の関係】
> ＲＲ比率＞（１－勝率）÷勝率

　この式に基づいて、勝率40%のときに確保しなければならないRR比率を求めます。

> 勝率40%のときに確保すべきRR比率＞（1 − 40%）÷ 40%
> 勝率40%のときに確保すべきRR比率＞60%÷ 40%
> 勝率40%のときに確保すべきRR比率＞1.5

　これにより勝率が40%のときはRR比率が1.5より大きければ勝てることがわかりました。

## 5）ＲＲ比率と勝率の関係の意味を知る

　紹介した計算式は大変便利ですが、計算式を丸暗記しても、その式が導き出された根拠を知らなければ本質が見えてきません。
　まず勝つための方程式、トレードエッジの計算法を確認します。

**TE（トレードエッジ）＝ 勝率×平均利益－負け率×平均損失**

　TE がマイナスではトレードには勝てません。したがって、TE は常に次の状態になっている必要があります。

**勝率×平均利益－負け率×平均損失＞０**

この式を変形すると次のようになります。

**勝率×平均利益＞負け率×平均損失**

　不等号を含む計算式を不等式と呼びます。不等式には、不等式の両辺に同じ正の数をかけても割っても結果は変わらないという性質があります。

　上記の不等式の両辺を「平均損失」で割った結果が次の式です。

**勝率×平均利益÷平均損失＞負け率**

　今度は不等号の両辺を「勝率」で割ってみます。

**平均利益÷平均損失＞負け率÷勝率**

　この「平均利益÷平均損失」が意味するところ、これこそが RR 比率です。

**RR 比率＞負け率÷勝率**

一方、「負け率」は次の式で表していました。

$$負け率＝（1 －勝率）$$

すなわち、次の式にたどり着くはずです。

> 【勝つためのＲＲ比率と勝率の関係】
> ＲＲ比率＞（1 －勝率）÷勝率

確認のために勝率 45％のときにトレードで勝つために確保すべき RR 比率を求めてみます。

$$RR 比率 > （1 - 0.45）÷ 0.45$$
$$RR 比率 > 0.55 ÷ 0.45$$
$$RR 比率 > 1.22222\cdots$$

つまり、およそ 1.22 よりも大きな RR 比率が必要だとわかります。

## 第5節
# トレードエッジがプラスでも負けることがある

### 1）勝率100％の手法はない

　いつ、いかなるときも勝てるような、勝率100％の手法（必勝法）があれば、トレードほど、楽な商売はないでしょう。

　しかし、現実には、勝率100％の手法など存在しません。どんなに数字が良くても、勝率70％くらいだと思います。

　海外では、必勝法探しについて、"聖杯探し"という言い方をします。その手法を用いてトレードすれば勝つこと間違いなし。今も昔もトレーダーたちは、そういうトレード手法を探し求めてやみません。

　聖杯とは、イエス・キリストの最後の晩餐で使われた杯です。後世になって、その聖杯には不思議な力が宿っていると評判になったことから、多くの騎士たちが聖杯を手中に収めたいと東奔西走しました。

　聖杯を渇望し模索するさまは、現代のトレーダーそのものです。その様子から、いつしか「必勝法を探すことは聖杯探し」と呼ばれるようになりました。

　トレードするたびに勝てる百戦百勝のトレード手法は、世の中に存在しません。月間単位の不敗神話すら、どれほど優れたプロトレーダーでも不可能です。まずはこの事実をしっかりと認識してほしいと思います。

## 2）無謀な賭け金で勝負しないこと

　仮に、勝率も 90％で、トレードエッジもプラスの手法があるとします。勝率が 90％もあれば負けるはずがないと思うかもしれませんが、そんなことはありません。

　負ける確率に注目してください。勝率 90％だとしても、10％は負ける可能性があるわけです。これは、頭で考えているよりも、頻繁に起こる確率です。

　ここで、怖いのは、負ける確率を無視して、大きな金額を賭けてしまうことです。どんなにエッジのあるトレードをしていても、たった 1 回の大負けでそれまでの資産をすべて失い、結果的に破産してしまうことはあり得ます。

　要するに、トレーダーには、破産しないことを前提に、トレードエッジを確保することが求められるのです。

## 3）トレードエッジを有効にする 2 つの考え方

　トレードエッジがプラスであれば、基本的には、そのやり方を繰り返す限り、資産は増えていきます。しかし、前述したように、無謀な賭け方をしていれば、その限りではありません。トレードエッジが瞬く間に打ち消されてしまうからです。

　それでは、トレードエッジを確保するにはどうすればよいのでしょうか。私は、次の 2 つが必要だと思っています。

**◎資金管理**

**◎リスク管理**

　ひとつめの資金管理とは、簡単に言ってしまえば、破産しないこと

を前提とした賭け金の調整です。第2章で詳しく説明するように、1回のトレードで賭けてもよい金額を「1ユニット」という単位ではじき出します。

2つめのリスク管理とは、「ここまでなら耐えられる」という限界を理解して、適切なロスカットラインを設定することです。

資産管理とリスク管理は、トレードをするうえで、一番大事なものだと考えています。この「2つ」がない限り、トレードエッジもいずれ失われてしまいます。安定的に勝ちたいのであれば、必ずマスターすべき考え方です。

資金管理とリスク管理は、とても大切なテーマですので、章をあらためて解説します。ここでは、その概要だけ、把握しておいてください。

## 第6節
# 目指せ、Ｖトレーダー

### １）勝つとは何か

　本書では「勝つ」という表現を多用してきました。これまでの「勝つ」は、実は「負けない」という意味に過ぎません。勝率50％でRR比率が1よりも大きければ「負けない」のであって、本当の意味での「勝つ」こととは異なります。

　正確にいえば、これまでの「勝つための方程式」「勝つために重要な数字」という表現も「負けないための方程式」「負けないために重要な数字」と訂正する必要があるということです。

　それでは本当の意味での「勝つ」とはどういうことでしょうか。

　あるトレーダーが1年がかりでトレードをして10万円の利益を得たとします。これは満足のいく結果でしょうか。

　投資用資金が20万円なり30万円のトレーダーなら10万円の利益で満足するかもしれません。しかし、1000万円の投資用資金を持つトレーダーにとって10万円の利益は満足できる「勝ち」ではないのです。

　それにもかかわらず、大多数のトレーダーは勝ち負けの分岐点をプラスマイナスゼロに置いています。

　5年連続で勝っているというトレーダーを例に考えてみます。投資

用資金は 1000 万円です。5 年の中にはプラス 10 万円の年もありました。勝ち負けだけの判定ならば、その年も勝ちに違いはありません。しかし、この程度では、勝ち組トレーダーを目指すといっても、本当の勝ち組になって幸せになれるのかどうかはわからないのです。

　そこで私の塾では「勝ち組」というあいまいな表現はやめて「目指せ、Ｖトレーダー」と言っています。もちろん、このＶトレーダーは造語です。その意味するところは、年間を通して自分の目標とする利益をコンスタントに達成できるトレーダーであり、極めて明快です。

　まずは、自分の投資用資金を明確にすることが大事です。あなたが今年、投資に使えるお金はいくらでしょうか。これを明確にしてください。それが明らかになったら、次にすべきことは利益目標をいくらに設定するかです。

　もちろん「多ければ多いほどよい」と答えるトレーダーがほとんどでしょう。しかし、年間の利益目標が投資用資金の 20％のトレーダー、50％のトレーダー、100％つまり 1 年で 2 倍を目指すトレーダーでは、トレードシステムは違ってきます。大きな利益目標を設定すれば、それに応じてリスクも高まります。つまり利益目標を設定することは、自分が達成可能な利益額をしっかりと把握することにもつながるのです。

　方法論もなしに、投資用資金を 2 倍、3 倍にしたいと言うのはあまりに無謀です。目指すべきは適切な利益目標を設定して、その利益目標をコンスタントに達成できるトレーダーになること。それこそがＶトレーダーなのです。

## 2）Ｖトレーダーとは

　もう一度、確認します。Ｖトレーダーとは、自分の設定した年間利

益目標を「コンスタント」に達成できるトレーダーです。ある年に1億円の収益を上げ、翌年5000万円の損失を被ったとしましょう。トータルでは5000万円の利益が出ているわけですが、このようなトレーダーは幸せにはなれません。

収益を上げれば当然、それに応じて買いたいものを買うでしょうし、生活レベルも上がります。そうした場合、収益を上げたのちに大きな損を出すと、通算ではプラスを維持したとしても、もともと収益を上げていないトレーダーに比べて落差が激しいぶんだけ、より大きな不幸を感じるのです。ですから真の勝ち組になろうとするなら、コンスタントに収益が上がる勝ち組にならなくては意味がありません。

もちろん簡単なことではありません。しかし考え方を理解してそれを目指すのと、毎回なんのビジョンもなくトレードをするのでは、ゆくゆく天と地の差ができることは間違いありません。

以降、Vトレーダーを目指すために、何をすべきなのか、資金管理やリスク管理、エントリー方法や決済方法など、それぞれ詳しく解説していきます。

# 第2章

# 資金管理について

# 第1節
# 破産しないことが大前提

第1章の43ページで、「トレードエッジがプラスでも負けることがある」という説明をしました。

勝てる確率が高い手法であっても、破産につながるような資金管理やリスク管理では良い結果は残せません。資産を増やすためにトレードをしている以上、破産しない方法を確立する必要があります。

## 1）破産の確率とは

「破産の確率」というものがあります。これはリスクを伴うトレードを手掛けるトレーダーにとって必要不可欠な知識です。

例えば、トランプを裏返しに並べ、引いたカードがスペードなら負け、それ以外なら勝ちとします（ジョーカーはなし）。

このとき、スペードを引く確率は25％です。逆に、スペードを引かない確率は75％、つまり勝率は75％となります。

では、このゲームで勝つと賭け金が倍になり、負けると没収されることにします。1万円を賭けて勝ったら2万円になって返ってくる、負けたらゼロ。つまり1万円増えるか減るかという勝負です。

果たして、この賭けは有利な賭けでしょうか、それとも不利な賭けでしょうか。

所持金1000万円のギャンブラーがこの賭けに挑戦します。1回の賭け金は1000万円です。1回で破産する確率を考えます。

> ◆破産の確率　条件1
> 所持金1000万円のギャンブラーが、1回の勝負に1000万円を賭ける。このギャンブラーが破産する確率は？

　4分の1の確率でスペードを引き当てるわけですから、1回の勝負で破産する確率は25％です。これはリスキーな賭けです。
　それでは少し条件を変えてみましょう。

> ◆破産の確率　条件2
> 所持金1000万円のギャンブラーが、1回の勝負に1万円を賭ける。このギャンブラーが破産する確率は？

　計算方法は割愛しますが、破産の確率は0％です。つまり、この賭けは有利な賭けであり、このギャンブラーは勝負をすればするほど儲かることになります。ところが、条件1では、たった1回で、しかも25％という高い確率で破産することがわかっています。明暗を分けたのはいったい何だったのでしょうか。
　答えは、所持金に対する賭け金の割合です。一見どれほど有利な勝負でも、1回当たりの賭け金を正しく設定しないと破産の確率が高まります。
　もちろん、投資の世界でも同じことです。どれほど有利なトレード

ルールを作っても、リスクの取り方を間違えると、あっという間に破産の憂き目に遭います。トレーダーはこの点をきちんと理解しなければいけません。

破産の確率は、自分の「投資用資金」「勝率」「勝ちトレードの1回当たりの平均利益」「負けトレードの1回当たりの平均損失」「1回のトレードで取るリスクのパーセンテージ」で求めることができます。

---

◆破産の確率を計算するために必要な要素

① 投資用資金

② 勝率（勝ちトレードの回数÷全トレードの回数）

③ 勝ちトレードの平均利益（勝ちトレードの利益金合計÷勝ちトレードの回数）

④ 負けトレードの平均損失（負けトレードの損失金合計÷負けトレードの回数）

⑤ 1回のトレードで取るリスク

---

⑤の1回のトレードで取るリスクは、先ほどの賭けの例なら、1回の賭け金に相当します。先のギャンブルでは1万円を賭けて、外れれば1万円の損、1000万円を賭けて、外れれば1000万円の損です。つまりゼロか100かの世界ですが、トレードの場合は事情が異なります。

トレードを仕掛ける際にロスカットラインを設定していれば、そのロスカットラインにヒットして損切りさせられる額が「1回のトレードで取るリスク」です。

ただし、ロスカットラインをどの位置に設定するかという話ではありません。ロスカットラインを変更すると、勝率やその他の数字に影響が出てきます。

ここで調整すべきは、ロスカットの位置ではなく、1回当たりのトレードの絶対量です。要するに、1000通貨賭けるのか、10万通貨賭けるのかということです。同じロスカットラインでも、10万通貨の取引は1000通貨の取引に比べて、1回当たりのトレードで取るリスクは100倍になります。

## 2）トレードにおける破産とは

　トレードにおける破産とは何かを確認します。

　破産といえば、一般的には会社の倒産や個人の自己破産をイメージしますが、トレードの場合はそうではありません。

　トレードの破産とは、再投資できない状態に陥ることを言います。例えば、1000万円の投資用資金でトレードをしていて90％以上のドローダウンを受けると、回復はほぼ不可能です。そういう状態を破産と呼びます。

　あくまでも投資用資金に限っての話ですから、投資用資金を一般の生活費ときちんと分けているトレーダーは、トレードで破産しても、通常の生活には直接的な影響はないはずです。

## 3）破産の確率の計算

　トレードにおける破産の確率を計算するにはどうしたらよいのでしょうか？　計算式はありますが、それに則って自分で数字をはじき出すのはいささか骨が折れます。今は、次ページで紹介しているような便利なサイトがあります。

## ◆計算ツールのあるサイト

　smartFX というサイトを検索してそのページのメニューを見ると「破産確率計算」というページが見つかります。

　http://smartfx.minkabu.jp/smart/bankrupt/rate

ここに必要な数字を入力すれば、あとは自動的に破産の確率を計算してくれます。

　「定率」「定額」という2つのタブがあります。「定額」では毎回同じ金額を賭けていく方法で、「定率」では毎回同じ率で賭けていく方法で計算します。例えば「定率」なら毎回、資金の30％ずつを賭けていくというやり方です。1回の勝ち負けごとに投資資金は変動するので、その新しい投資金の中から一定の割合を賭ける場合は「定率」を使います。

## コラム：破産の確率　演習

　仮に次のようなゲームがあったとします。このゲームはギャンブラーにとって有利でしょうか、それとも不利でしょうか。

◆あるゲームの条件
① 勝率＝60%
② 利益平均＝1、損失平均＝1
③ 所持金は1000万円。所持金が100万円以下になったら破産とする

　「利益平均＝1、損失平均＝1」は、勝ちで得られる利益と、負けで失う損失が同額であることを意味します。つまり勝ちの利益が1万円なら、負けの損失も1万円ということです。

　このときに注目すべきは勝率です。勝ちの益金と負けの損金が同額で、勝率が60%（※負ける可能性より勝つ可能性が高い）ですから、これはギャンブラーにとって有利なゲームです。こういう状態を、ギャンブラーにとって「エッジがある」といいます。

　しかし、一番注目してもらいたいのは「1回の投資金額（比率）%」の項目です。この比率は、1回当たりのリスク額がいくらかを計算し、それが投資金の何%に当たるかを割り出したものです。

これをトレードに置き換えると、投資用資金1000万円のトレーダーが1回のトレードで負けたときに100万円の損失を被るならリスクは10%になります。

　ここではタートルズを含めプロトレーダーは一般的に1回のトレードで約2%のリスクを取ると仮定して「1回の投資金額（比率）％」は2％とします（下図参照）。

　すると、破産の確率は0％と算出されました。すなわちエッジがあるトレードで、適正な1回の投資金額（リスク値）を設定した場合には破産しないのです。

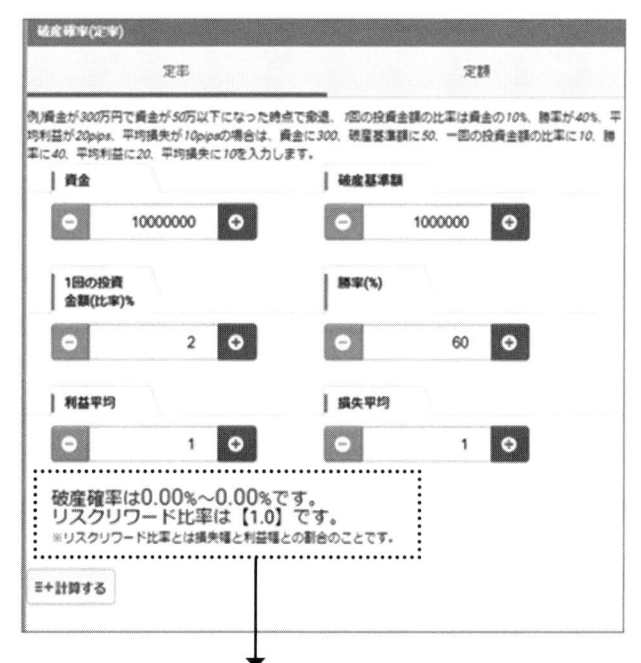

**破産の確率は 0.00%〜 0.00%以下と表示**

それでは「１回の投資金額（比率）％」を 10％に引き上げて
みます。

　１回のトレードで 10％のリスクを取るという仮定です。表示
された破産の確率は 0.09％以下となりました（下図参照）。

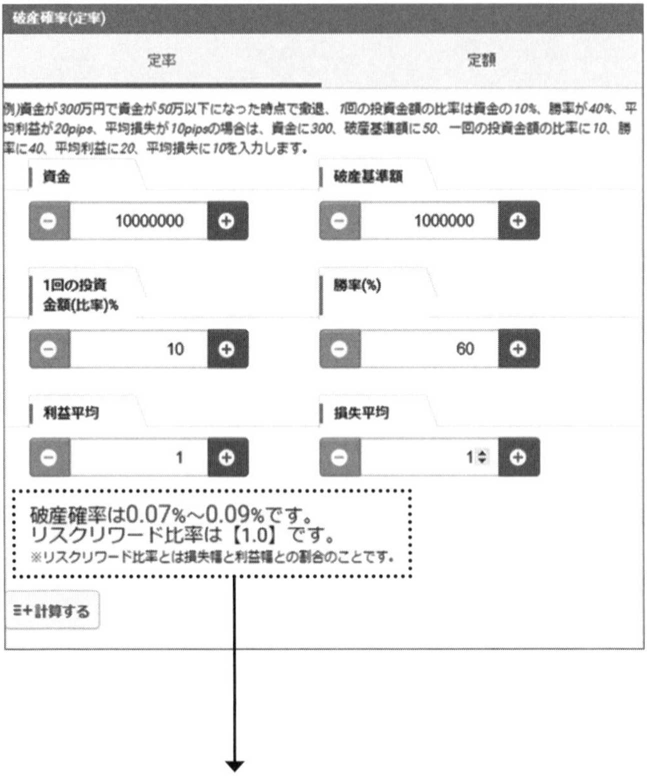

破産の確率は 0.07%〜 0.09%以下と表示

トレードルールを作るとき、破産の確率は1％以下が適正水準だとされています。ということは、所与の条件（①勝率＝60％、②利益平均＝1、損失平均＝1、③所持金1000万円）においては、10％のリスクを取っても心配ないことがわかります。

　続いて「1回の投資金額（比率）％＝リスク値」を20％に引き上げます（下図参照）。

　すると、破産確率は「8％超10％以下」になりました。1回当たりの「1回の投資金額（比率）％＝リスク値」が大きくなると、破産の確率は急拡大していくのです。

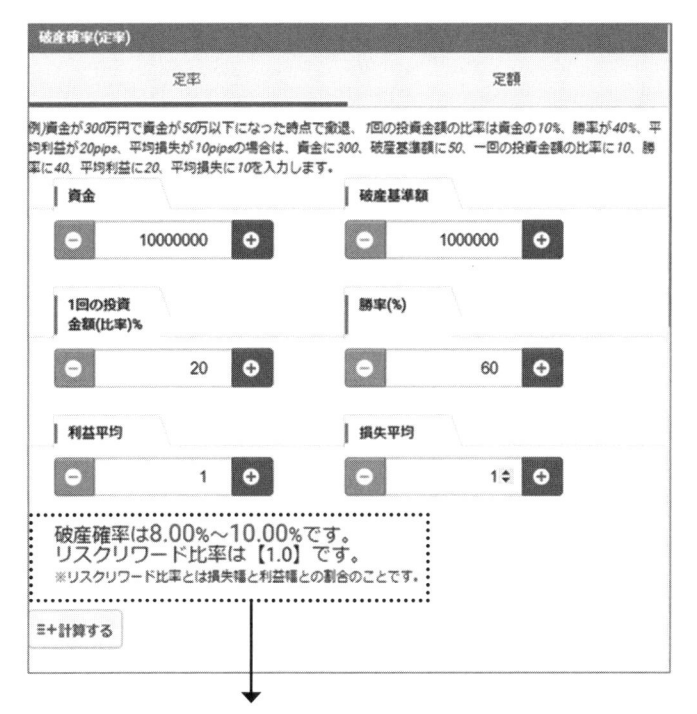

破産の確率は 8.00％～ 10.00％と表示

試みに「1回の投資金額（比率）」を30%に設定します（下図参照）。

　すると、破産の確率は最大約48%に拡大しました。ということは同じ賭けをした場合は2人に1人は破産することになります。

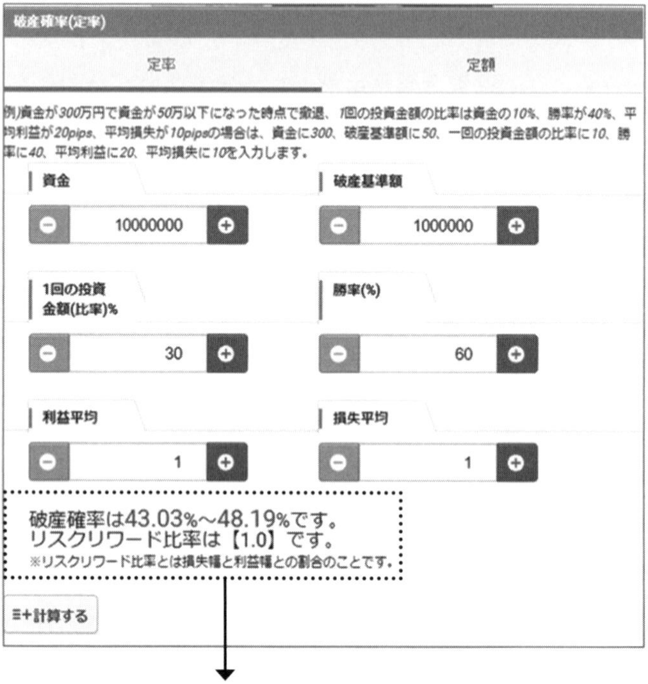

**破産の確率は 43.03%〜 48.19%と表示**

最後に40%で計算します（下図参照）。

今度の破産の確率は100%です。つまり、この投資金額（比率）でゲームをすれば、誰がやっても最終的に必ず破産してしまうのです。

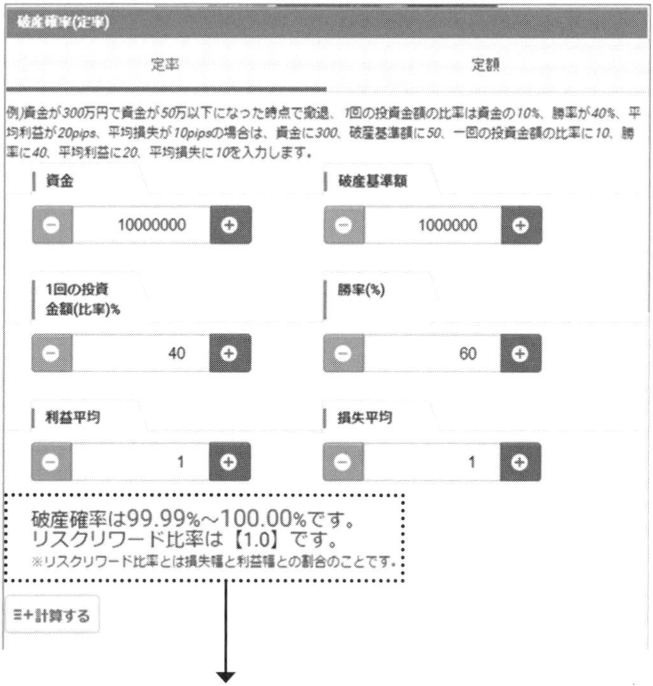

破産の確率は 99.99%〜 100.00%と表示

破産の確率を計算することにより、以下のことがわかります。

◆ **「破産の確率」からわかること**

①エッジのある取引でも１回当たりのリスク値が適正を欠くと破産の確率が拡大する

②１回当たりのリスク値が高くなるほど、破産の確率は上昇する

③リスク値の増大と破産の確率の関係では、リスク値が一定の水準を超えると、その段階から破産の確率が急激に上昇する

　先物取引やFX取引の魅力のひとつは、高レバレッジに伴う投資効率の高さにあります。ところがレバレッジを利かせることは、リスク率を高めることでもあるのです。そのときに適正なリスクの取り方を知らなければ、そのトレーダーは、あらかじめ破産することが決まっているトレードをしていることになります。

　過去のトレードを振り返れば、勝率、平均利益、平均損失などのデータは自分で計算できます。そのデータをもとに、１回当たりのリスク値をいろいろと変更しながら破産の確率がどの水準から急上昇するかを確認しましょう。

## 第2節
# 資金管理について再確認する

　トレードルール作りの中で一番大切な項目は、**破産しないための資金管理**です。日本でもようやくその重要性が認識されてきましたが、具体的な手法の説明は少ないのが実態です。

　株式でもFXでもトレーダーの8割から9割が損をしていると言われます。それが事実だとすれば残念でなりません。どうして、これほど多くのトレーダーが負けているのでしょうか。

　私は個人トレーダーを指導しながら、なぜその人が過去のトレードで勝てなかったのかを分析してきました。その結果、勝てない理由が明らかになってきたのです。負けるトレーダーは負けるべくして負けています。そうしたトレーダーの半数以上は「資金管理の失敗」を味わっていたのです。

　従来、日本では個人トレーダーの多くが資金管理という極めて重要な概念をさほど意識せずにきました。資金に余裕を持ってトレードすることの大切さが周知され始めたのは、最近のことです。しかし、その"余裕"がどれだけあればよいのかは説明されていません。

　「余裕を持ってトレードをしましょう」というのは、誤解を生じさせやすいフレーズです。例えば1億円の資金を持っている人が100万

円だけトレードに使うとしたら、大変余裕のあるトレードになります。しかし、1億円の余裕資金を有するトレーダーが仮にそれで30万円の利益を上げたとして、トレードに成功したといえるでしょうか。

　ここで、正しく、「資金管理とは何か」を確認しましょう。

　資金管理とは「破産しない範囲で最大限の資金効率を目指す」ことです。

　「余裕を持って取引をする」ことと、「最大限の資金効率を目指す」ことは真逆の概念です。例えば、投資商品の中にはレバレッジを利かせられるものがあります。そのレバレッジに恐怖心を抱くあまり、レバレッジを悪いことのように話す人がときどきいます。しかし、それはいわれのない誤解です。レバレッジがトレーダーにとって最大の武器であることは間違いありません。ただし、適正なレバレッジを超えると、それが命取りになるのも事実です。

　喩えていえば、レバレッジは自動車のスピードのようなものです。目的地に早く到達するためには、速いスピードのほうがよいに決まっています。

　しかし、100キロ、200キロと自分の危機回避能力を超えてスピードを上げていけば、事故につながる確率も急激に上がっていきます。

　だからこそ、大前提として「破産しない範囲」という取引量をしっかりと認識し、それに基づいて「最大限の資金効率（＝レバレッジ）」を実現することが求められるのです。

　資金管理の鉄則は、負けトレードがある程度続いても破産しない資金量で、最大の資金効率を目指すことです。その鋼のルールを貫こうとすれば、次には、「破産しない範囲」をどのようにして計測するかが最大のテーマになるということも理解できるはずです。

## 第3節
# タートルズ流資金管理を学ぶ

### 1）どのマーケットにも共通の資金管理のシステムがある

　現在、日本で語られている資金管理は、例えば「投資資金を10等分して、そのうちのひとつで、ある銘柄を買う」というような話になっています。

　それはそれで、資金管理には違いありません。ただ、資金管理の世界で言えば、小学生レベルの話です。

　仮に、1000万円の投資用資金を持つトレーダーが、10分の１に等しい100万円で"ある銘柄"を買ったとしましょう。このとき、その"ある銘柄"が大型株なのか、それとも新興株なのかで、リスクの大きさがまったく違ってきます。もしも、株ではなく、FXや商品先物をトレードするという条件ならば、話はもっと違ってくるはずです。

　本書で紹介するものは、株でもFXでも先物取引でも共通して使える資金管理のシステムです。そんな万能のシステムがあるのかと疑問に思うかもしれませんが、それは、確かに存在します。実際、どのマーケットにも通用する資金管理のシステムを、私は「タートルズのトレード手法」から学びました。

　タートルズに関しては序章でもお話ししたように、生きながら伝説となった２人の天才トレーダー、リチャード・デニスとウィリアム・

エックハートが作り上げたトレーダーチームの名称です。

1980年代前半、シカゴの商品先物市場で400ドルを元手に数十億ドルを稼ぎ出したデニスと、年間60％以上の収益を上げ続けたエックハートはある賭けをしました。その賭けとは「素人をトップトレーダーに育てられるか」というものです。デニスは「可能だ」と言い、エックハートは「不可能だ」と主張しました。長く激しい論戦の末にたどり着いたのが、実際に試してみようという結論でした。

新聞に広告を出し、未経験のトレーダーを集めました。最終的には23人に絞り込まれた未経験のトレーダーに投資手法を教え、ひとり平均1億円に相当する資金を預けて運用させたのです。

注目の結果はどうだったかというと、約4年にわたって、タートルズたちは年平均80％以上の収益を上げ続けたのです。これは、驚くべき成績です。つまり、優秀なトレーダーは、育成可能だったのです。タートルズの多くは、今もトレードの世界で活躍を続けています。

## 2）タートルズの極意は資金管理にある

私はタートルズのトレード手法を現代のマーケットでも通用するように改良し、メインのトレードルールとして利用しています。

タートルズのトレードルールとして広く知られているのはエントリールール（トレードの仕掛けのタイミングを決めるルール）です。ただし、エントリールールに関しては、現在は、さらに優れたものがたくさんあります。

では、タートルズの何が素晴らしいのかというと、それは資金管理およびリスク管理に尽きると考えています。タートルズの資金管理・リスク管理の手法は、"世紀の賭け"から四半世紀が流れた今でも世界最高水準だと信じています。

私はタートルズの手法をすべて実践してみました。その中で使いに

くいものは私流にカスタマイズしています。本書では、その小次郎講師流にアレンジしたタートルズの手法をベースに紹介します。

### 3）資金管理の手順

　一般的にはタートルズのトレード手法の断片だけが伝わっていて、関連のウェブサイトを覗くと、「こういうときに買う、こういうときに売る」と解説されています。

　しかし、先述したように、私流の解釈では、タートルズ流トレードの極意は「資金管理・リスク管理」にあると信じています。もっと言うならば、「資金管理・リスク管理」とトレード手法が一体化されている点にこそ、タートルズのトレード手法のすごさがあると考えているのです。この点を理解せずに、売買シグナルだけを切り出して勉強しても勝ち組にはなれません。

　タートルズは資金管理について、以下の手順を踏んでいます。

①取引しようと思う銘柄の値動きを把握する
②自分の投資用資金をしっかりと把握する
③それをもとに、その銘柄の1回の取引量を決定する

　以上の手順ではじき出した「ある銘柄の1回当たりの適切な取引量」をタートルズは「ユニット」と呼んでいました。次節で、ユニットについて詳しく解説します。

# 第4節
# ユニットという考え方

　１回のトレードで取るべき適切なリスクを知るには、どうしたらよいでしょうか。

　あまりに過大なリスクを取ってしまったら、１回の失敗ですべてを失いかねません。だからといって、逆にリスクを抑え過ぎれば目標とする収益が上げられません。

## １）タートルズは１回のトレードで取るべきリスク額を決めていた

　では、プロのトレーダーはどれだけのリスクを取っているのでしょう。この点に関して、タートルズは、**「１回のトレードで"投資用資金の１％のリスク／日"を取る」**という決まりを作っていました。

　例えば、わかりやすく1000万円の投資用資金を持つトレーダーがいたとします。そのトレーダーが本日ある銘柄を仕掛けました。１％のリスクとは、その銘柄が自分の売買とは逆に動いた場合、１日に発生する（計算上の）損のことです。この場合は、1000万円の１％に等しい10万円になります。

　１日で投資資金の10％、あるいは30％や40％もの損を出すトレーダーは、資金管理ができていない証拠です。そうした過ちを回避するためには、適切な"取引量決定システム"を学ぶ必要があります。

## 2）ユニットという考え方

　タートルズは、**1回当たりのトレード量は、1回のトレードで取ってもよいリスク（＝投資用資金の1％のリスク／日）を取る取引量と決め、それを1ユニット**と呼んでいました。

　ユニットとは、もともと「単位」を意味する英語です。商品先物で最小の取引単位は「1枚」ですが、その1枚が金（標準取引）は1キロ、白金（同）は500グラム、ガソリンは50キロリットルといったように、それぞれ異なります。同様に株式では最小の取引単位を「1単元」と呼びますが、その1単元も1株、100株あるいは1000株と、銘柄によって違いがあります。FXでは1万通貨単位が基本ですが、1000通貨単位で取引できる会社もあります。そうした場合、単位が違う銘柄を横断的にトレードしていると、自分が取っているリスク量の把握が困難になってしまいます。

　だからといって、金なら金だけを集中的に取引することは勧められません。得意銘柄を持つこと自体は否定しませんが、その銘柄の値動きが止まってしまったら「収益を獲得する」というトレード本来の目的が達成できなくなるからです。どのような銘柄でも半年程度なら相場が膠着状態に陥る可能性はあります。しかし、ひとつだけの銘柄を取引しているトレーダーは、膠着しているにもかかわらず、無理やりその銘柄を買ったり売ったりしがちになるのです。

　何よりも重要なことは、特定銘柄への集中はリスク分散のメリットを活かせない点にあります。

　絶好のチャンスだと思って仕掛けても、相場は自分の予想とは逆に動くことがあります。要するに、銘柄がひとつでは、「全勝か」「全敗

か」のどちらかになりがちです。この点、複数銘柄でリスクを分散しておけば、一瞬にして"全敗"という最悪の事態は高い確度で回避できます。

　アマチュアトレーダーとプロトレーダーの違い、それは「トレードを仕掛けた瞬間の思想」にあります。アマチュアは儲けることばかりを考えがちです。しかし、プロトレーダーは常に失敗を想定し、仮に失敗しても大やけどをしないトレード方法を選択します。
　タートルズはどうだったかというと、ユニットの考え方に基づき、リスクから逆算して取引量を決定していました。
　個人トレーダーの多くは、儲かりそうな銘柄を適当に（当人にとっては正当な理由に基づいて）売買し、その後に自分のトレードはどれだけのリスクを抱えているのかと考えます。このため、いろいろな銘柄を取引すると、自分が投資用資金をどれほどのリスクにさらしているのかがわからなくなります。
　ところが、タートルズの手法では、取引量が決まった瞬間にリスクの量も決まります。トレード手法が資金管理およびリスク管理と一体化しているからこそ、大失敗しないリスクの量が導き出されるのです。

### 3）ユニットは「自己資金量」と「ATR」がわかれば導き出せる

　さて、ここからは、ユニットの導き出し方を紹介します。ユニットを導き出すには、「自己資金量」と「ATR」が必要になります。

#### ①ATRとは何か　〜概要〜
　ATRとは、英語で書くと「Average True range ＝ True rangeの平均値」となります。
　ここで出てくる「True range」とは、直訳すれば『実際の値動き』

という意味になりそうですが、既出の解説本などでは『真の値幅』と訳されている場合もあります。『真の値幅』では主旨がきちんと伝わらないため、本書では、「True range」のことを「1日の最大値動き」と呼ぶことにします。

　さて、本題のATRとは、「True range ＝ 1日の最大値動き」の平均値のことです。平たく言えば、「1日に動く値幅の目安（平均的な数値）」となります。

　ATRの詳細については、本章の93ページで詳しく解説しますので、ここでは上述の「1日に動く値幅の目安」と理解しておいてください。

### ②ユニットの計算法

　タートルズのユニットの計算法は以下の通りです。

**【ユニットの計算法】**

a）投資用資金の1％を求める。
　　投資用資金× 0.01 ＝ A

b）その銘柄の最小単位をトレードしたときの1日の
　　リスクを計算する。
　　取引単位× ATR ＝ B

c）ユニット＝ A ÷ B　※取引単位に応じて四捨五入

### ③ユニットを計算してみよう

投資用資金1000万円を持つトレーダーの例で考えてみましょう。はじめに投資用資金の1％（A）を計算します。

$$A＝1000万円×0.01＝10万円$$

このトレーダーはFXで米ドル／円を取引します。米ドル／円のATRを仮に0.8円（80銭）とします。

$$B＝1万通貨×0.8円＝8000円$$

公式に当てはめると、ユニットは「A÷B」ではじき出されます。

$$ユニット＝A÷B＝10万円÷8000円＝12.5（万通貨）$$

結論から言うと、投資用資金1000万円のトレーダーが、ATRが80銭のときに米ドル／円をトレードするとしたら、1ユニットは1万通貨単位の会社では四捨五入して13万通貨になります。つまり、タートルズなら、1回のトレードにつき、13万通貨単位で取引することになるのです。


### 4）タートルズの資金管理

タートルズ流の資金管理では、「投資用資金1000万円に対して、ATRが80銭のときには米ドル／円を13枚単位で取引する」ことがわかりました。この結果をどう考えますか？　人によっては少なく感じるかもしれません。

しかし、これは「投資用資金1000万円のトレーダーは米ドル／円を

## ～ memo ～

重要：1回のトレードで賭けてもよい金額は**1ユニット**

$$\|$$

（投資用資金×0.01）÷（ATR×取引単位）

$$\|$$

1日当たりのリスクは1%

**破産しないためのポジション調整＝資金管理となる**

13万通貨しか取引できない」と言っているのではありません。13万通貨を１ユニットとして、その単位で取引をするという意味です。米ドル／円を13万通貨買った後に、ポジションを追加できるチャンスがくれば、取引量を増やすことも可能です。もちろん、米ドル／円以外の銘柄を同時に仕掛けることもあるでしょう。このとき、すべて、ユニット単位のトレードであることに注意してください。

　ただし、取引量を増やすのにも限度があります。タートルズの資金管理には大きく２つのポイントがあります。ひとつは「１回当たりの取引量を適切に設定する」ことです。そして、もうひとつは、「最大の取引量を適切に設定する」ことです。

### 5）ユニット計算を徹底的に行う

　とある日の各銘柄のATRは次のようになっていました。

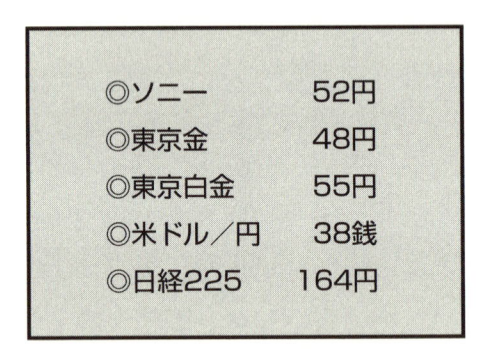

|  |  |
|---|---|
| ◎ソニー | 52円 |
| ◎東京金 | 48円 |
| ◎東京白金 | 55円 |
| ◎米ドル／円 | 38銭 |
| ◎日経225 | 164円 |

　これに基づいて、投資用資金1000万円を持つトレーダーの銘柄ごとの１ユニットを計算してみました。

　ソニーの１ユニットは1923株になります。しかし、1923株という取引はできませんから、四捨五入して１ユニットは1900株とします。同様に残りの銘柄のユニットを計算します（次ページ参照）。

◆ソニーのユニット計算　※ソニーは100株単位
1000万円×0.01÷（52円×100）＝10万円÷5200円
＝19.23
ソニーの1ユニット＝1900株

◆東京金のユニット計算　　※金の1枚は1000グラム
1000万円×0.01÷（48円×1000）
＝10万円÷4.8万円＝2.1枚
東京金の1ユニット＝2枚

◆東京白金のユニット計算　　※白金の1枚は500グラム
1000万円×0.01÷（55円×500）＝10万円÷2.75万円
＝3.6枚
東京白金の1ユニット＝4枚

◆米ドル／円のユニット計算　　※米ドル／円の単位は1万通貨
1000万円×0.01÷（0.38×1万）＝10万円÷0.38万円
＝26.3枚
米ドル／円の1ユニット＝26万通貨単位

日経225先物のユニットについてはミニで求めます。

◆日経225先物のユニット計算
　※日経225先物のミニで計算。ミニは1枚＝100株
1000万円×0.01÷（164円×100）＝10万円÷1.64万円
＝6.1枚

もちろん、ミニで計算したのには理由があります。同じ計算をラージでしてみます。

◆日経225ラージのユニット計算
1000万円×0.01÷（164円×1000）＝10万円÷16.4万円
＝0.6枚

　投資用資金が1000万円では日経225ラージは取引できないことになります。四捨五入して、1枚としたいところですが、仮にポジション追加のチャンスが訪れて2枚とした場合、それは本来の3ユニットを上回ってしまいます。それでは、ユニット計算との乖離が大きいため、ラージはトレードしないことにします。
　このとき、日経225ラージの証拠金が実勢で50万円程度だとすれば、投資用資金が1000万円あるわけですから、トレードそれ自体が妨げられるものではないと思うかもしれません。しかし、そうしたユニットの思想を逸脱したトレードは、タートルズ流資金管理の観点では不可なのです。

リスクを抑え過ぎては、トレードでは勝てません。ゆえにリスクに関しては適正なリスクを知ることが重要であり、それを追求したのがタートルズなのです。繰り返しになりますが、タートルズ流資金管理が示す1ユニットはあくまでも1回のトレード量であり、それ以上建玉を増やしてはいけないというものではありません。

## 6) 1ユニットの1日のリスク管理

　さて、先に紹介した5銘柄（ソニー・東京金・東京白金・米ドル/円・日経225先物）を1ユニット取引して、相場が予想とは逆方向に1日動いたとします。そのとき発生する計算上の損を検証します。1日のリスクは、計算式（ユニット数×取引単位×ATR）で求めます。それをまとめたのが下の表です。

|  | 1ユニット | 取引単位 | ATR | 1日のリスク |
|---|---|---|---|---|
| ソニー | 19 | 100 | 52円 | 9.88万円 |
| 東京金 | 2 | 1,000 | 48円 | 9.6万円 |
| 東京白金 | 4 | 500 | 55円 | 11万円 |
| 米ドル/円 | 26 | 10,000 | 0.38円 | 9.88万円 |
| 日経225ミニ | 6 | 100 | 164円 | 9.84万円 |

　すべての銘柄で1日のリスクが10万円前後に揃うように1ユニットを調整できています。ユニットという考え方に基づいて取引している限り、どの銘柄をトレードしようと1ユニットのリスクは同じで、かつ、投資用資金の1％に等しくなるのです。

　別の見方をすると、同じ銘柄でも投資用資金が異なるトレーダーならばユニットで表す取引量が増減することを意味します。

また同じ銘柄でも、値動きの大きい時期と値動きの小さな時期とでは１ユニット当たりの取引量は違ってくることにも注意が必要です。

　米ドル/円の2015年のATRは80銭前後で推移していました。それが2016年2月時点では１円50銭近くまで上昇しています。取引量は、当然、値動きに合わせて変えなくてはいけません。１日に１円50銭動くにもかかわらず、１日に80銭しか動いていないときと同じ量でトレードすることの不合理と、それによって自らがさらされるリスクを常に意識する必要があります。

　なお、ATRは日々計算する必要があります。事実、タートルズは週単位でユニットを見直しをしていました。私は価格が大きく変化したときは、週の途中でもユニットを再計算し、必要に応じて変更しています。

## コラム
## 投資用資金200万円の投資家の1ユニットを計算しましょう

　今度は投資用資金200万円のトレーダーの1ユニットを計算してみます。その結果が下の表です。なお、ATRは77ページの数値を使います。

| | 投資用資金 | その1% | ATR | 取引単位 | 1ユニット |
|---|---|---|---|---|---|
| ソニー | 200万円 | 2万円 | 52 | 100 | 3.8 |
| 東京金 | 200万円 | 2万円 | 48 | 1,000 | 0.4 |
| 東京白金 | 200万円 | 2万円 | 55 | 500 | 0.7 |
| 米ドル/円 | 200万円 | 2万円 | 0.38 | 10,000 | 5.3 |
| 日経225ミニ | 200万円 | 2万円 | 164 | 100 | 1.2 |

　上の表を見るとわかるように、金も白金もトレードの対象にならないため、金と白金をミニ取引に変更することにします。その表が下です。

| | 投資用資金 | その1% | ATR | 取引単位 | 1ユニット |
|---|---|---|---|---|---|
| ソニー | 200万円 | 2万円 | 52 | 100 | 3.8 |
| 東京金ミニ | 200万円 | 2万円 | 48 | 100 | 4.2 |
| 東京白金ミニ | 200万円 | 2万円 | 55 | 100 | 3.6 |
| 米ドル/円 | 200万円 | 2万円 | 0.38 | 10,000 | 5.3 |
| 日経225ミニ | 200万円 | 2万円 | 164 | 100 | 1.2 |

ソニーは400株、金ミニと白金ミニは４枚、米ドル／円は５万通貨単位、日経225ミニ１枚が、１ユニットになります。算出した１日のリスクは次の通りです。

| | 1ユニット | 倍　率 | ATR | 1日のリスク |
|---|---|---|---|---|
| ソニー | 4 | 100 | 52 | 2.08万円 |
| 東京金ミニ | 4 | 100 | 48 | 1.92万円 |
| 東京白金ミニ | 4 | 100 | 55 | 2.2万円 |
| 米ドル/円 | 5 | 10,000 | 0.38 | 1.9万円 |
| 日経225ミニ | 1 | 100 | 164 | 1.64万円 |

　どの銘柄も１日のリスクが２万円前後になっています。このようにリスクを計測しやすくして、トレードに活かすのがリスク管理のテクニックです。

## 確認テスト

### 第1問

　投資用資金1000万円の投資家が金2枚、白金4枚を同時に建玉している。このときの1日当たりのリスクは何パーセントかを求めよ。ATRは先出の数値を用いることとする（77ページの表を参照）。

### 解答

　2％。このトレーダーの金2枚は1ユニット。同じく白金4枚も1ユニット。1日当たり1％のリスクを取る取引量が1ユニットであり、金と白金で合計2ユニット持っているから2％のリスクを取っていることになる。

### 第2問

　投資用資金1000万の投資家が金4枚、白金8枚、米ドル／円26万通貨、日経225ミニ24枚を同時に建玉している。そのときの1日当たりのリスクは？

### 解答

　9％。金4枚は2ユニット、白金8枚も2ユニット、米ドル／円26万通貨は1ユニット、日経225ミニ24枚は4ユニット。「2＋2＋1＋4＝9ユニット」。

　本設問のように複数の銘柄になると自分のリスクが過大か過小

かわからなくなる。ところがユニット単位でトレードしていれば、株、FX、商品先物などの銘柄にかかわらず、同じ考えでトレードできる。

## 第3問

　投資用資金200万円のトレーダーが金ミニ4枚、白金ミニ4枚を建玉している。そのときの1日当たりのリスクは？

### 解答

　2％。金ミニ、白金ミニが4枚ずつということはそれぞれ1ユニットの合計2ユニット。2ユニット持っているということは2％のリスクとなる。

## 第4問

投資用資金200万円のトレーダーが金ミニ12枚、白金ミニ8枚、米ドル／円10万通貨単位、日経225ミニ3枚を建玉している。そのときの1日当たりのリスクは？

### 解答

　10％。金ミニ12枚ということは3ユニット、白金ミニ8枚ということは2ユニット、米ドル／円10万通貨ということは2ユニット、日経225ミニ3枚ということは3ユニット。合計すると「3＋2＋2＋3＝10ユニット」。ということは1日当たり10％のリスクとなる。

# 第5節
# リスク分散（銘柄分散）について

## 1）タートルズのリスク分散の考え方

　タートルズはユニット計算に基づき、結果的に10ユニットの建玉、すなわち1日当たり10％のリスクを取る場面もありました。その意味で、タートルズの手法は、決してリスクを抑え過ぎるものではないと言えます。

　ただし、特定の銘柄にいきなり10ユニットの建玉をすることはありません。そうしたトレード方法はリスクを高め過ぎるからです。

　ところが、このように説明すると、"一番確実なとき"を狙い澄ましてひとつの銘柄にまとめて仕掛けたほうが儲かるのではないかと問われることがあります。

　ここで、あえて質問します。"一番確実なとき"とは、どういうときでしょうか。その場合の確実性は、どれほどの確度を意識しているのでしょうか。

　もちろん、トレードに100％はありません。90％、いや80％も難しいでしょう。ということは、せいぜい70％くらいのチャンスを"確実"だと思って仕掛けるのでしょうか。仮にそうだとしたら、相場が自分の"確実"とは逆方向に動く可能性は決して低くありません。

　負ける確率が低くないことを前提とするならば、まとめて仕掛けること（＝集中投資）の怖さがわかると思います。仮にまとめて仕掛け

たとして予想が外れたときには、そのときのトレードすべてで負けることになります。イチか、バチかです。

　一方、集中投資に対して、建玉を複数の銘柄に分散していれば、すべての銘柄で同時に負けることは、高い確率で回避できるはずです。

　本来、経験の浅いノービストレーダー（初心者トレーダー）ほど、トレードを外してしまったときの対応を考えておくべきなのです。柔道と一緒で、まずは受け身から覚えなければ生き残れません。それこそ、トレードで成功を収めることを考えるのは「防御方法」を確立してからでも遅くはないのです。

## 2）適正な最大取引量とは

　資金管理とは、**1回当たりのトレードで適正な取引量を決めること**から始まります。そして、次にすべきことが**適正な合計取引量の確定**です。

　1回の適正なトレード量が1ユニットであることは説明しました。しかし私たちが目指すトレードは、1ユニットの取引をして終わりではありません。チャンスが到来すれば同じ銘柄を追加して取引しても（＝増し玉しても）よいですし、他の銘柄を追加してもよいのです。

　ただし、トレードの全体量には限度があります。その限度の基本的考え方は次ページの四角枠の通りです。

　本書の目的はタートルズのトレード手法の教示ではありません。最大のテーマはトレードルール作りであり、それも勝てるものであることが大前提です。そして自分のトレードスタイルに合った自分自身のオリジナルルール（Myルール）でなければなりません。

　とはいえ、Myルールを自分で考えろといわれても簡単な話ではありません。そこで、成功したトレーダーのトレード手法を参考にし、

良いとこ取りをします。

　資金管理については、現時点でも、タートルズ流システムが圧倒的に優れており、現状では、それを超えるものが出ていないと考えています。だからこそ、タートルズ流の資金管理を習得してほしいのです。


### ３）銘柄分散ルール

　銘柄分散では、何ユニットまでという合計取引量の制限を微調整することは否定しません。ただし、場当たり的に変えるのではなく、Ｍｙルール化することが必要です。

　銘柄分散のルールは以下のとおりです。順を追って説明します。

　　◆適正な最大取引量
　　①同一銘柄は４ユニットまで
　　②相関関係の高い銘柄は６ユニットまで
　　③相関関係がある銘柄は10ユニットまで
　　④買いなら買い、売りなら売りで12ユニットまで

### ①同一銘柄は４ユニットまで

　例えば、米ドル／円がチャンスだと判断して１ユニット買い建てたのちに、チャンス継続と考え、追加の建玉をする場合は最大４ユニットを上限にします。４ユニットに達したら、その後、いくら良い買いチャンスが訪れたとしても追加の建玉をしてはいけません。自分でどれほど "確実" だと思っても相場は逆方向に動く可能性があります。そうなってしまった場合、４ユニットすべてが「米ドル／円の下落」

という同一の条件で損失リスクを被る事実を忘れないでください。

## ②相関関係の高い銘柄は6ユニットまで

銘柄分散する場合に注意しなければならないのは、銘柄同士の相関関係です。高い相関関係にある銘柄を複数取引しても分散効果は得られません。

相関関係が高いとは、銘柄Aの価格が上昇したときには銘柄Bも同じように上昇し、銘柄Aが下落したときには銘柄Bも同じように下落する関係を言います。

例えば、原油とガソリンは相関関係の高いペアの代表です。仮に、すでに原油を4ユニット建玉していたら、ガソリンは2ユニットまでしか建玉できません。相関関係の高い銘柄をトレードする場合は1ユニットずつ追加して、最終的に合計6ユニットで終了とします。

この6ユニットに至る過程をもう少し詳しく検証してみます。それが以下に示す「ユニットのトータル制限の例」です。

**【ユニットのトータル制限の例】**

①原油を1ユニット買い建て（合計1ユニット）
②原油を1ユニット追加買い建て（合計2ユニット）
③ガソリンを1ユニット買い建て（合計3ユニット）
④ガソリンを1ユニット追加買い建て（合計4ユニット）
⑤原油を1ユニット追加買い建て（合計5ユニット）
⑥ガソリンを1ユニット追加買い建て（合計6ユニット）

ユニットのトータル制限は、同時に建玉できる最大ユニットを示したものですから、途中で原油またはガソリンを決済（手仕舞い）していれば、その分だけ追加の建玉が可能です。

　次ページの「東京金との相関関係」は2014年４月〜７月中の東京金とその他の銘柄の相関関係を数値（相関係数）で表したものです。相関係数が「１」だと完全に同じ動きをし、「０」だと相関性はまったくないものと考えます。またマイナスは逆相関といって、金価格が上昇すると、その銘柄は下落することを意味します（次ページ参照）。

　こうして見ると、この期間の金と白金の相関関係は意外と低いことがわかります。しかし相関係数は常に変動するため、この４カ月間がたまたま低かっただけという可能性も否定できません。したがって、一定期間ごとの見直しが必要です。
　相関係数は関数が定まっているので、価格データさえ用意できればエクセルを使って計算が可能です。もっともそれほど厳密でなくても、大雑把にはとらえることができます。
　例えば、原材料と製品の関係にある原油とガソリン以外にも、同じ資源国通貨である「豪ドル／円」と「NZドル／円」は、相関関係が高いことで知られています。
　個々の組み合わせでは高低差はあるものの、クロス円というくくりでは一定程度の相関関係が認められます。クロス円が一斉に上昇・下降することは必ずしも珍しくありません。株式でも同一業種などはそうです。
　このように、同じまたは近似のセクターに属する銘柄を「相関関係のある銘柄」ととらえます。価格変動を長く見つめていると、銘柄間の相関関係は経験的に身についてきます。

◆東京金との相関関係（2014 年 4 月～7 月）

　　　ＮＹ金＝0.92

　　　東京ゴム＝0.83

　　　東京銀＝0.81

　　　ＮＺドル／円＝0.73

　　　ＣＲＢ指数＝0.50

　　　ユーロ／ドル＝0.46

　　　東京コメ＝0.45

　　　スイスフラン／円＝0.42

　　　東京ガソリン＝0.35

　　　東京とうもろこし＝0.33

　　　東京白金＝0.19

　　　ドル／円＝－0.23

**確認テスト**

　原油、ガソリン、金、ゴム、とうもろこし、ユーロ／ドル、日経225を取引する。そのとき、各銘柄には以下の関係が成り立っている。

○原油とガソリンは相関関係が高い。
○コモディティはすべて相関関係がある。
○ユーロ／ドル、日経225は他のどの銘柄とも相関関係がない。

　以上を踏まえて、以下の設問に答えなさい。

**設問1**

　次の買いシグナル、売りシグナルに応じて1ユニットずつ仕掛ける。前出の【適正な合計取引量】および【ユニットのトータル制限の例】を参照しながら、以下の1〜25のシグナルのうち、ルールに従って建玉できるものには○を、できないものには×をつけよ。

1．原油で買いシグナル
2．原油でまた買いシグナル
3．ガソリンで買いシグナル
4．原油でまた買いシグナル
5．原油でまた買いシグナル
6．原油でまた買いシグナル

7. ガソリンでまた買いシグナル

8. 金で買いシグナル

9. ゴムで買いシグナル

10. ガソリンでまた買いシグナル

11. 金でまた買いシグナル

12. 金でまた買いシグナル

13. 金でまた買いシグナル

14. ユーロ/ドルで買いシグナル

15. ガソリンでまた買いシグナル

16. 日経２２５で買いシグナル

17. 日経２２５でまた買いシグナル

18. コーンで売りシグナル

19. ゴムでまた買いシグナル

20. コーンでまた売りシグナル

21. コーンで売りシグナル

22. ユーロ/ドルでまた買いシグナル

23. コーンでまた売りシグナル

24. ユーロ/ドルでまた買いシグナル

25. コーンでまた売りシグナル

## 設問１の解答

1：○　2：○　3：○　4：○　5：○　6：×（同一銘柄原油が４ユニットオーバー）　7：○　8：○　9：○　10：×（相関高い銘柄６ユニットオーバー）　11：○　12：○　13：×（相関ある銘柄１０ユニットオーバー）　14：○　15：×（相関高い

銘柄6ユニットオーバー）　16：○　17：×（買いで１２ユニットオーバー　18：○　19：×（相関ある銘柄１０ユニットオーバー）　20：○　21：○　22：×（買いで１２ユニットオーバー）23：○　24：×（買いで１２ユニットオーバー）　25：×（同一銘柄コーンが4ユニットオーバー

## 設問2
シグナル25が出たのち、現在のポジションの内訳を述べよ。

## 設問2の解答
1　原油買い4ユニット（同一銘柄4ユニット制限の限度）
2　ガソリン買い2ユニット（相関関係が高い銘柄6ユニット制限の限度）
3　金買い3ユニット
4　ゴム買い1ユニット（相関関係のある銘柄10ユニット制限の限度）
5　ユーロ/ドル買い1ユニット
6　日経225買い1ユニット（買い12ユニット制限の限度）
7　コーン売り4ユニット（同一銘柄4ユニット制限の限度）

## 解説
　最終時点でのポジションは「買いポジション」が12ユニット、「売りポジション」が4ユニットの合計16ユニットとなる。したがって1日当たりのリスクは16％となり、数値だけに着目すればリス

クは決して低いとはいえない。しかし、銘柄分散と、買いと売り
のポジションを同時に持つことでリスクの相殺が働いている。理
論上は16％のリスクだが、実質はリスクが抑えられるようにター
トルズは調整している。

# 重要コラム：ATR について　〜詳細〜

　金（ゴールド）相場が１日当たり何円動くかと問われて、すぐに答えられる人はどれだけいるでしょう。

　例えば「金に限らず相場は動くときは大きく動くし、動かないときはまったく動かない」という答えはどうでしょうか。当たり前といえば当たり前の話です。

　それでは「平均的値動きはいくらか」に質問を変えたらどうでしょう。

　この平均的値動きも、平均を計るタイミング次第で変わってしまいます。しかしマーケットと対峙するためには、現在の平均的値動きを計算し、把握している必要があります。

　わかりやすいように、ここではまず金先物の１カ月の平均的値動きを考えてみます。１カ月はおよそ 20 営業日です。金価格は東京商品取引所のホームページでバックデータを拾えますから、それに基づいて算出します。

　ただし、タートルズのトレード手法で用いる平均的値動きは少々複雑な側面があります。特に初心者は誤解から誤った計算に陥りかねませんので、いくつかの典型的な誤りを経て、最終的に正しい計算方法にたどり着くようにします。

### 1）前日比で比較する

例えば前日の終値は 4000 円。一方、当日の高値は 4100 円、安値は 3900 円、終値は 4000 円だったとします。終値だけに着目すれば前日比はプラスマイナス 0 円です。

ところがこの日の取引では、4100 円で買って、3900 円まで価格が下がったときにロスカットしたトレーダーもいるはずです。すると、そのトレーダーは 200 円の損を出したことになります。つまり単純に終値だけをもとに 20 日分の平均を求め、それを平均的値動きと呼ぶのは不十分ということになります。

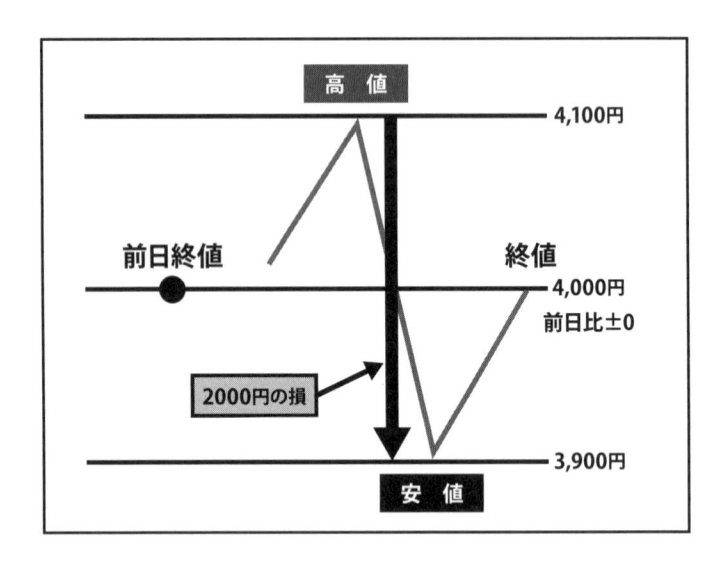

## ２）当日高値と安値の差と前日比を比較する

　それでは前日比の単純比較を踏まえて当日高値と安値の差と前日比を計算して平均値を求めたら、どうなるでしょうか。

　例えば、前日の終値は 4000 円。そして当日の高値が 3950 円、安値が 3850 円、終値が 3950 円だったとしましょう。このケースでは、前日比は 50 円安、高値と安値の差は 100 円です。ところが前日 4000 円で買った人が、最安値の 3850 円で決済したら 150 円の損が出ます。すなわち前日比は 50 円の値幅でありながら、高値と安値の差は 100 円で、かつ 150 円の損が出るケースも起こりえるのです。したがってこの計算方法も正しく平均的値動きを算出するベースにはなりません。

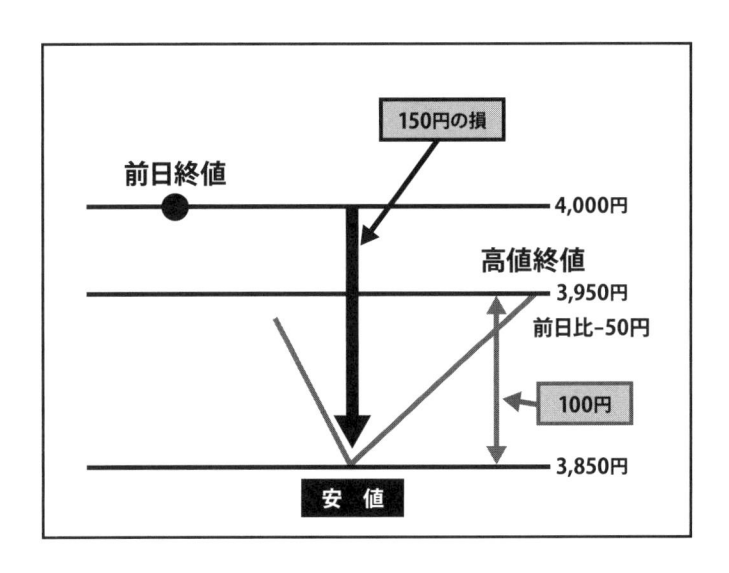

## 3）タートルズが用いた計算方法

　それではタートルズが用いていた平均的値動きの算出の基礎とはどのようなものでしょうか。それが"TR（TRue Range ＝ トゥルーレンジ）"と呼ばれる考え方です。

　TR を世に送り出したのは、近代テクニカル指標開発の巨星と称される J・ウエルズ・ワイルダー・ジュニアです。ピボット、パラボリック、DMI、RSI といったテクニカル指標はすべて氏の手によるものです。

　まず1日の最大の値動き（最大リスク）を計測するために次の A〜C を算出します。

$$A ＝ 当日高値 － 前日終値$$
$$B ＝ 前日終値 － 当日安値$$
$$C ＝ 当日高値 － 当日安値$$

　A、B、C の3つの値を求めて、そのうち最大の値をその日の最大リスクと定義します。これを概念図で示したものが次ページの図です。

　TR については、先述したように、本書では「1日の最大値動き」と呼ぶことにします。

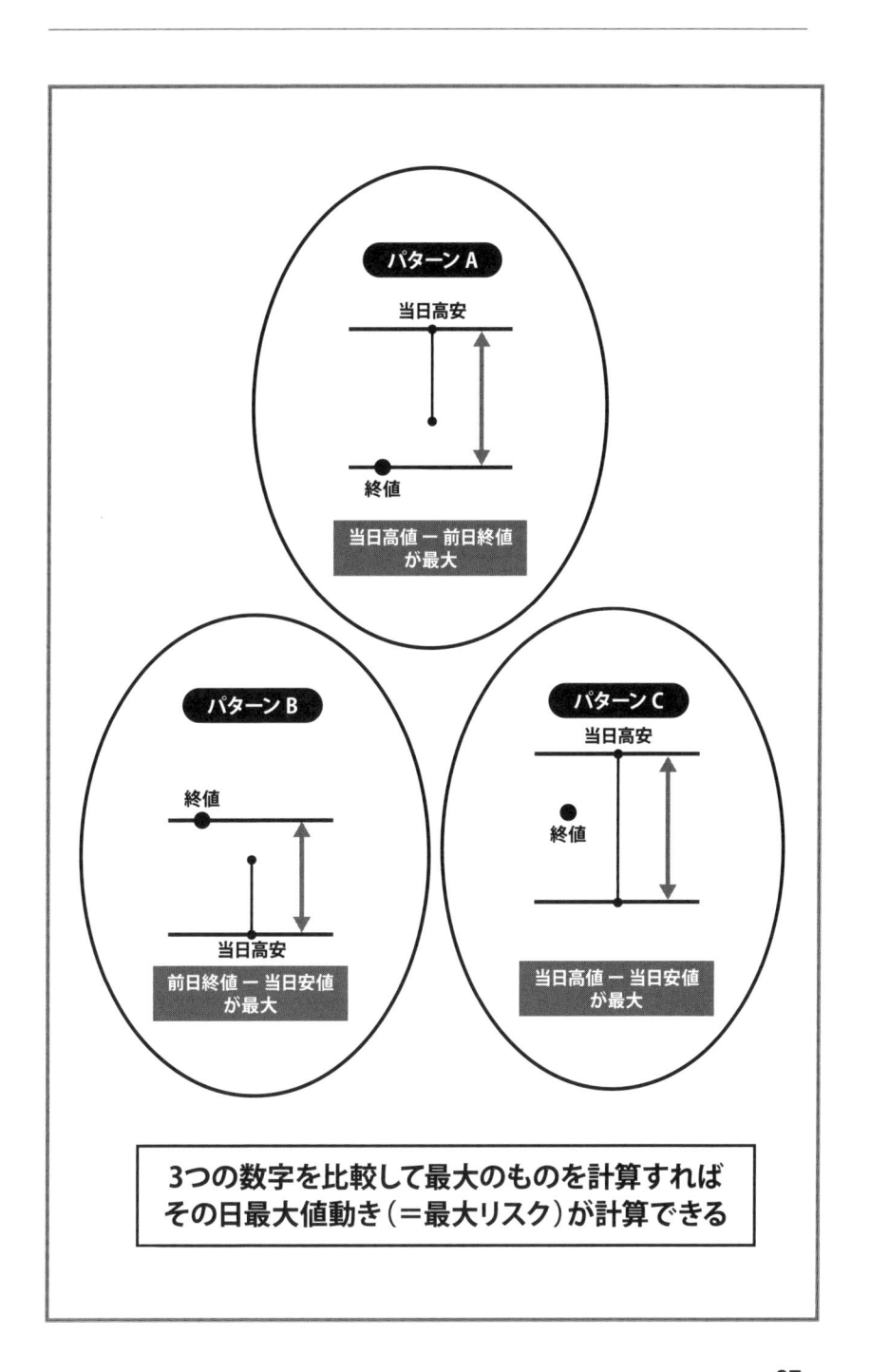

### 4）ＡＴＲについて

　TR（トゥルーレンジ）は「平均的値動き」を計算するためのステップで、「１日の最大値動き」であると定義しました。それを踏まえて平均的値動きを算出するためにATR（Average True Range ＝ TR の平均値）という考え方を紹介します。

　20営業日分（約１カ月）の ATR を算出してみましょう。したがって、ここで算出する ATR は TR の 20 日平均ということになります。そうして求めた値を、ある商品の現時点における１日当たりの平均的値動きであると約束するのです。

　日本では ATR の普及度合いは今ひとつかもしれません。しかし、海外ではトレーダーにとっての必需品であることから、外国製のチャートシステムには高い確率で ATR がデフォルトで組み込まれています。

　ここでは、次の３通りの方法を紹介します。

> ①単純平均（SMA）
> ②修正移動平均（MMA）
> ③指数平滑移動平均（EMA）

　このときに重要なのは数学的な精緻さではなく、アバウトでもいいから現在の値動きの傾向をつかむことです。それには ATR の値が徐々に大きくなっているのか、それとも小さくなっているのかを分析する能力が求められます。

### ①単純平均（SMA）

　単純平均は TR を過去 20 営業日さかのぼって、それぞれ割り出したのちにすべてを合計し、TR の個数すなわち 20 で割って求めます。その名の通り単純な計算ですが、実際に単純平均を用いて描画している有名なチャートもあります。

### ②修正移動平均（MMA）

　これに対してワイルダーは修正移動平均を計算しました。修正移動平均も指数平滑移動平均も根本的な考え方は同じで、当日の TR と前日の TR、さらにいえば10日前、20日前の TR の値には"重みの違い"があると考えます。詳細は後述しますが、ワイルダーが用いた修正移動平均の計算式は次のようなものです。

> **当日の ATR ＝（前日の ATR × 19 ＋当日の TR）÷ 20**

　タートルズも初期はこの計算式を用いていました。しかし、その後、次に紹介する指数平滑移動平均を使うように変化したのです。

### ③指数平滑移動平均（EMA）

　指数平滑移動平均は次の計算式で求めます。

> **当日の ATR ＝（前日の ATR × 19 ＋当日の TR ×2）÷ 21**

修正移動平均の計算式と比べると微妙な違いがわかるはずです。

修正移動平均も指数平滑移動平均も直近のデータに、より比重を置くという考え方は共通しています。しかし、指数平滑移動平均は修正移動平均に比べて、直近のデータの比重をより大きくしているのです。指数平滑移動平均の計算式中にある（当日の TR ×2）がそれに当たります。

なぜでしょう。最新の価格は常に過去の価格の影響を受けて形成されます。20 日前の価格と昨日の価格では、どちらが最新の価格に影響をより強く及ぼすでしょうか。その答えが計算式に表れています。時間が経てば経つほど、遠い過去の価格の影響力は低下するという考え方が根本にあります。

ここで指数平滑移動平均の計算式に戻ります。最初の ATR を算出するときには、昨日の ATR がありません。その場合は単純平均で 20 日 TR の平均値を算出し、翌日からはその値を昨日の ATR として扱うのです。

例えば、最初の 20 日 TR の平均値は 100 円だったとします。そして翌日の TR が 150 円だったとすると、その日の ATR は次のように計算します。

$$
\begin{aligned}
ATR &= （100 円 × 19 + 150 円 × 2）÷ 21 \\
&= 2200 円 ÷ 21 \\
&= 104.8 円
\end{aligned}
$$

では実際の価格に基づいて計算してみましょう。次ページの表は 2013 年 9 月の東京金のデータです。

| | 東京金 | 高 値 | 安 値 | 終 値 | 高値－前日終値 | 前日終値－安値 | 高値－安値 | 最大値（=TR） |
|---|---|---|---|---|---|---|---|---|
| 0 | 2013/8/27 | 4,440 | 4,406 | 4,416 | | | | |
| 1 | 2013/8/28 | 4,487 | 4,418 | 4,468 | 71 | -2 | 69 | 71 |
| 2 | 2013/8/29 | 4,483 | 4,418 | 4,441 | 15 | 50 | 65 | 65 |
| 3 | 2013/8/30 | 4,478 | 4,434 | 4,443 | 37 | 7 | 44 | 44 |
| 4 | 2013/9/2 | 4,435 | 4,368 | 4,422 | -8 | 75 | 67 | 75 |
| 5 | 2013/9/3 | 4,468 | 4,431 | 4,453 | 46 | -9 | 37 | 46 |
| 6 | 2013/9/4 | 4,532 | 4,435 | 4,511 | 79 | 18 | 97 | 97 |
| 7 | 2013/9/5 | 4,515 | 4,437 | 4,445 | 4 | 74 | 78 | 78 |
| 8 | 2013/9/6 | 4,495 | 4,388 | 4,391 | 50 | 57 | 107 | 107 |
| 9 | 2013/9/9 | 4,472 | 4,368 | 4,448 | 81 | 23 | 104 | 104 |
| 10 | 2013/9/10 | 4,453 | 4,409 | 4,430 | 5 | 39 | 44 | 44 |
| 11 | 2013/9/11 | 4,436 | 4,382 | 4,413 | 6 | 48 | 54 | 54 |
| 12 | 2013/9/12 | 4,413 | 4,337 | 4,342 | 0 | 76 | 76 | 76 |
| 13 | 2013/9/13 | 4,308 | 4,205 | 4,227 | -34 | 137 | 103 | 137 |
| 14 | 2013/9/17 | 4,235 | 4,177 | 4,194 | 8 | 50 | 58 | 58 |
| 15 | 2013/9/18 | 4,230 | 4,131 | 4,166 | 36 | 63 | 99 | 99 |
| 16 | 2013/9/19 | 4,328 | 4,131 | 4,321 | 162 | 35 | 197 | 197 |
| 17 | 2013/9/20 | 4,403 | 4,339 | 4,357 | 82 | -18 | 64 | 82 |
| 18 | 2013/9/24 | 4,349 | 4,213 | 4,219 | -8 | 144 | 136 | 144 |
| 19 | 2013/9/25 | 4,230 | 4,152 | 4,226 | 11 | 67 | 78 | 78 |
| 20 | 2013/9/26 | 4,253 | 4,181 | 4,242 | 27 | 45 | 72 | 72 |
| | | | | | | | 20日平均のATR | 82.9 |
| 21 | 2013/9/27 | 4266 | 4205 | 4214 | 24 | 37 | 61 | 61 |

まず 20 日 TR の平均値を算出します。必要なのは 4 本値のうち高値、安値、終値だけで、始値は必要ありません。その結果が 82.9 円でした。この値を最初の ATR とします。

　翌日の TR は 61 円です。ではその日の ATR はどうなるでしょう。

$$ATR = (82.9 円 \times 19 + 61 円 \times 2) \div 21 = 80.8 円$$

　すなわち最新の ATR は 80.8 円です。これが「金相場は 1 日当たり何円動くか」という、当初与えられた質問に対する答えなのです。この考え方は株式にも FX にも応用が可能です。

　ところで、金の ATR は「平成 26 年 5 月 23 日現在 40 円」ですが、「平成 25 年 9 月のときは 80 円台」と大きな開きがあります。1 日 80 円動く金と、1 日 40 円しか動かない金ではトレードに際するリスクがまったく異なります。

　ところが、トレーダーの中には "居心地のよいトレード量" を目分量で決めていて、いつも 1 回の注文は 5 枚、あるいは 10 枚というように同じだけ売買する人がいます。もしそうだとすれば、それは資金管理とリスク管理を理解していない証拠です。

# 第3章

## リスク管理について

# リスク管理について

　勝てるトレーダーを目指すためには、トレードに関してさまざまな自己管理（セルフマネジメント）が必要となります。第2章では資金管理（マネーマネジメント）を学びました。続いて本章ではリスク管理（リスクマネジメント）を学びます。

　「どこで買うか、どこで売るか」という話については、多くのトレーダーがよく勉強している分野です。ですから、1年勉強すれば1年分成長するし、3年勉強すれば3年分上達します。

　一方、資金管理とリスク管理に関しては、投資経験10年、20年のトレーダーでも、本当の意味で正しいテクニックを身につけている人はごくわずかにすぎません。ゆえに投資歴何十年のトレーダーであっても同じ失敗を繰り返すのです。


## 1）リスク管理とは

　資金管理とリスク管理の目的を確認します(次ページの枠組み参照)。

　リスク管理に関して「最大限のリスクを取る」という部分に違和感、もっといえば恐怖心を抱く人もいることでしょう。それは、リスクは低いほうがよいのではないかという漠然とした先入観に根差しています。

　まず「破産しないという前提のもとに」という注釈がついている点を見逃さないでください。そのうえで、リスクがあるからリターンが

◆資金管理とは
自分の投資用資金を明確にし、破産しないという前提のもとに自分
の投資用資金を最大限効率的に運用する方法。

◆リスク管理とは
自分のリスク量を取引するたびに確認し、破産しないという前提の
もとに自分の取れる最大限のリスクを取ること。

あること、リスクとリターンは表裏一体であること、リスクのないところにはリターンもないことを心に留めてください。

　一般的に、日本人にはリスクを悪だと考える傾向があります。ゆえに投資においても、高リスクと低リスクの商品があれば、リスクの低いものを選びがちです。もちろん、低リスク商品とノーリスク商品があれば、後者を選ぶはずです。その結果、銀行預金や国債など、一番買ってはいけないものにたどり着きます。実は、そういう看板の投資商品に限って一番リターンが少ないことに気づいていないのです。

　これに対して海外の人々は、リスク性の投資商品を選ぶ傾向が見てとれます。「投資はお金を増やすためにするのだから、リスクのないもの＝リターンのないものは選ばない」という理屈です。そして、そのとき、頭に思い描いているのが「適正リスク」なのです。

## ２）適正リスクとは

　適正リスクとは、リスク管理の原点であり、ひと言でいえば「破産しない範囲で取る最大限のリスク」です。

リスクとリターンは表裏一体だと説明しました。リスクとは、自動車でいえばスピードです。歩いたり自転車に乗ったりするのに比べて車は便利です。一度自動車を使うようになると、もう自動車のない生活には戻れません。しかし、制限速度をオーバーすれば罰金をとられるし、事故を起こす危険性も高まります。

　つまり制限速度こそが、適正リスクなのです。

　リスクを過剰に抑えるという間違った考え方は、高速道路を時速30キロで走ったり、一般道を時速10キロで走ったりすることに似ています。それではなかなか目的地に着きませんし、逆に危険ですらあります。

　トレードの世界も同じです。限度を超えるリスクを取ると、あっという間に破産してしまいます。だからといってリスクを抑え過ぎると、利益はわずかになりますから、目標の達成自体が困難です。それではトレードをする意味がありません。

　したがって、破産しない制限速度を守り、その中で最大限のリスク（＝リターン）を取ることがリスク管理の目的となるのです。そのためには自分の適正リスクを知り、トレードの最中は常に自分のリスク量を把握しておく必要があります。

　リスクをスピードに置き換えるなら、今、自分が取っているリスクのパーセンテージはスピードメーターです。トレードをしながら自分のリスク量を知らないのは、スピードメーターを見ずに自動車を運転しているのと同じです。

　自分は今、投資用資金の何パーセントのリスクを取っているのか。常にこの問いに答えられる必要があります。それこそがリスク管理のスタートです。

## 確認テスト

現在の建玉は以下の通り。

| | |
|---|---|
| ◎金 | 1ユニット |
| ◎白金 | 2ユニット |
| ◎ガソリン | 3ユニット |
| ◎日経225先物 | 2ユニット |
| ◎米ドル／円 | 2ユニット |

**設問**

現在とっているリスクは1日当たり何パーセントか?

**解答**

10%（＝1＋2＋3＋2＋2）

# ロスカットラインの決め方

### 1）基本的なロスカットラインの設定法

　ロスカットラインとは、相場が自分の予想とは逆に動いた場合に、あらかじめ決めておいた限度額以上の損失を被らないように、損切りをする水準のことをいいます。

　トレードに際しては、建玉と同時にロスカットラインを設定して、逆指値注文を出すことを徹底しましょう。相場が逆に動いてからロスカット注文を出すのではワンテンポ遅くなります。その分だけ、損失が広がるおそれがあります。

　「ロスカットラインを設定するときの基本的な考え方」は次の通りです。

◎一時的に下がってもトレンドが継続しているならロスカットせず
　に我慢する
◎トレンドが終了したならいち早く決済する

　価格の上昇を予想して買いを仕掛けたところ、予想に反して相場が下落したので仕方なくロスカットしたら、その翌日から反転上昇を始めたというシチュエーションは誰もが一度くらいは経験しているでしょう。反転上昇しているわけですから、相場の読みが外れたわけでは

◆ロスカットライン設定の基本的な考え方

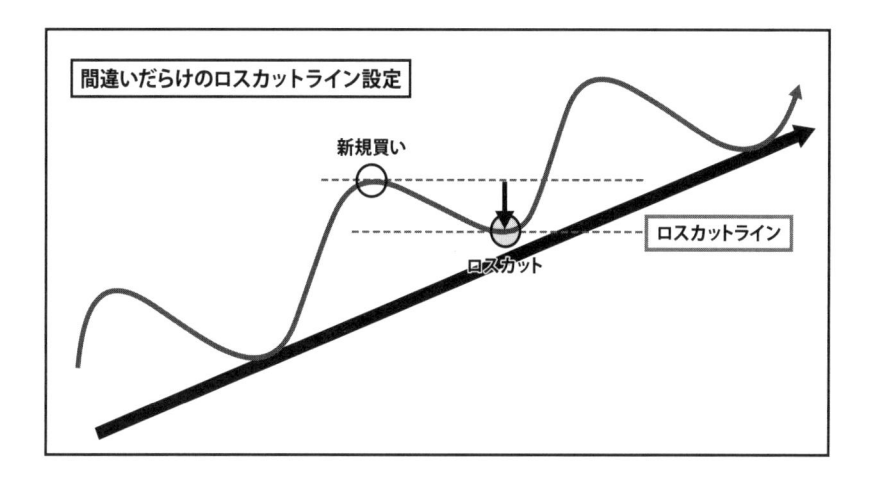

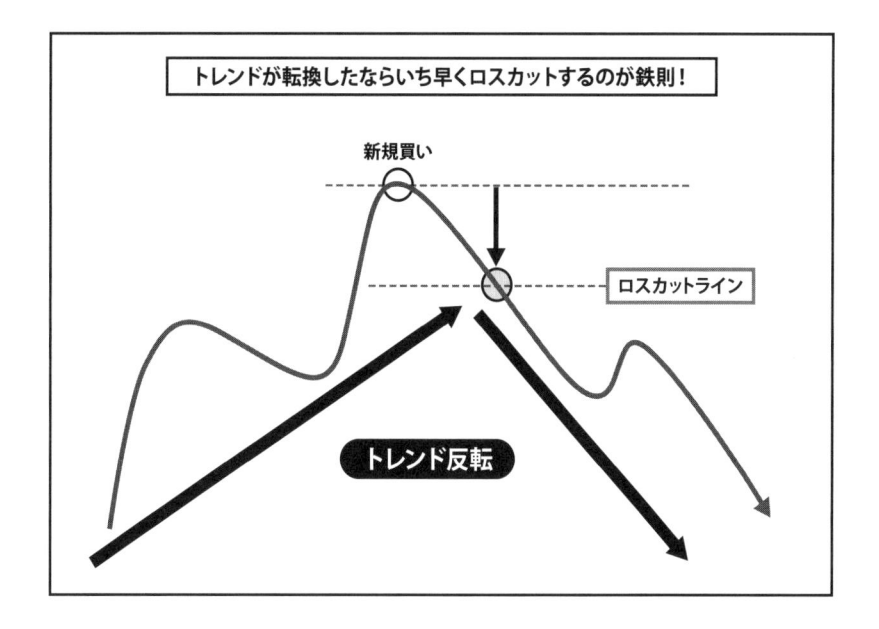

ありません。この手のケースでは、ロスカットラインの設定に過ちがあった可能性が高いと言えます。

価格はウェイブ（波打ち）しながら上昇し、ウェイブしながら下降します。つまり価格の上昇過程にも一時的な下げがあるのです。その一時的な下げでロスカットしてしまったら、どのような相場でも勝てるはずがありません（前ページの上の図参照）。

このように説明すると「そもそも相場の読みは外れていないのだから、押し目を買えばロスカットを防げるのではないか」と聞かれることがあります。

しかし、「押し目待ちに押し目なし」という相場格言があるように、チャートを見つめながら押し目を待っていると、その間に価格がどんどん上がってしまうことがあります。ここがチャンスと思ったら、押し目を待たずに買うのが鉄則なのです。

もちろん、買った直後に押し目をつける可能性はあります。このため一時的な下げでヒットしない値位置にロスカットラインを設定する必要があります。

ただし、トレンドの反転を確認したら、いち早くロスカットしなければ損が膨らんでしまうので、その点は注意が必要です（前ページの下の図参照）。

ここで、もう一度、108ページの「ロスカットラインを設定するときの基本的な考え方」を思い出してください。「トレンドが継続しているならロスカットせずに我慢する」「トレンドが終了したならいち早く決済する」という2つの命題は両立させることが難しいのです。なぜなら、トレンドが継続している限り、ロスカットに引っかかってほしくないと思えば、ロスカットラインを深くする必要があり、トレンド反転のときに、いち早く決済したいと思えば、ロスカットラインは浅くする必要があるからです。

この相反する命題を解決するには、どこまでトレンド継続の可能性
があり、どこからがトレンド転換かを見極める基準を持たなければな
りません。


## 2）トレンドとノイズの関係を考える

　価格変動にはトレンド（方向性）とノイズがあります。
　下のチャートを子細に観察してください。上昇または下降トレンド
を描いている最中でも、ある一部分を切り出すと、細かい上下動のウ
ェイブが観察できるはずです。ノイズの正体は、そのウェイブです。

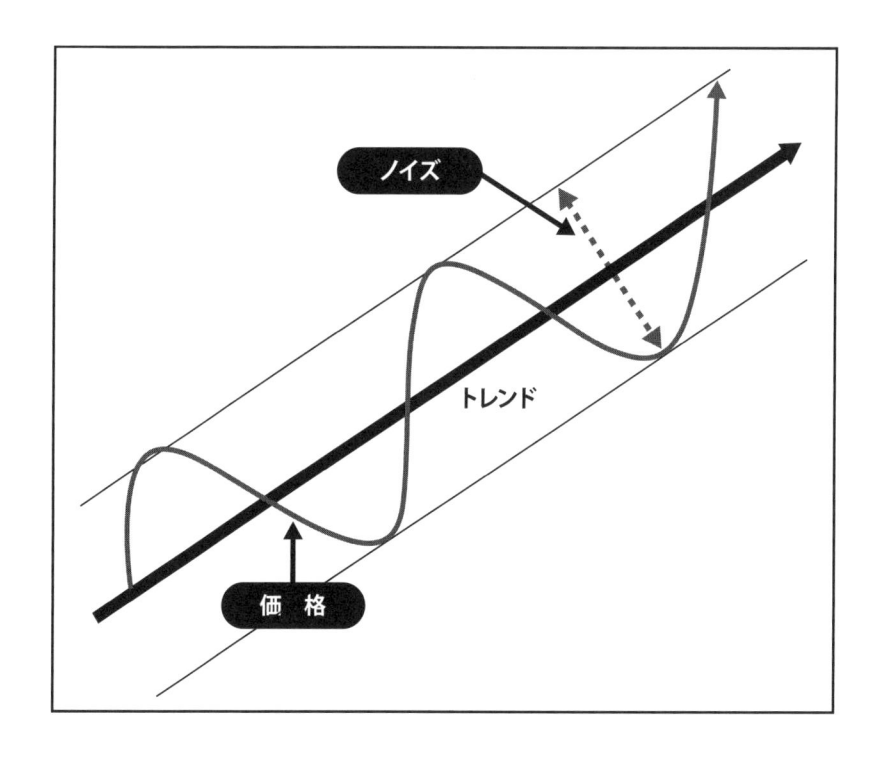

　先に挙げた【考え方】では２つの命題が背反の関係にあることを指

摘しましたが、トレンドに対してノイズの大きさがわかれば解決がつくはずです。つまり、**逆方向への価格変動がノイズの範囲内であればロスカットせず、ノイズの範囲を超えたらトレンド終了とみなしてロスカットする**というルールにします。

これは、「いくらまでなら損を許容できるから……」とトレーダーの都合でロスカットラインを決めるのではなく、**市場の動きに合わせてロスカットを設定する**という意味です。とても大切な概念ですので、しっかり覚えてください。


### 3）タートルズのロスカットラインとは

ロスカットラインに関してタートルズは、考察の結果、各銘柄のノイズは2ATR（＝2×ATR）以下であると結論づけています。つまり1日の最大値動きの2倍以上も逆方向に動けば、それはもはやノイズと呼べるレベルではないということです。

> **【タートルズのロスカットライン設定ルール】**
> 相場が予想とは逆方向に2ATR動いたらロスカットする
> ◎買いの場合、「買値」－「2×ATR」
> ◎売りの場合、「売値」＋「2×ATR」

具体的な数字を当てはめてみましょう。

仮に金のATRが42円として、今、仕掛けた場合には、84円逆方向に動いたらロスカットすることになります。今よりも前、例えば金のATRが80円だったころなら、ロスカットラインは買いなら160円下、売りなら160円上になっていたはずです

東京金先物で160円の値幅は大きく感じるかもしれません。ロスカットラインにヒットしたら、１枚当たりの損失は16万円（＝160円×1000グラム×１枚）になる計算です。

　しかし、すでにわれわれはユニットでのトレードを学んでいます。１ユニットに対する１ATRの損失は１％でした。ということは、２ATRの損失なら投資用資金の減少は２％に留まります。

**確認テスト**

**設問**

現在の金のATRは42円。金を4300円で１ユニット買い建てた。ロスカットラインはいくらに設定すべきか。またそのときのリスクはどれだけか。

**解答**

ロスカットラインは4216円（＝4300円－42円×２）。リスクは投資用資金の２％。

# 第4章

## エッジを探す

## 第1節
# 買い有利・売り有利の場面はある

### 1) 買い方有利・売り方有利の局面を探す

　第1章でも解説したように、通常、価格が上がるか下がるかは五分五分（フィフティフィフティ）です。ところが、買い方または売り方のどちらか一方が有利になる局面が訪れます。

　トレードエッジをプラスにするには、買いか売り、どちらか一方にエッジが出ている局面を探して、そこでトレードすべきです。

　例えば、オシレーター系のテクニカル指標でトレードしているとしましょう。オシレーターとは、簡単に言うと、「買われ過ぎ」や「売られ過ぎ」など、相場の過熱感を示すものさしです。

　さて、オシレーター系のテクニカル指標を見たところ、「売られ過ぎだから買おう」と思ったとします。このとき、「買おう」と思っているわけですから、上昇トレンド中など、明らかに買いが有利なとき、つまりエッジがあるときに限定するべきなのです。事実、上昇トレンド中の売られ過ぎなら「押し目買い」が機能しやすいでしょう。

　ところが、「エッジがあるかどうか」を無視して、仮に下降トレンドのときに「売られ過ぎだから買おう」と思って買ったとしたら、どうでしょうか？　買ったところが運良く底になっていない限り、下落の波に飲み込まれるのがオチです。

トレンドフォローでも同じです。明らかに買いにエッジがあるとき
に買う、もしくは、明らかに売りにエッジがあるときに売るようにし
ないと、良い結果にはつながりません。

ここで大事なことは、**「どんなに優れた手法でも、エッジのある場
面で使わない限り、思うような結果が得られる確率が低くなる」**とい
うことです。「逆行してもすぐに損切りするならば、エッジがあろう
がなかろうが、エントリーの場所は関係ない」という意見もあるかも
しれませんが、それができるのは上級トレーダーです。ノービストレー
ダーには、エントリーする前に「今、買いが有利なのか、それとも、
売りが有利なのか」を見極めることが求められます。

## 2）エッジを見つけるときの留意点

さて、エッジを見つけるにはどうしたらよいのでしょうか？　極論
をいえば、「これが自分にとってのエッジだ」というものであれば、
何でも構いません。

ただし、エッジがあるかどうかを探すときには、「ほかの多くのト
レーダーにも見ることができるものかどうか」という点には注意が必
要です。なぜなら、トレードは多数決で決まるからです。

原理原則として、買う人が多ければ相場は上がりますし、売る人が
多ければ相場は下がります。何かを見て「上がりそう（下がりそう）」
と思う人が多くいなければ、相場は動かないのです。ということは、
自分だけしか見られない指標を見て「エッジがある」と独りよがりで
思っていても、続いてくれる人がたくさんいなければ、相場は上がら
ない（もしくは下がらない）のです。実際、トレードエッジ自体はい
くつか考えられますが、誰もが知っているようなシンプルなものでも
十分機能します。

## 第2節
# 主なトレードエッジについて

　トレードエッジにはどういうものがあるのか。一般的で、かつ、多くのトレーダーが利用している指標として、「移動平均線」「新高値・新安値」「抵抗線・支持線」「ロスカットライン」の4つを紹介します。

### 1）移動平均線のエッジ

　移動平均線には「ゴールデンクロス＝買いシグナル」「デッドクロス＝売りシグナル」という売買シグナルがあることは、多くのトレーダーが知っていることでしょう。

> ◎ゴールデンクロス
> 価格が移動平均線を下から上にクロスすること＝買いシグナル
> ◎デッドクロス
> 価格が移動平均線を上から下にクロスすること＝売りシグナル

　ところで、なぜゴールデンクロスが買いチャンスになり、デッドクロスが売りチャンスになるのでしょうか。

　次ページを見てください。米ドル／円の日足チャートを用意しまし

◆米ドル／円の日足（2008年2月～5月）

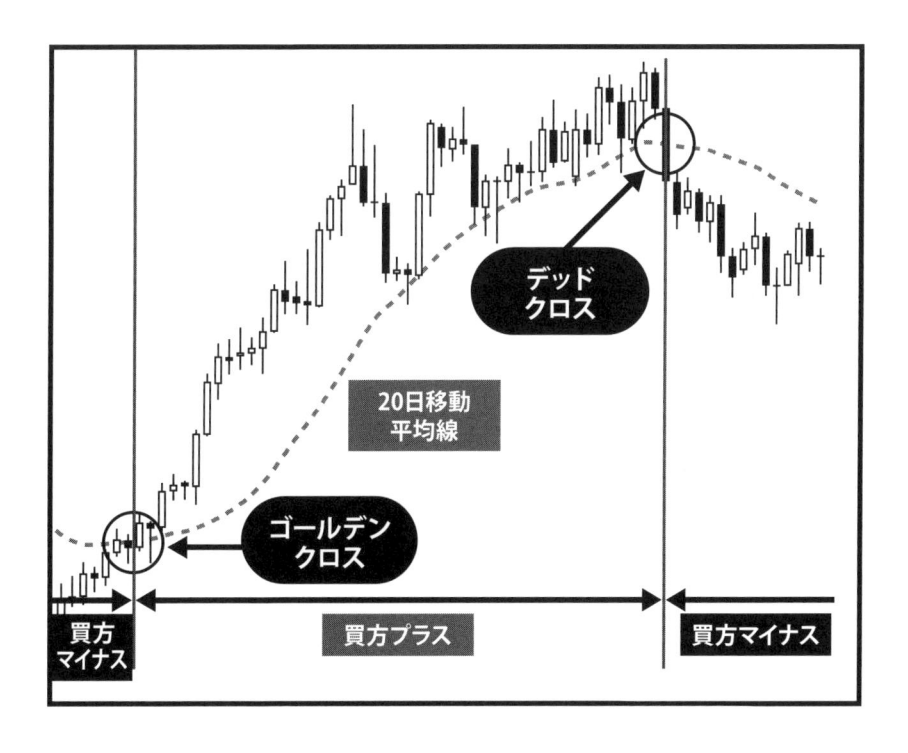

デッド
クロス

20日移動
平均線

ゴールデン
クロス

買方
マイナス

買方プラス

買方マイナス

た。これは米ドル／円のローソク足に20日移動平均線を重ねたシンプルなものです。チャートの左側にゴールデンクロス、右側にデッドクロスが見てとれます。

後解釈にはなりますが、確かにゴールデンクロスで買いエントリー、デッドクロスで売りエントリーしていれば、それぞれのトレードで利益を獲れていたはずです。

ゴールデンクロスはその地点からの上昇トレンドの発生を示唆します。要するに、そのときに買いエントリーすればよいと教えてくれているのです。デッドクロスはその逆で、下降トレンドの始まりになります。

しかし、なぜゴールデンクロスが上昇トレンド発生の転換点になるのでしょうか。

移動平均線自体は、以下の計算式で成り立っています。

> ◎ 20日移動平均線の計算式
> 20日移動平均線＝過去20日間の終値の合計÷20

本日を含む過去20日間の平均的買い値（＝平均的売り値）を示したものが20日移動平均線です。そのライン（線）と価格を比較してみて、価格が下にあり移動平均線が上にあるということは、「過去20日の間に買いエントリーしたトレーダーは平均的に損している」ということになります。過去20日の平均的買い値と現在の価格を比較して、どれくらい儲かっているのか、あるいはどれくらい損しているのかを分析するのが移動平均線の本質なのです。

ここで、もう一度先ほどのチャートに戻ります。

チャートの左端では移動平均線が価格の上にあるから買い方はマイナスです。ここで買い方になったつもりで、その心理を分析してみましょう。

　買いエントリーした後、価格が下がっているわけですから、当然、不安を感じているはずです。早く損切りしたほうがよいのではないかと気が気ではない状態でしょう。

　ところが、次第に値動きにも変化が見られ、やがてゴールデンクロスを迎えるまでの動きになります。ゴールデンクロス以降は価格が移動平均線の上にあります。つまり、買い方は儲かっている状態です。

　このことからわかるのは「今まで買い方はマイナスだったのにプラスになった」という状況です。ゴールデンクロスを見ることで"変化"を把握できます。ここに、重要な意味があるのです。

　おそらく、プラスに転じた買い方は、自分の予想が当たったと自信を持つことでしょう。この勢いに乗じて、追撃の買いを検討するトレーダーが出てくることも十分考えられます。

　ゴールデンクロス発生以前はいつ売ろうか、どのタイミングで損切りしようかと不安でいっぱいだったにもかかわらず、ゴールデンクロスが発生すると、「よし買いだ。どんどん買うぞ」という気持ちが芽生えてくるのです。「売り」から「買い」へ、不安が希望に変わるターニングポイント、それがゴールデンクロスなのです。だからこそ、ゴールデンクロスが買いチャンスになるのです。このことは、同時に、ゴールデンクロスになった瞬間に、買いにエッジが出てくることを意味します。

> ### ゴールデンクロス＝買い方にとって「希望」の兆し

　デッドクロスはその逆です。デッドクロス発生以前は、買い方は儲

かっていました。つまり、買いで自信にあふれていたわけですが、デッドクロスを契機に利益がなくなり、今度はマイナスが出始めます。このため買い手は不安を感じて手仕舞いの売りを検討し始めるのです。

気持ちが「買い」から「売り」へ一気に変化する、その分岐点がデッドクロスです。だからこそ、そこには売りのエッジが発生するのです。

> デッドクロス＝買い方にとって「不安」の兆し

### 豆知識：テクニカル指標とエッジの関係

テクニカル指標とは、価格変動の中でトレーダーの感情がどのように変化し、それに伴い投資行動がどのように変化するかを分析し、その結果、どこでエッジが発生するかを示すツールです。

したがって、あらゆるテクニカル指標の買いシグナル・売りシグナルはこれから上昇する局面を教えてくれる、下降していく局面を教えてくれると勘違いしてはいけません。それらはエッジを教えてくれるためにあるのです。通常は「上がる下がるが五分五分である」のに対し、それが六分四分、ときに七分三分になる局面を教えてくれるのです。

大事なことは、70％上がる局面であっても、30％下がる可能性を秘めているところにあります。そのことをしっかりと認識しているかどうかです。

上がると予想したのに下がったなら、普通は、予想が外れたということになります。ところが、買いにエッジがある局面なら、下がったとしてもそれは想定内なのです。確率70%なら、30%は下がるということを含めてトータルで利益を取っていくことがトレードエッジの考え方です。そして、そのためのツールがテクニカル指標なのです。

## 2）新高値・新安値更新のエッジ

　トレーダーにとってエッジを見つける最大のツールはテクニカル指標です。しかし、エッジが発生する瞬間を見極めるツールはテクニカルだけかというと、もちろん、そんなことはありません。

　テクニカル指標以外のもので、エッジを見つける事象の代表的なものといえば、新高値・新安値更新があります。今回は、このエッジについて見ていきます。

　次ページはトヨタ自動車の日足チャートです。チャート左部分に上昇トレンドが確認できます。価格はいったん3640円まで上昇し、2012年4月に目先の天井をつけています。

　この上昇トレンドの途中（右斜め上向きの矢印の最中）で買いエントリーしたトレーダーがいました。3640円でピークを迎え、その後、押し目となったときのトレーダーの心理を推理してください。

　普通なら3640円の近辺で売り手仕舞いすれば大きな利益を取れたと悔やむでしょう。しかし、そのチャンスを逃してしまったわけですから、次善の策として、「今度また、3640円まで上昇したらそのときは絶対に決済するぞ」という気持ちになるのではないでしょうか。実際に、「3640円で利益確定したい」と考えれば、この価格を売り指値

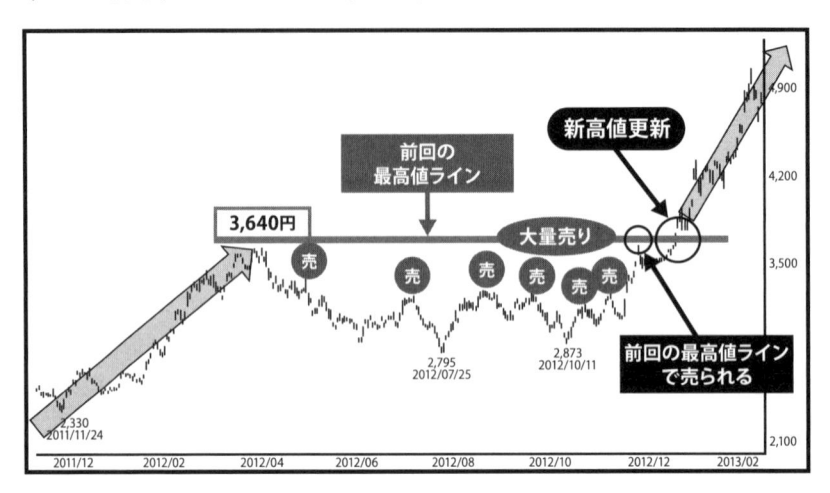

として決済注文を出すはずです。

　注目すべきは、同じようなことを考えているトレーダーは無数にいるということです。このような事情から、3640円の地点には売り指値が大量に溜まっていくことになります。

　ところが、相場はなかなか上向いてくれません。やがて価格がさらに下がって3640円にはなかなか到達しそうにないと考え始めたトレーダーたちは指値位置を少し下げ始めます。その結果、今度は3640円から現在の値段までの間にさまざまな売りの指値注文が溜まるのです。

　すると、どうなるでしょう。価格が上昇しても、大量の売り指値注文が待ち構えているわけですから、上がれば売られる、上がれば売られるの繰り返しとなります。仮に、売り指値を少しずつ消化して価格が上昇してきても、3640円の地点での大量の売り注文が価格の上昇を邪魔するのです。

　チャートを見ると、2012年11月末に3640円に挑戦して跳ね返さ

れています。これは大量の売り指値注文のせいだったと考えられます。

　しかし、価格の上昇が本物であれば、3640円に溜まっている大量の売り注文もやがて消化されます。そして、すべてを消化して3640円を超えたとき、そこから先は頭を押さえる売りはもうありません。このため3640円を超えた瞬間にわずかな買い注文でも価格はスルスルと上がるのです。これが新高値をつけた時点で買いにエッジができる理由です。


## 3）抵抗線・支持線のエッジ

　抵抗線・支持線という言葉はよく耳にするはずです。英語ではレジスタンスライン・サポートラインと言います。

　価格が上昇を続けていると、あるところでその上昇を阻む大きな抵抗にぶつかることがあります。そこにあるのは、もちろん大量の売り指値注文です。

　次ページに示したのは米ドル／円のチャートです。例えば、100円というような、切りのよい、わかりやすい価格は抵抗線になりやすい傾向があります。売りでも買いでも節目になりそうな価格には指値注文を出しやすく感じることでしょう。

　このとき、売り方には、100円のラインだけは超えさせたくないという思いが強く働きます。そのため、100円を超えたら一気に売りを仕掛けてくるというようなことが間々あります。要するに、100円を挟んでの攻防が繰り返されるのです。それが抵抗線です。

　しかし買い方が勢いづくと、ある瞬間に100円の壁も打ち破られます。そのときが買い方の勝利の瞬間です。

　抵抗線を超えた後は、買い方は「どんなことがあっても90円台には戻したくない」と考えますから、100円のラインを死守しようとします。このため、100円に近づくと買い支えが起こります。それが支

◆米ドル／円の日足

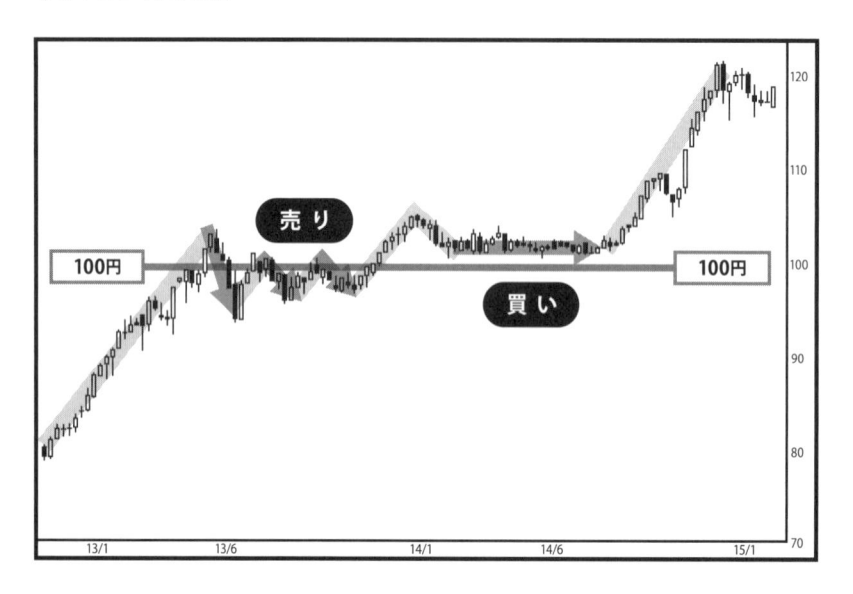

持線です。その支持線が有効だと確認できれば、もう90円台には戻らないのですから、安心して買えるという心理が働き、相場は跳ね上がっていきます。

　では、どういう値位置が抵抗線になるのでしょうか。答えは節目となる価格、新高値・新安値、上昇幅の半値押しライン、下降幅の半値戻しラインなどです。

　おもしろいのが、「同一の価格水準でありながら、抵抗線はいったん破られると、今度は支持線として働く」という特性です。最大限の苦労の結果、目の前の壁を乗り越えられたとしたら、そして、そのときの苦労が大きければ大きいほど、二度と元の立ち位置には戻りたくないと考えるのが人情です。ゆえに元へ戻らせようとする動きが出てくると、全力で阻止しようとするのです。つまり、かつての抵抗線は、

今度は支持線として働くことになるのです。これが、俗に言う、Ｓ波動と呼ばれるものです。

◆Ｓ波動

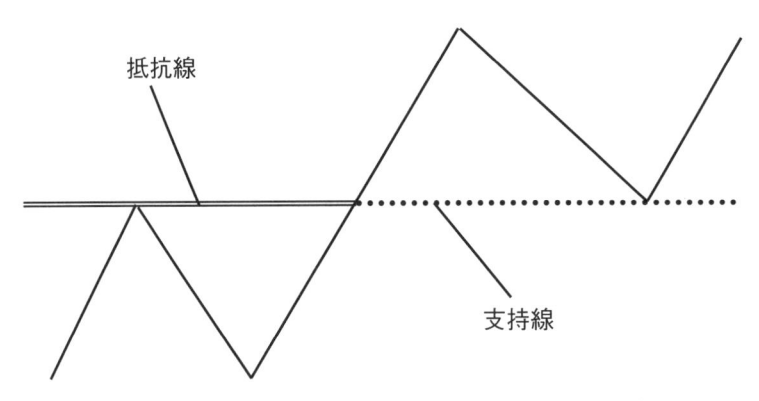
抵抗線

支持線

今まで抵抗線（二重線）だったものが、今度は支持線（点線）に変わる。

## 4）ロスカットラインのエッジ

　ロスカットによるエッジの発生もあります。

　買ってから価格が下がったとしても、トレーダーは、ある程度までは我慢するはずです。しかし、ある一定以上まで価格が下がってしまうと我慢しきれずに、投げ売りをしはじめるトレーダーが出てきます。この投げ売りがまとまると売りのパワーは増幅するので、価格はさらに押し下げられます。結果、投げ売りをするトレーダーが続出して、マーケットは投げ売りの連鎖となります。

　その一方で、安値を拾うトレーダーもいるので、ある程度の下げの場合はその安値拾いの買いにより、価格が上昇するという展開も見られます。現に、その間に上昇するという展開も見られます。

　ところが、先述したように、あるラインを超えた瞬間に投げ売りが

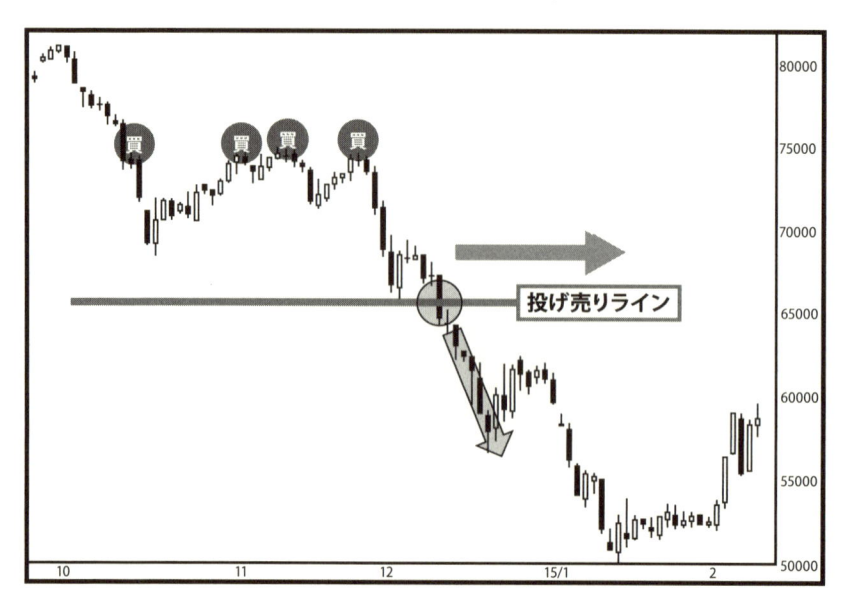

◆東京ガソリンの日足（2014 年 10 月〜 2015 年 2 月）

投げ売りライン

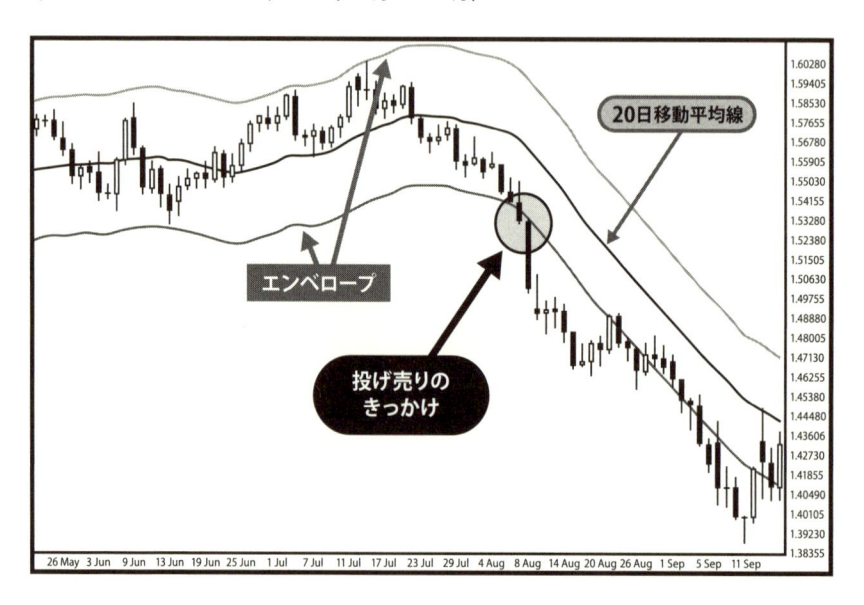

◆ユーロ／ドルの日足（2008 年 5 月〜 11 月）

20日移動平均線

エンベロープ

投げ売りの
きっかけ

次の投げ売りを呼び、マーケットは売り一色になります。その分岐点が投げ売りラインであり、売りにエッジが出てくる理屈です（前ページの東京ガソリンのチャート参照）。

　ここまで紹介してきたように、価格変動の中で買いまたは売りにエッジが出てくる瞬間はさまざまあります。そこを狙っていくのが勝ち組トレーダーです。

　テクニカル分析でも、そういう局面にスポットを当てているものがあります。例えば、エンベロープです。この指標は移動平均線からの乖離幅をチャート上で示したものですが、一定以上離れると、投げ売りが出てくるために価格の暴落が読めたりします。

# 第3節
# 私が注目するエッジは「移動平均線大循環」

## 1）移動平均線を３本表示する「移動平均線大循環」

　トレードエッジとして考えられる局面はいろいろありますが、私が見ているものは何かというと、テクニカル指標の中でも代表的な「移動平均線」です。具体的には、移動平均線を３本表示することで、トレードエッジを見つけています。私は、このやり方を“移動平均線大循環分析”と呼んでいます。

　３本の移動平均線は、「短期線」「中期線」「長期線」です。それぞれの日数（パラメーター）はトレーダーによって異なりますが、「５日」「20日」「40日」をひとつの目安とします。

　この３本の移動平均線の並び方から「今、エッジがあるかどうか」を見ています。

　例えば、上昇トレンド中の場合には、３本の移動平均線は上から順に「短期線・中期線・長期線」という並びになります。さらに３本の線の傾きは、すべて右肩上がりになっています。

　下降トレンド中の場合はこの逆です。３本の移動平均線は下から順に「短期線・中期線・長期線」の並びになります。さらに、３本の線の傾きはすべて右肩下がりです。

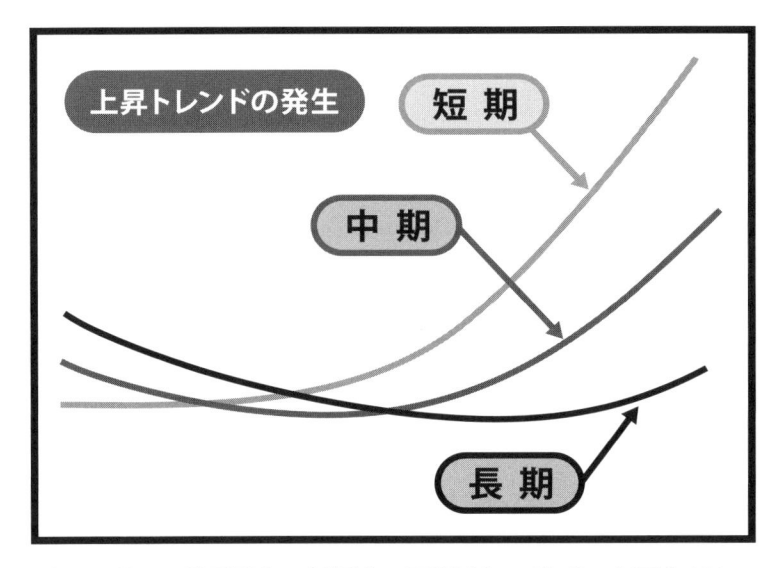

**上から順に「短期線・中期線・長期線」の並び＆右肩上がり**
**＝上昇トレンド中＝買いにエッジがある状態**

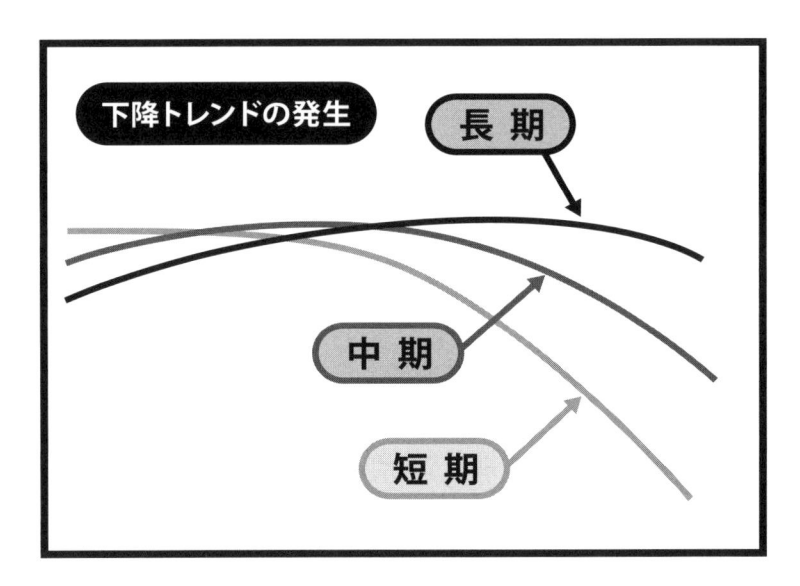

**下から順に「短期線・中期線・長期線」の並び＆右肩下がり**
**＝下降トレンド中＝売りにエッジがある状態**

ここまでの話でおわかりのように、3本の移動平均線の並びを見ると、前ページの特徴が見て取れます

　移動平均線3本を見ながらエッジを探る「移動平均線大循環」については、第2部で詳しく紹介します。ここでは、上記の特徴があるということを覚えておいてください。


## 2）パーフェクトオーダーについて

　「パーフェクトオーダー」という有名な言葉があります。直訳すれば「完璧な順番」です。利益を獲ることにおいてパーフェクトな状況に近いと認識された場合に使います。

　下記に示した3本の移動平均線のパターンはパーフェクトオーダーの局面であり、それを見つけられたトレーダーはラッキーということになります。

---

【パーフェクトオーダー】
◎買いのパーフェクトオーダー
短期線、中期線、長期線が上向きで、かつ、上から短期線、中期線、長期線の順に並んでいること

◎売りのパーフェクトオーダー
短期線、中期線、長期線が下向きで、かつ、下から短期線、中期線、長期線の順に並んでいること

---

# コラム：認知の歪みについて

　ここまでに、トレードエッジが発生するさまざまな状態を紹介してきました。

　次は、多くのトレーダーが陥りやすい落とし穴について考えてみましょう。残念ながら、一般トレーダーは同じ失敗を繰り返します。そのため、プロに狙われるところとなります。だからこそ、自分以外のトレーダーの心理状態を理解し、その"特有の心理"をトレードに活かすことは極めて有効なテクニックと言えます。

　トレードをしていると、欲に目がくらんだり、恐怖心に駆られた結果、ときとして正しい判断できなくなることがあります。トレーダーが陥りやすいこうした誤謬を「認知の歪み」と呼びます。

### ①損を出したくない病

　最初のテーマは「損を出したくない病」です。トレーダーAさんとBさんの対照的な状況を用意しました。これについて考えてみましょう。

**【状況】**

　Aさんはこれまでに10万円、20万円とコツコツ利益を確定してきて、合計で100万円の累計利益。しかし残っている株はまだ上昇せず、その含み損は150万円。

　Bさんはこれまでに10万円、20万円と早めの損切りをしてきて、合計100万円もの損失を出した。しかし残っているのは大きなトレンドに乗った優良株で、現在のところ含み益は150万円。

**【問い】**

　さて、AさんとBさんのどちらが儲かっているか。それはなぜか。


　儲かっているのはBさんです。では、その理由を考えてみましょう。

　Aさんは実現利益100万円に対し、含み損が150万円あります。実質的には50万円の損ということになります。一方でBさんは実現損失100万円に対し、含み益が150万円ですから、実質50万円の利益です。

　マーケットには、Aさんタイプのトレーダーがあふれています。特に日本人にはその傾向が強いようです。「決済した損益だけが本物で、計算上の損益はトレードの過程だから、現在損をしていようが儲けていようが、それは参考値に過ぎない」と思っているのです。

　Aさんのような考え方の過ちに気づいているトレーダーも

多いのですが、知っていることとできることの間には乖離があるようで、実際には、その過ちはなかなか直せません。まるでたちの悪い病気のようです。

**②使った費用をあきらめられない病**

次のテーマは「使った費用をあきらめられない病」です。これもよくある認知の歪みです。先ほどのように状況を整理して問題点について考えてみましょう。

**【状況】**
あなたはパソコン会社の社長。とあるパソコンの開発に３億円の資金を投じてきた。ところが、パソコンの出荷前にタブレット型ＰＣの時代がやってきた。工場はひとつなのでタブレット型に切り替えると従来型のパソコンは生産中止となり、これまでに投じた３億円は無駄になってしまう。
なお、タブレット型の開発費は１億円。タブレット型は今はブームなので、その売り上げは現在開発中の旧型パソコンを販売するよりも、さらに１億5000万円ほど伸びると予想されている。

**【問い】**
現在開発中のパソコンをそのまま生産していくのが正解か、タブレット型に切り替えるのが正解か。その根拠は何か。

一見トレードとは関係がないように思えることでしょう。しかし、そんなことはありません。

タブレット型に切り替えるコストが1億円、そのことによって伸びる売り上げがプラス1億5000万円ということは「5000万円の利益増」につながります。過去に使った3億円は、今となっては関係ありません。したがって、タブレット型の生産に切り替えるのみです。

ここで用いたのは小学生でもできる算数です。しかし、大人になると、この簡単な計算ができなくなってしまいがちです。

なぜでしょうか。理由は単純です。すでに支払った費用の3億円をあきらめきれないのです。もしも、ここで旧型の生産を中止して廃棄処分にすると、責任問題で誰かの首が飛ぶかもしれません。だから誰も中止を進言できません。よくある話だと思いませんか?

以上の例え話を踏まえて「トレード脳」の訓練です。

**【状況】**

今、A社株を1万株所有している。A社の業績見通しはまだまだ暗く、どこまで下落が続くかわからない。倒産すらなきにしもあらず。

一方、B社株は絶好調。今後も高値の更新が見込まれる。

**【問い】**

取るべき対応は?

順当なら、Ａ社株を売って上昇余地が見込めるＢ社株を買うところです。

　ところが、Ａ社株を買った時点はあとから振り返ってみれば天井で、それからは暴落の一途だったとします。少しでも値段が戻ったら売ろうと思っていたのに戻る気配は微塵もなく、すでに1000万円もの評価損が出ているとしたらどうでしょうか。

　客観的に判断すれば、損害がさらに広がる前にＡ社株はあきらめるべきです。ところが、不思議なもので「今さら50万円や100万円の損が膨らんだところでどうともならない。Ａ社のＶ字回復に人生を賭ける。Ａ社と心中だ！」とまで言い切るトレーダーが出てくるのです。

　根拠のないＶ字回復を夢見てＡ社株を手放すことができません。このトレーダーから正しい判断を奪ったのが、まさに「使った費用をあきらめられない病」なのです。


### ③結果にこだわりすぎ病

　勝ちたいという意識が強過ぎるのも、失敗に陥りやすい理由です。

　「勝ちたい＝負けたくない」という気持ちが強ければ強いほど、利益確定が早くなる傾向にあります。目の前にある、「実現できる計算上の利益が失われる前に、とにかく勝ちを確定したい」との意識が働くからです。

　負けたくないという強い気持ちは、同時に損切りを遅らせます。いずれＶ字回復して計算上の損が霧消することを夢見

て、その日まで持ち続けようと思ってしまうからです。

　ところが、トレーダーの思惑通りに動くような展開は現実世界では滅多に起こりません。実際は、さらに大きな損を抱えて身動きが取れなくなるのがオチです。最終的に、小さな利益、大きな損失という結果だけが残り、トータルで負けてしまうのです。


　「たまたまの結果にこだわる病」もあります。

　トレーダーは誰しもトレードの結果にこだわります。むしろ結果にこだわらないトレーダーはいないと言ってもいいでしょう。ところが、結果を重視し過ぎると、かえって失敗をすることがあります。

　今度は麻雀の話をします。カンチャンやペンチャンよりも、二面待ち、三面待ちのほうが上がれる確率が高いことは、麻雀に詳しい人なら誰でも知っているはずです。実際に麻雀で手作りをしていると、最後の局面で「三面待ちにも、ペンチャン待ちにもできる」という状況に出くわすことがあります。

　そのような場合、よほど特殊な事情がない限り、三面待ちで広く構えるのがセオリーです。しかし、そういうときに限ってペンチャンの待ち牌を引いてしまう経験はないでしょうか。

　1回だけならいいのですが、そういう場面が2回、3回と連続すると、人間の心理とは不思議なもので、次第に「三面待ちよりもペンチャンで待つほうが正解なのではないか」と思いたくなってきます。

　しかし、それこそ、誰もが知っているとおりの大間違いな

のです。正解はやはり三面待ちです。

　似たような話はトレードの世界でも見受けられます。例えば、正しいルールに則ってトレードしていても、一時的に連続で負けてしまうことはあります。だからといって、自分のやり方が間違っているかというと、そういうことにはならないのです。期待値が高いのであれば、その理にかなった行動を続けるべきなのです。

　一時的に偏った結果に惑わされてペンチャン待ちをあえて選択するような過ちを犯すことは避けましょう。


### ④値ごろ病

　"値ごろ"とは「トヨタは下げても××円までで、それ以下にはならない」「豪ドル／円は上がっても××円で頭打ちになる」などといった、過去の値動きやファンダメンタルズから見た相場観を指します。トレードでは、この値ごろ感が時として大きな災いを呼び寄せます。

　現実に、「こんな価格では採算割れだから、これよりも下がるはずがない」というような話を聞いたことはありませんか？　この手の話題が「値ごろ病」の典型例です。実際問題、採算を割れていようがいまいが、下がるときはとことん下がるのが相場です。

　では、この値ごろ病は、いつごろ表面化してくるのでしょうか？

　観察していると、トレーダーがノービス（初心者）の域を脱し、インターミディエート（中級者）としての自覚が出始

めてきたあたりで、値ごろ病にかかりやすくなるようです。なぜかというと、実際に値ごろ感を根拠にトレードしてみると、利益に結びつくことがあるためです。しかも、中級者と呼ばれるくらいのトレーダーは、身をもって、その利益を何回か体験しています。だからこそ、値ごろ感を重視しがちになるのです。

　実際、中級トレーダーは「もうそろそろ、いくら何でも底打ちでしょ」とか、「どう考えても高過ぎるでしょ」などと、トレード仲間との相場談義に花を咲かせます。そして、落とし穴はそんなところに潜んでいるのです。

　ここでひとつ、誰もが知っているであろう相場格言を紹介します。それは、「安いときに買って、高いときに売る」というものです。

　この格言は一見真理を突いているかのごとく聞こえます。しかし、少し立ち止まって考えてみると「安いときに買って、高いときに売る」とは、明らかにナンセンスであることがわかります。

　次ページの上図は価格変動を極端に単純化しています。現在の「価格」は高いでしょうか、それとも安いでしょうか。

　価格動向を見ると、安値でしばらくもみ合った後に急騰して、今は高値もみ合いとなっています。こういう相場展開になったら、ほぼすべてのトレーダーは「高過ぎるのですぐに売らなくてはいけない」と思うことでしょう。

　ところが、この先、次ページの下図のようにさらなる急騰

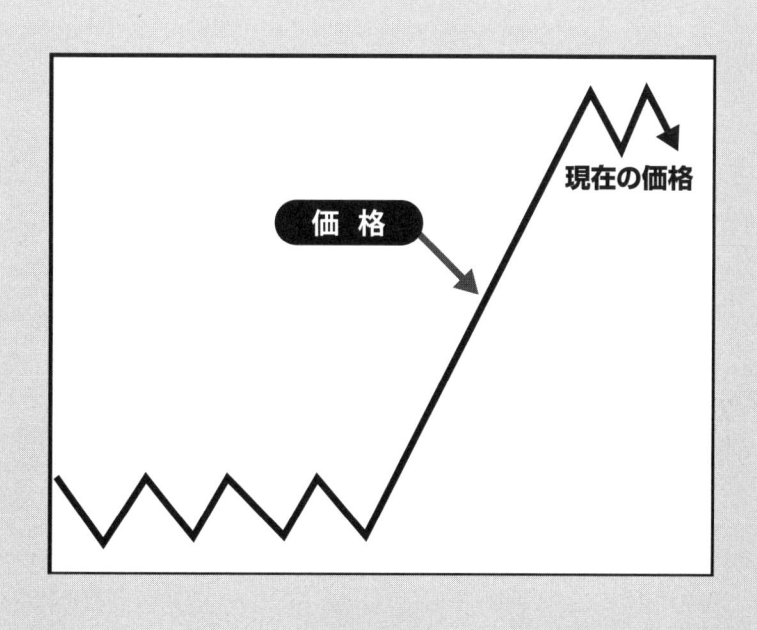

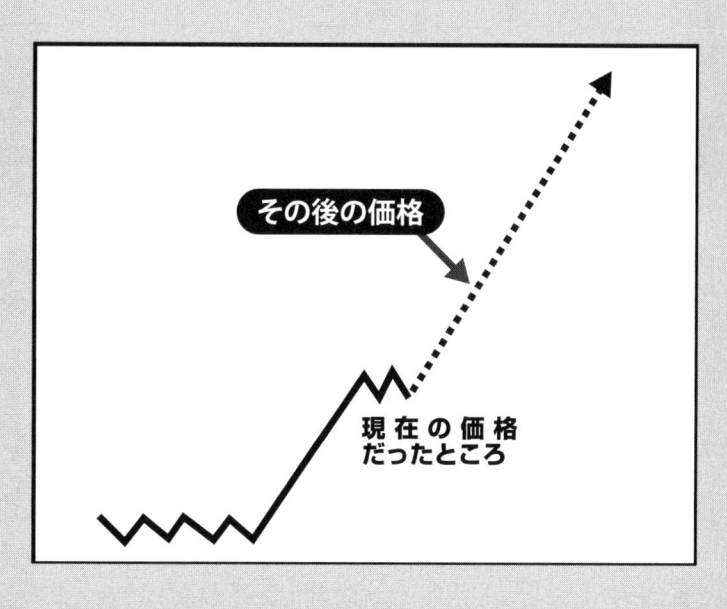

を見せることがあります。

　こうなってしまうと、あのときの価格が高かったとは誰も言えません。つまり「安いときに買って、高いときに売る」という大原則は「将来の価格と比較して安いときに買って、高いときに売る」ということなのです。現在の価格が過去よりいくら高くても、将来もっと上昇するならそれは安い価格であり、過去と比べてどんなに安そうに見える価格でも、将来もっと下落するなら、それは高い価格だというわけです。

　相場の神様でもない限り、現在の価格と将来の価格を比較することはできません。ですから、先の格言はナンセンスだと指摘したのです。

　ところが、大多数の一流になれないトレーダーは、現在と過去を比較して、「価格が高い」、あるいは「安い」と決めたがります。過去の値段との比較は、将来の価格に対して何の意味も持ちません。ここに大きな落とし穴があるのです。

　現在の価格は、現在のすべての状況（ファンダメンタルズ・人気・トレンドなど）を考慮した買い方と売り方のバランスによって成り立っています。すべてのことが織り込まれた結果として現在の値段があるわけで、将来の価格と比較できない以上、それが高いか安いかを論じても無意味なのです。時間の無駄なのです。

　私たちが注目すべきは、「過去、どうだったか」ではなく、「これからどうなるか」です。加えて意識すべきことは、ここから先で値段が上がるか下がるかは、基本的に五分五分（フィフティフィフティ）だということです。今の値段をどれほど高いと思っていようが、どれほど安いと思っていようが、そ

んなことは関係ありません。私たちに求められるのは、これから先のさまざまな状況・環境・思惑などの変化に左右されて動く価格の様子を見ることだけなのです。

　かつて第一次オイルショックという出来事がありました。それまで長きにわたって1バレル当たり3ドル程度だった原油価格をOPEC（石油輸出国機構）加盟国のうちペルシャ湾岸の数カ国が5ドル超まで、70％もの引き上げを一方的に発表したのです。その後も産油国は原油生産の段階的削減を決めました。結局、わずか数カ月のうちに原油価格は12ドル近くまで引き上げられたのです。日本では、この世が終わるのではないかというほどの大騒ぎになりました。

　それから時代が進んで、原油は1バレル100ドルを超え150ドルに近づいた時期もあります。あの第一次オイルショックのインパクトが身に染みている人に限って、その後の価格は高過ぎるとの思いがあるため、上がれば上がるほど空売りを仕掛けて売りまくりました。もちろん結果は破産です。今度は一転原油価格が下がり始めました。100ドルを超えた原油価格に慣れた人たちにとってはそこから半額以上下がるとは信じられず、安値と信じて買いまくりました。しかし、原油価格は一般人の想定をはるかに超えて下げ続けました。

　値ごろ感で売買することの怖さはここにあります。途中までは何度かうまくいったとしても、最後に取り返しのつかない損をしてしまうのです。

### ⑤バンドワゴン病

　バンドワゴンとは、パレードの先頭を進む楽隊が乗った車のことです。楽隊が奏でる演奏に踊らされる人々のように、ある情報や流行に誘導されて、その支持が広がっていく効果を"バンドワゴン効果"といいます。

　例えば、ある会社の新製品が大人気を博し、株価が急騰したとしましょう。新聞に取り上げられ、雑誌にも特集され、さらにはテレビでも報道されます。すると、あちらこちらで「その新製品は優れていて、その会社の株を買えば儲かる」と宣伝されます。トレーダーもこの会社の株が買いたいと殺到することでしょう。

　ところが、買えたときには、すでに株価は高過ぎるほど高くなっていて、ほとんどのトレーダーが高値づかみになってしまうのです。

　市中で人気を博していることを売買の動機づけにする人は、トレードに向いていません。思い起こせば、かつてのバブル期には「株価は未来永劫上がり続ける」などという、ありえない話が雑誌やテレビで平然と語られていました。

　1億総国民がわれ先に株を買い、その後、バブルははじけました。雑誌やテレビにあおられて買った人は、すべて負け組です。それがバンドワゴン病の怖さなのです。


### ⑥小数の法則信仰病

　サイコロを振って1の目が出る確率は6分の1です。

そもそも「確率6分の1」とはどういうことでしょうか。「大数の法則」の章で説明した通り、サイコロを6回振っても「1」が必ず1回出るというものではありません。6回中、一度も「1」が出ないこともあれば、逆に2回も3回も出る場合もあります。そうだとするならば「確率6分の1」には、いったい何の意味があるのでしょうか。

　まずサイコロを6回振って1回も「1」の目が出ない確率を調べてみます。その計算式は次の通りです。

$$\frac{5}{6} \times \frac{5}{6} \times \frac{5}{6} \times \frac{5}{6} \times \frac{5}{6} \times \frac{5}{6}$$

　この計算式からはじき出された答えは「33.5%」になります。つまり6回を1セットとしてサイコロを振った場合、3セットに1回は「1の目は1回も出ない」のです。

　ここで前に戻ります。3セットに1回は「1」の目が出ないのに「確率6分の1」とはどういう意味なのでしょう。

　トレードの世界で勝つために「大数の法則」はとても大切な考え方であることは説明しました。その逆の考え方が「小数の法則」です。

　小数の法則とは、簡単にいえば、標本の数（この場合はサイコロを振る回数）が少ない中で何らかの法則らしきものを見つけるものです。

　仮に、小数の法則から見つかったものが的を得ていたとすれば、それを信じたくなる気持ちもわからなくはありません。しかし、サンプル数が少ない以上、心の底から信じきっても

よいほどには当てにならないのも事実なのです。

このトリックに引っかかる人は意外と多くいます。例えば、週末にかけて価格が下落する現象が3～4回続けば「週末には株価は下がる。やはり調整が出てくるから」などと、まことしやかにささやかれはじめるのです。

「ジブリ映画（作品）が放映されると株価が荒れる」という話もありました。実際、ジブリの映画がテレビで放映されたとき、何度か株価が大きく動いた事実があります。すると、それがあたかも法則のようにつぶやかれ、"それ"を根拠に売買するトレーダーが出てくるのです。

ジブリ程度ならトリビアで済みます。しかし、「株価は何年周期で（あるいは何年何カ月周期で）動いている」という話になったらどうでしょうか。時には為替で、時には金価格で、このような話が語られます。根拠は後づけです。何十年分のチャートを引っ張り出してきて、「この年には上がった」「この年には下がった」と示したうえで「何年周期で動いているのがわかるだろう」とたたみかけます。

確率の世界では、ある事象に関してその確率の普遍性を示すには、ランダムなデータを用いて300回以上検証する必要があると言われています。ここで問題になるのは、「何年周期」というのは、果たして何回そういう現象を検証した結果なのかということです。

サイコロを振ったら6回のうち3回、「1」の目が出たとします。確率は50%です。もちろん、「たまたま」に過ぎません。にもかかわらず、その3回を根拠として、これからも2回に1回は「1」の目が出ると言えるのでしょうか。

「何年周期」説は、"この話"にとても似ています。サンプル数が少ないわけですから、真実なのか、偶然なのか、判断できません。要するに、どちらが正しいのか決められない以上、信頼に値するものとは言えないのです。

　本来なら、そんなものは今後の予想には何の役にも立たないと一笑に付すべきところです。ところが、圧倒的に少ないデータから得た結果を用いて「確かにチャートで見るとそうなっている」と感心してしまうトレーダーがいるのも、残念ながら、事実なのです。

　「小数の法則」には信憑性がありません。オカルトと同じです。われわれは決してミスリードされないように注意しなければいけません。

# 第5章

## エントリールールの検討

# 第1節
# タートルズのエントリールール

　タートルズのエントリールールは大きく2つに分かれます。それぞれ解説していきます。

## 1）エントリールール1

　「エントリールール」はトレードの端緒である仕掛けのコントロールを目的としています。トレーダーにしてみれば一番興味がわくところかもしれませんが、前述した資金管理とリスク管理がきちんとできていない限り、エントリーだけで成功することはありません。

　エントリールールは「エッジのある取引」という理論を身につけていなければ、やはり本物にはならないのです。

　タートルズのエントリールールは、ひと言でいえば、過去の「高値更新」と「安値更新」を基本にしたものです。具体的には、**上昇トレンド時に価格が過去20日間の高値を更新したら（新高値をつけたら）、「買いにエッジが発生した」と判断して買いでエントリー**します。

　逆に、**下降トレンド時に価格が過去20日間の安値を更新したら（新安値をつけたら）、「売りにエッジが発生した」と判断して売りでエントリー**します。これが「エントリールール1」と呼ばれている手法です。

　「大成功を収めた伝説のトレーダー集団が、こんな手法を使っていたのか」と驚かされるほどシンプルなルールです。

◆過去 20 日間の高値を更新したら買いエントリー

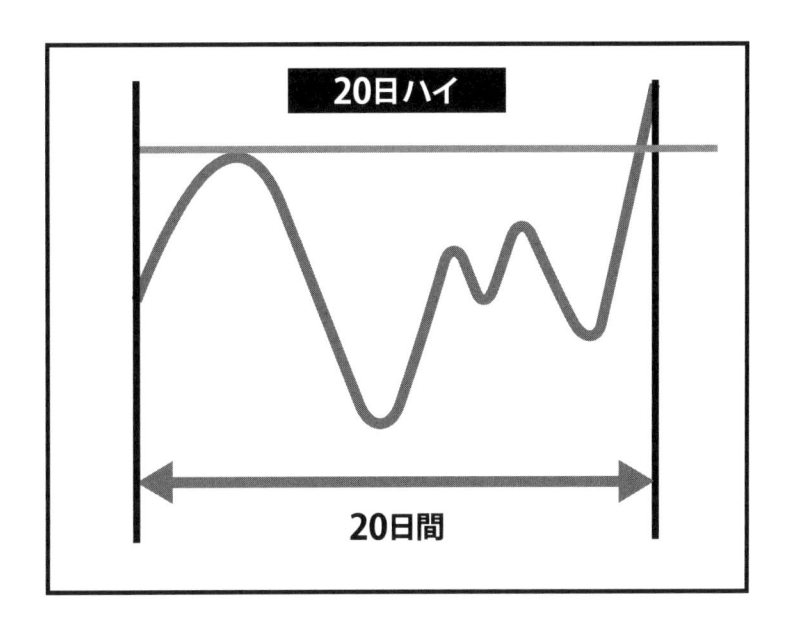

◆過去 20 日間の安値を更新したら売りエントリー

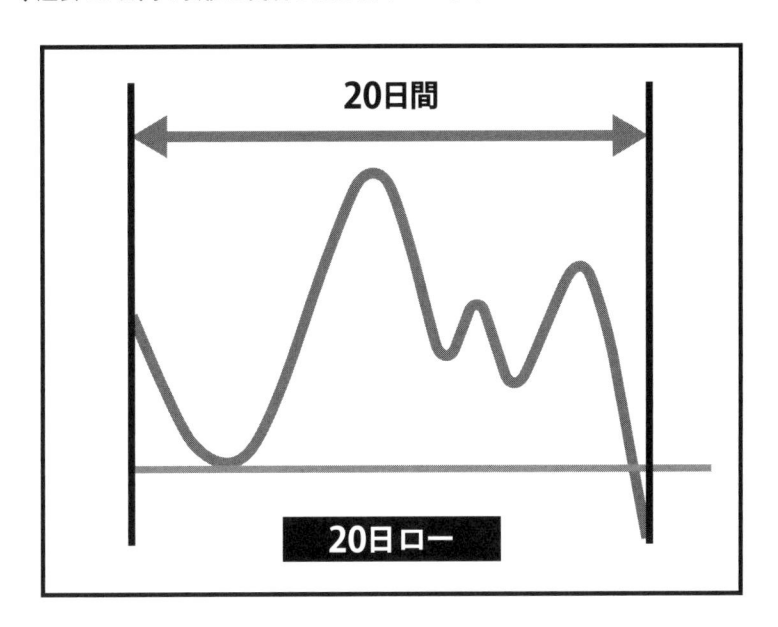

タートルズがトレードにおいて一貫して追い求めてきたのは"規律"にほかなりません。トレードの規律とは、首尾一貫したトレードを継続することと言い換えてもいいでしょう。そのためにはシンプルであることが求められます。事実、タートルズ流トレードの極意のひとつは「シンプルさ」にあります。

## 2）エントリールール1の検証

タートルズのエントリールール1を次ページのチャート『東京金』で検証してみます。

ローソク足の上に推移している線が20日ハイの線です。つまり、その線を超えた瞬間が過去20日の高値を更新し、新高値をつけた地点となります。逆に、下に位置しているのは20日ローの線です。その線を割った瞬間が過去20日の安値を更新し、新安値をつけた地点となります。

ルールでは、上の線を超えたら、その瞬間に買いでエントリーし、下の線を超えたら、その瞬間に売りでエントリーします。次ページのチャートで言うと、Aの囲み部分が買いで大きな収益を上げた期間です。Bの囲み部分は売りで大きな収益を上げた期間です。

囲み以外の部分でも上下の線を超えているポイントがあります。ロスカットルールですでに勉強した通り、エントリーと同時に2ATRに相当する価格でロスカット注文を出しますから、相場がそのロスカットポイントにかかったとしても損失は投資用資金の2％に限定されます。仮に、連続してエントリーが失敗しても大した損失にはなりません。しかし、エントリーが成功したときには、上記のように大きな利益につながるのです。

エントリールール1のタイムフレームを日足以外にすると、ルールは以下のように書き換えられます。

◆東京金

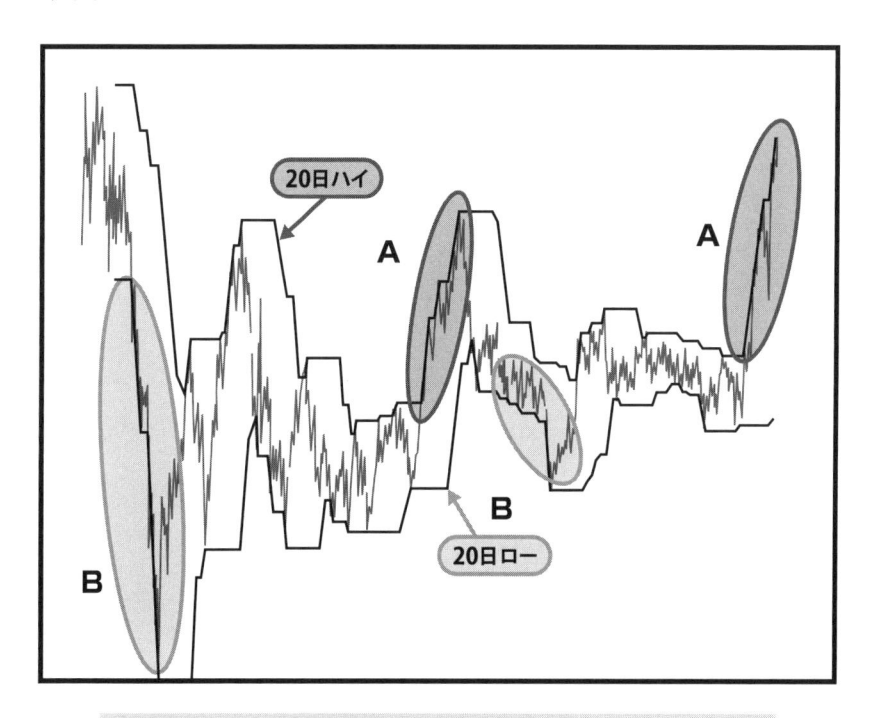

◎ 20 日ハイを上に超えたら買いエントリー
◎ 20 日ローを下に超えたら売りエントリー

　銘柄を増やせばチャンスはもっと増えます。また、タイムフレームの時間足を分足へ切り替えていくことでもチャンスを増やせます。


## 3）エントリールール2について

### ① PL フィルターについて

　先述したエントリールール1には、実は「PL フィルター」という名前の条件がついています。

　PL フィルターは極めて単純で、「前回が勝ちトレードだったらその次のシグナルでエントリーしない」というものです。

　タートルズが PL フィルターをつける理由は、タートルズの狙いがトレンドフォローであり、かつ、大きなトレンドをしっかり取るという基本方針に起因しています。

　上昇でも下降でも大きなトレンドが2回続けて発生する可能性は極めて低いと言えます。事実、PL フィルターを用いて年間の売買回数を約3割減らしても利益は減らなかったという実績があります。

　自身の検証によれば、PL フィルターを使用しなかったほうが良い結果が得られたという事例も確かにあります。しかし、複数の銘柄を検証してみると、PL フィルターを使ったほうが良い結果につながり

やすいという話は間違いなさそうです。

> **【PL フィルター】**
> エントリールール 1 でエントリーサインが出ても、（その銘柄の）前回のトレードがプラスであれば、そのサインは見送る。

### ② 55 日の高値と安値に注目

　同じ銘柄で暴騰の次に暴落、暴落の次に暴騰が重なるケースは少ないことは確かです。しかし、もしそういう状況が生じてしまい、大相場を取り逃がしたらどうでしょうか？　もったいない気がするはずです。その点を考慮して開発されたのが「エントリールール 2」です。エントリールール 2 の内容は以下の通りです。

> **【エントリールール 2】**
>
> **◆ 55 日ハイ（High）**
> 過去 55 日の高値を更新したら買いでエントリー
> **◆ 55 日ロー（Low）**
> 過去 55 日の安値を更新したら売りでエントリー

　エントリールール 1 と 2 の違いはタイムフレームの日数だけです。あくまでもルール 1 を基本として、PL フィルターでルール 1 が実行されなかったときに限りルール 2 を使います。

　具体的には、エントリールール 1 でシグナルが出たものの、PL フィルターで見送ったシグナルが大相場になったときには 55 日ハイ、55

日ローのルールが発動されます。なお、エントリールール２にはＰＬフィルターは使いません。

> **【エントリールール２の発動条件】**
> エントリールール１で出たシグナルが PL フィルターで実行されなかったとき、そのトレンドが大きなトレンドとなり 55 日ハイ（あるいは 55 日ロー）を超えたとき

　エントリールール１のシグナルが通常通り執行されたときでも、そのトレンドが大きくなれば55日ハイや55日ローを超えてくることはあり得ます。例えば、20日ハイで１ユニットを買いエントリーしたところ、その後も上昇トレンドの勢いは衰えることを知らず、ついには55日ハイを超えるまで上昇を継続したような場合は、新たな買いエントリーはしません。

　その理由は、エントリールール１に基づいて買い（売り）エントリーした後、価格がさらに上昇（下落）した場合には、別のルールによってユニットを追加するからです。同一銘柄は４ユニットまで仕掛けられるルール（４ユニット制限）を思い出してください。

　タートルズの取引戦略には、エントリーしたユニットが成功すると、同一方向にユニットを追加していくルールがあります。そのルールに則って仕掛けていくと、ほとんどの場合で55日ハイに至る前に４ユニットのリミットに達します。すなわち55日ハイ（ロー）になっても、必然的に追加エントリーはできないのです。

　次ページのチャートは東京一般大豆です。下降トレンドが上昇トレ

ンドに転換しています。「①」の囲み部分に注目してください。ここでは、本来ならば、20日ハイで買いエントリーのシグナルが出るはずです。

　しかし、それ以前の下落トレンドの最中（「②」の囲み部分）に売りエントリーをしており、そのトレードで利益が出たために20日ハイの買いシグナルは見送りとなりました。ところが、その後、上昇トレンドは継続し55日ハイに到達したため、この時点でエントリールール2の発動によって、買いエントリーとなります。

◆東京一般大豆の日足

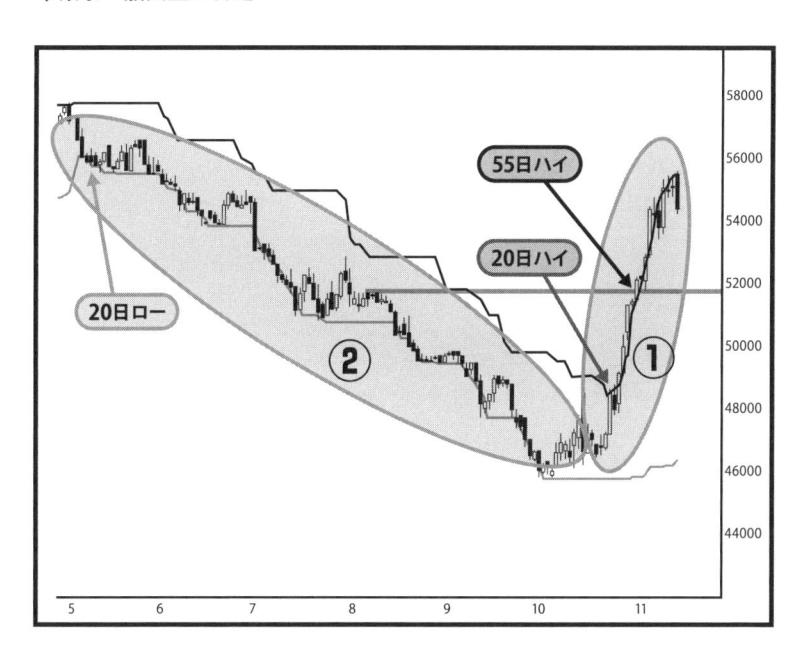

## 4) タートルズのエントリールールの欠点

　タートルズのエントリールールは実にシンプルです。実際、現在でも使えるルールではありますが、「サインの出現が遅い」という欠点があります。

　タートルズのエントリールールでは、トレンドが出てからしばらくたった後でサインが出ます。サインが出た後に大きなトレンドが出るのであればしっかり利益を確保できますが、そのときのケースによっては小さなトレンドで終わる可能性もあります。要するに、エントリーはしたものの、すぐに天井をつけてしまうパターンです。

　エントリールールに関しては、現在、タートルズが定めたものよりも優れたものがありますので、必ずしも、「20日高値＆安値」「55日高値＆安値」にこだわらなくてもよいでしょう。

## 第2節
# 移動平均線大循環分析を使った
# エントリールール

　前節の最後でお話ししたように、エントリールールに関しては、タートルズのルールよりも使えるものがあります。

　私も、エントリーに関しては、タートルズ流ではなく、他のものを使っています。具体的に、何を使っているかというと、次の2つです。

**①移動平均線大循環分析を軸としたエントリー**
**② MACD を軸としたエントリー**

　現状にエッジがあるかどうかを移動平均線3本（短期線・中期線・長期線）の並び順から確認した後、移動平均線3本の傾きや間隔を加味してエントリーします。

　ただ、移動平均線での仕掛けはシンプルではあるのですが、サインの出現が遅いというデメリットもあります。そこで、補足的に MACD にも注目しています。MACD には「移動平均線よりも早く売買サインが出る」という特徴があるためです。

　この移動平均線大循環分析と MACD を利用したエントリー方法については、本書の第2部で詳しく解説します。

## コラム：タートルズも真似をしていた

　タートルズのトレード手法は、実はリチャード・デニスとウィリアム・エックハートの2人で、すべてを作り出したわけではありません。

　ATR という考え方は J・ウェールズ・ワイルダー氏が考案したものですし、エントリールールも、当時、最先端と評価が高かった"ドンチャンシステム"を改良したものです。

　ドンチャンシステムの開発者は「トレンドフォローの父」と崇められたリチャード・ドンチャン氏です。

---

**【ドンチャンシステム】**

①過去 20 日の高値（安値）を更新したら、買い（売り）エントリー

②50 日移動平均線が 300 日移動平均線の上（下）に位置しているときには、買い（売り）しかしない

---

　ドンチャンルールの②は①を実行するための条件です。②には「トレンド・ポートフォリオ・フィルター」といういかめしい名前がついていますが、要は「こういうときにはトレードする。こういうときにはトレードしない」という条件を示しているにすぎません。

　50 日移動平均線が 300 日移動平均線の上にある（短期移

動平均線が長期移動平均線の上にある）のは、上昇トレンド
の特長です。もちろん、２つの線の上下関係が逆転していれ
ば、下降トレンドです。すなわち長期の上昇トレンド時には
買いエントリーしかしない、長期の下降トレンド時には売り
エントリーしかしないという、至極まっとうな考え方を示し
ているのです。

この手法も、タートルズのエントリールール同様、現在で
も通用します。実際にテストしてタートルズのルールと比
較してみると、ドンチャンルールのほうが勝率は良いのです
が、リスクリワード比率が下がってくるという結果が出てい
ます。

ありがちなのが、長期の下げから反転したときに、50日
移動平均線（短期線）が300日移動平均線（長期線）の下に
まだ残っているケースです。ドンチャンルールに従うと、買
いチャンスを逃してしまう恐れもあります。このためにター
トルズは、ドンチャンルールを改良したという予想も成り立
ちます。

このようにしてタートルズは、その当時の英知を寄せ集め
て独自のシステムを構築しました。今、Myルールを作るな
らば、現時点で最も自分に適したエントリールールを探し出
さなくてはなりません。

# 第6章

## 仕切りのルール

## 第1節
# 利益確定の考え方

### 1） 利益確定の方法

　エントリー（仕掛け）のルールはひとつですが、エグジット（仕切り、または手仕舞い）のルールは2つ必要になります。「①利益を確定するときのルール」と「②損切りするときのルール」があるからです。

　2つのルールのうち難しいのは、利益確定のためのエグジットルールです。「100万円でも130万円でも利益は利益、同じだろう」と安易に考えているトレーダーがいます。利益100万円も、利益130万円も、どちらも「利益」という言葉でひとくくりにはできますが、実際には"金額差"があります。

　トレーダーは、取れる利益を、取れるときに確保しておかなければなりません。ですから、利益を確保できるチャンスを迎えたら、そのときは全力で最大限の利益を手に入れるべきなのです。

　ただ、昔から欲のかき過ぎはいけないとの戒めがあります。これは、まったくその通りで、最大限の利益を狙おうとすると、予期せぬ反転に巻き込まれるなど、思わぬ目に遭うことも実際にあります。

　現実的に狙うべきは、"頭"と"尻尾"を除いた"残りの部分"です。ここがしっかりと取れているかどうかがポイントになります（次ページ参照）。

　ただ、「言うは易し」なのも事実で、準備していないとなかなか難

◆利益確定の基本

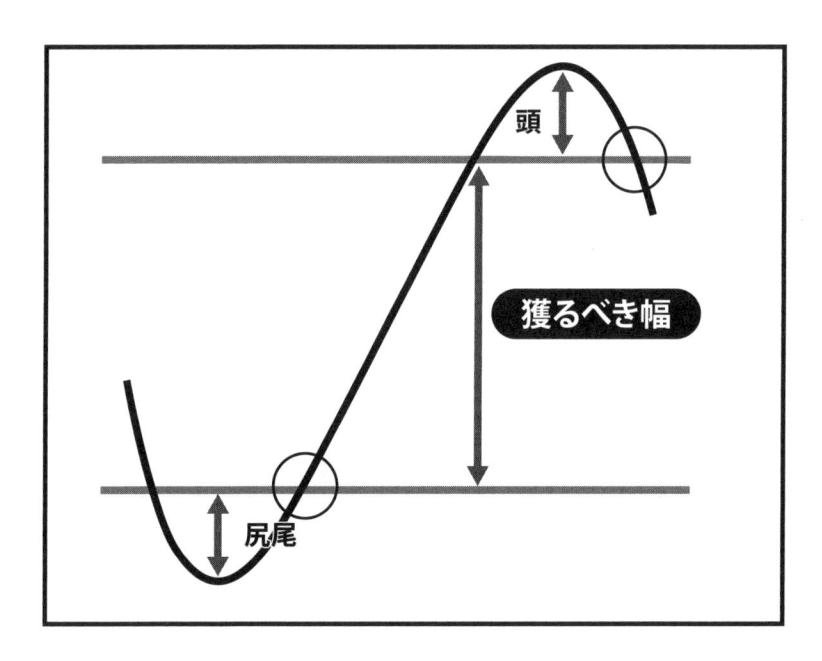

欲をかかずに、取るべき値幅をしっかり獲ること

しいものなのです。

## ２）利益確定は価格で決めてはいけない

　トップトレーダーの常識と言えるのが、「利益確定は価格で決めてはいけない」ということです。

　かつては、トレードを始めるときには、いくらまで下がったら損切りするか、いくらまで上がったら利益確定するかをあらかじめ決めておくべきだと教えられました。実は、それは古い考え方なのです。次ページの図で確認しましょう。

　ある銘柄を 1000 円で買ったとします。ロスカットラインは 900 円、利益確定は 1300 円と決めました。かつての教えに則ったやり方です。

　それではこの"事前設定方式"の効果をいくつかのケースに沿って検証してみましょう。

【ケース 1】
買いエントリーの後に価格は上昇しました。ところが 1300 円まで届かずに失速。結局、ロスカットラインで手仕舞うことになりました。

【ケース 2】
買いエントリー後、価格は運良く 1300 円まで到達。その後すぐに天井を打つという展開です。これなら大成功。1300 円をつけたときに手仕舞えます。

【ケース 3】
買いエントリー後に価格は 1300 円まで上昇したため手仕舞いし、利益を獲得しました。ところがその後も価格はスルスルと上昇を続け

1700円まで到達しました。

　このトレードは成功でしょうか、それとも失敗でしょうか。利食いをせずに買いポジションを維持し続ければ大きな利益が獲れたはずです。ところが硬直的なルールに固執したため、手にできるはずの利益を逃すことになりました。ですからケース３も失敗です。

　以上のように考えると、目標価格を決めて正解だったのはケース２だけであることがわかります。

◆利益確定は価格で決めておかない

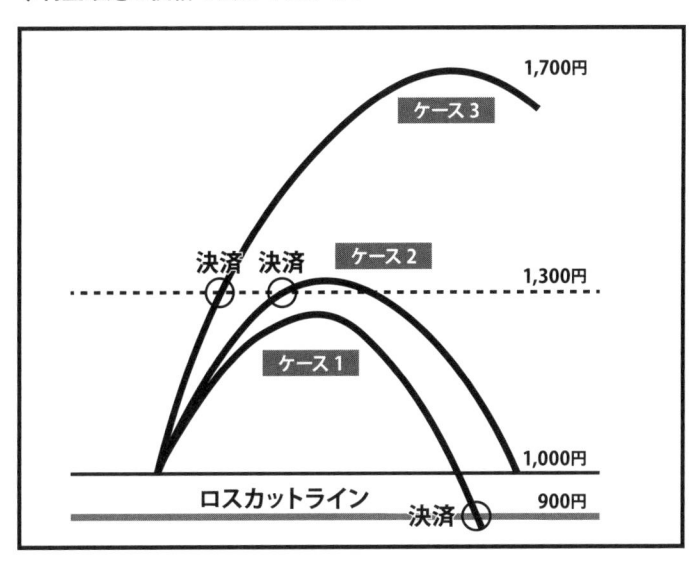

　では、利益確定はどのような考え方に基づいて実行すべきでしょうか。それは**トレンドがある限りポジションを維持し、トレンドが終了したら手仕舞う**というやり方です。

　トレードの極意は、「大きなトレンドが発生したときに、そのトレンドをしっかり取れるかどうか」です。そのときに利益確定価格を事

前に決めていたら、大きなトレンドに乗るのは難しくなります。


### 3）「頭」と「尻尾」は必要経費

　利益確定に関して、重要な戒めがあります。

　例えば、うまく上昇トレンドを見つけ、買いエントリーをしたとします。その後も順調に価格が上昇し、現在は 100 万円の計算上の利益（含み益）が出ています。ところがまだまだ上がると思っていた矢先に相場は反転。価格が下がってきたところで手仕舞いのサインが出たため決済しました。実際に手にした利益は 70 万円です。

　これは、ありがちな話です。このケースでは 30 万円の利益を取り損なっていますが、「その取り損ないを決して後悔してはいけない」ということが戒めなのです。

【利益確定の戒め】
トレードの途中で大きな利益が出ていたとしても、トレンドフォローはトレンドが持続する限り手仕舞わない。手仕舞いはトレンド終了を告げるサインが出たとき。そのときには利益が減ってしまうことが多い。その利益の減少を、絶対に悔しいと思ってはいけない。

　得られたはずの 30 万円のロスを嘆くのは人情です。なぜあのとき決済しなかったのかと後悔することでしょう。

　このような経験を経たトレーダーが次に同じような場面に出くわしたときには、どういう行動を取るでしょうか。買いエントリーは、良いタイミングでできました。価格はスルスルと上昇していきます。今

の計算上の利益は、あのときと同じ 100 万円になっています。

　おそらく、高い確率で 100 万円の利益を確定させることでしょう。ところが、そういうときに限って「あのときポジションを持ち続けていれば 300 万円の利益を獲れたのに」というオチが待っているのです。

　上昇トレンド中に買いポジションを決済したら、潜在的な上昇余地分を放棄することにつながります。そして、ひとたび手仕舞うと、「まだ上がりそうだ」と思っても、その決済した価格より高い価格で再度買いエントリーする勇気は出てこないものなのです。

　ここで質問です。上昇途中に決済してそこから先の上昇分を放棄することと、ピークを確認したうえで利益の幾分かを減らすこと、どちらを選びますか？

【利益確定の選択】
①上昇している最中に決済し、それから先の上昇
　分を獲り逃がしてしまう
②ピークを超えて下げ始めてから決済し、ピーク
　から下がった分を獲り逃がしてしまう

　これは、ある意味で究極の選択のように見えますが、実は難しいことではなく、トレードルールを使って確率で勝とうとするトレーダーなら、迷うことなく「②」を選びます。

　理由は明快です。「②」の損は計算が可能で自分でコントロールできますが、「①」で取り損なった利益はどれくらいになるか見当もつかないからです。

　トップトレーダーを目指すのであれば、いかに大相場を獲るかがポイントだと改めて心に刻みましょう。「①」を選択するトレーダーは

大相場を獲れません。大相場を獲れるのは「②」のトレーダーだけです。それがわかっていればピークから下がった分を獲り逃がすことは、必要経費と考えられます。大きな利益を手にするために必要なものを悔しがっているようでは、トレードルールは守れません。

### 4）大きなトレンドを獲る

トレードの極意は、**「大きなトレンドが発生したときに、そのトレンドをしっかり獲れるか」**です。そのときに利益確定の価格を事前に決めていたら、大きなトレンドに乗るのは難しくなります。

大きなトレンドを獲るためには、トレンドがある限り、ポジションを持ち続けることです。ということは、底から天井までの上げ幅に対して、実際に収益として確保できる価格変動の幅は一回り小さくならざるを得ないのです。これが「頭と尻尾は市場に返す」という意味です。

次ページを見てください。上図のような値動きなら、上げ幅が大きいためそれなりの収益を獲れますが、下図のケースではどうでしょう。

このケースでも実際の上昇幅はそれなりにあります。しかし、結果として手にできたのは気持ち程度の利益です。もっと小さなトレンドであったならば、収益が出るどころか、収支がマイナスになる可能性も出てきます。

ここに利益確定の極意が隠されています。すなわち、年に数回の大相場をしっかりと獲れるかどうかが、勝敗を決めるというわけです。

ノービストレーダーは小さなトレンドも含めてさまざまな場面で仕掛け、その中で勝率を高めて勝つという意識にとらわれるきらいがあります。しかし、それではギャンブルと同じです。運の要素が入ってきます。

小さなトレンドで勝とうとすると、狙う利益の幅はどうしても小さ

◆利益確定の極意とは、大相場を獲ること

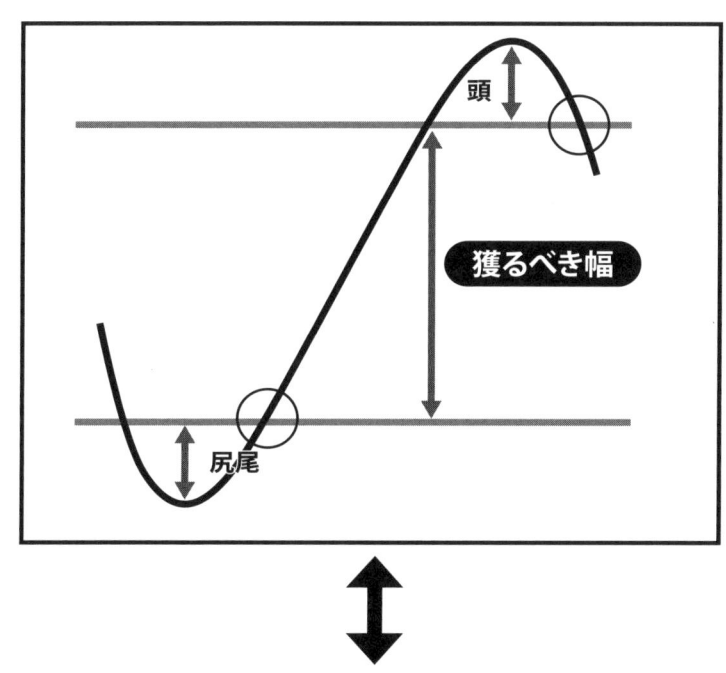

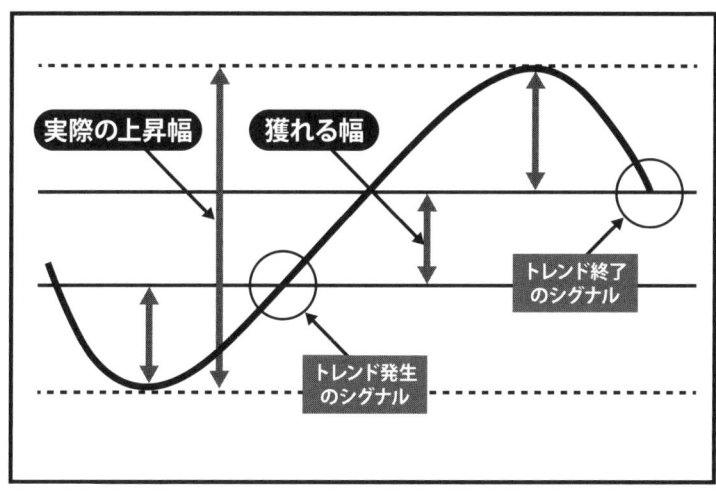

くならざるを得ません。厄介なのは、そういう小さなトレンド狙いが癖になると、数少ない大相場に出くわしても、あっという間に小さな利益で確定させてしまうことなのです。

意識の底にあるのは、「早く利益を確定させないと、今なら確定できるはずの利益を失ってしまう」という強迫観念です。これまでの利幅が小さ過ぎたがゆえに、それ以上の収益チャンスに恵まれれば、なおさらそう考えることでしょう。そして、大喜びで目先の小さな利益を確定してしまった後は、その後の大きな上昇の様子を、指をくわえて見ているだけになるのです。

次ページのチャートは2014年の米ドル／円の日足です。相場が動き出したのは年の後半です。8月から9月の上げと、11月から12月の上げをしっかりと獲れるかどうかが、この年のポイントになります。"この値動き"さえ獲れたならば、最高の1年になったはずです。

チャートを見るとわかるように、1月から8月まではほとんど儲からない時期が続いていました。そのほとんど儲からない期間をじっと耐えたトレーダーだけが、年の後半に大儲けしたのです。

大半のトレーダーは、その年の前半も何とか稼ぎたいと小利益のトレードをしたはずです。そして、小さな利益を獲ることに慣れてしまったトレーダーは、年後半の2回の大きな上げ相場でも、ほんの少ししか利益を獲れずに終わります。この2回の上昇トレンドを逃してしまったら、年間を通しての大きな利益を上げることはできません。

結論からいえば、個人のノービストレーダーと、プロトレーダーの売買は対極にあります。ノービストレーダーは小さな利益をコツコツと稼いで、最後にそのわずかな利益を吐き出します。

プロトレーダーはその逆です。小さな損を重ねつつも、やがて大トレンドに乗って、それまでの損を取り戻したうえに大きな利益を手にするのです。

利益確定の極意は、大相場をしっかりと取ることができるシステム
を作り上げることです。大きなトレンドが発生しないときは、長期に
わたり利益が出ないことになりますが、その期間にも平然としていら
れるかどうかが勝敗の分かれ目、運命の分かれ目になります。

◆米ドル／円の日足（2014年）

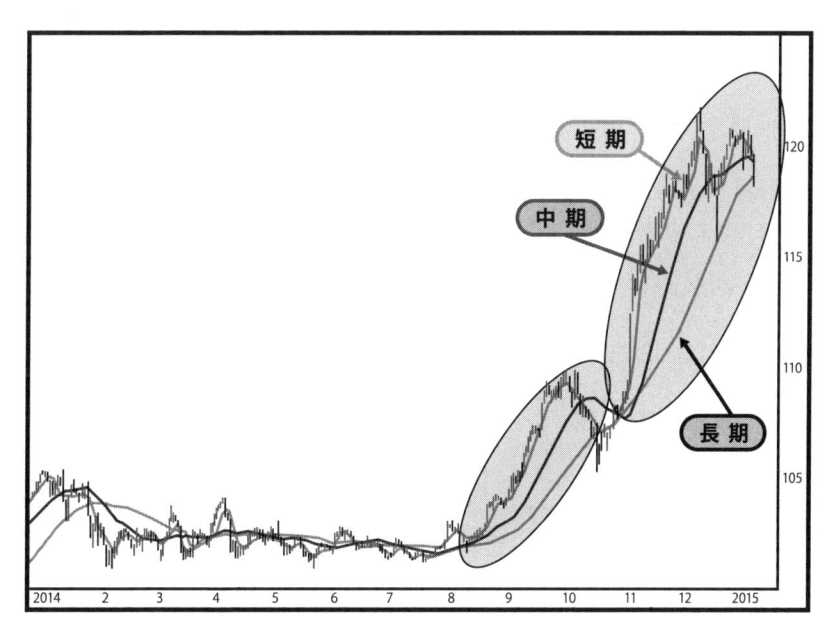

## 第2節
# ロスカットラインの設定について

### 1) ロスカットラインの正しい設定法

　損切りの考え方は第3章の「リスク管理」で説明しています。ここでは、その重要性に鑑み、再確認のうえ、補足をします。ロスカットライン設定の正しい考え方は以下の通りです。

> 【ロスカットライン設定の正しい考え方】
> ①トレンドの読みが当たっているときに、一時的な逆方向の動きでロスカットラインに引っかからないようにする
> ②トレンドの読みが外れて反転を始めたら、いち早くロスカットする
> ③この「①」と「②」を両立させる値位置にロスカットラインを設定する

　価格はウェイブしながら上昇し、ウェイブしながら下降します。そのウェイブの幅をノイズと呼びます。トレンドは常にノイズを伴います。そのノイズの中にロスカットラインがあったら、一時的な下げでロスカット注文が執行されてしまいます。しかし、それでは大きなト

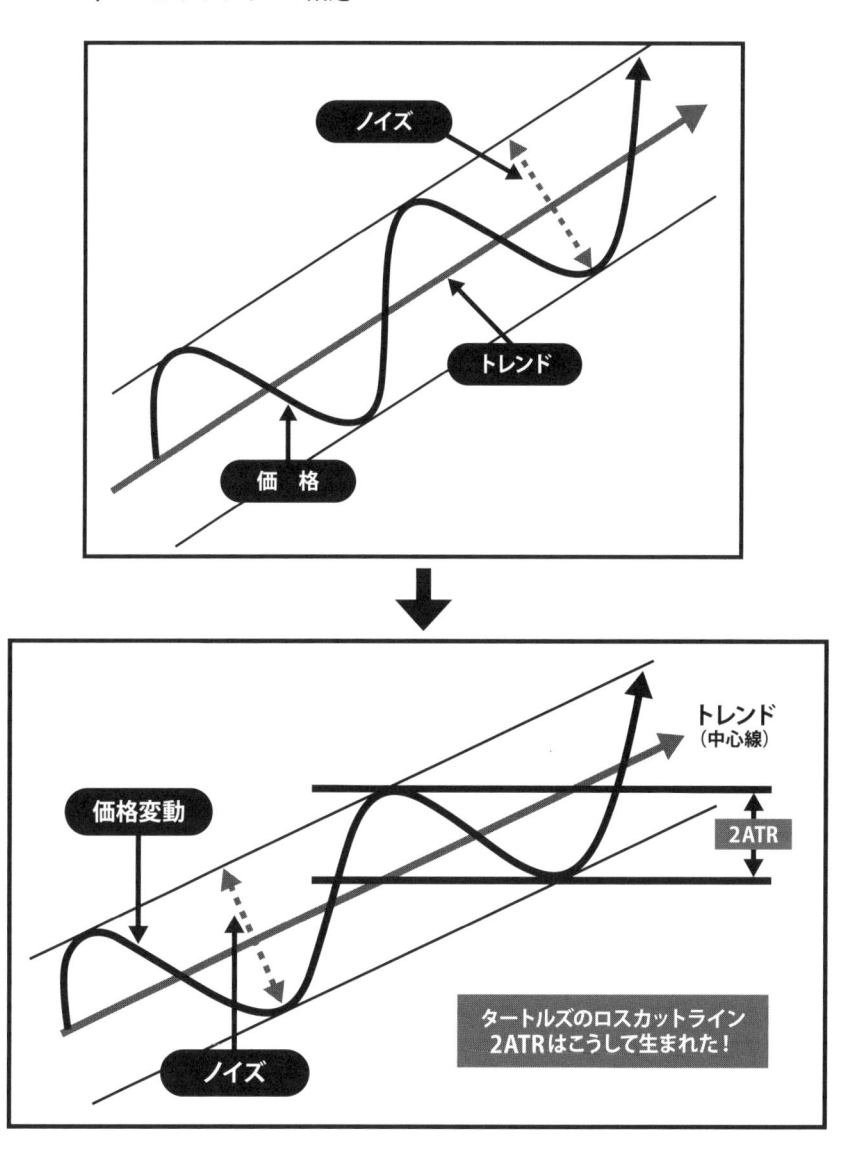

価格はウェイブしながら動く。ウェイブの幅をノイズと言う。ノイズに引っかからないような位置にロスカットラインを設定する

レンドが発生しても、十分な利益を取ることはできません。

　その一方でトレンドが転換したら、いち早くポジションを決済しなければ大きな損失を被ります。こうした点を考慮すると、**適切なロスカットラインの設定はノイズの外側で、かつ、できる限りノイズの最大振れ幅に近い地点に設定すること**が求められます。そのためにはノイズの幅を知る必要があります。

　タートルズはさまざまな銘柄を調べた結果、ノイズの中の前回高値から今回安値までの幅は平均でも 2 ATR 以下であることを発見しました。**タートルズがロスカットラインを ATR の 2 倍に設定**した理由です。

### 2）ロスカットラインの適切な幅とは

　タートルズはロスカットラインを ATR の 2 倍に設定していましたが、それは今から 30 年以上も前の話です。現代のわれわれがトレードしている銘柄は、当時のタートルズの "それ" とは異なります。このため、今、自分がトレードしている銘柄のノイズ幅がどうなっているのかは、常に把握しておかなくてはなりません。そして状況によっては、ロスカットラインは、ATR の 2 倍とは異なる設定にする必要もあります。

　ポイントは、以下の基本方針に従うことです。

**①トレンドが継続しているときは一時的なノイズに引っかからない**
**②トレンドが終了したときはすぐ手仕舞いする**

　この 2 つに基づいて自分が手がける銘柄でノイズ幅を調べます。

　実はタートルズは 2 ATR（ATR の 2 倍）をロスカットラインの基準にしていましたが、いろいろなトップトレーダーたちのトレード手

法を研究していると、2.5ATR から 3 ATR 程度まで幅があることがわかってきました。

例えば、3 倍なら米ドル／円の ATR が 80 銭のときに、2 円 40 銭となります。これはロスカットラインとして大きい（深い）でしょうか、それとも小さい（浅い）でしょうか？　とても大きいと感じる方がいらっしゃるのではないでしょうか？

1 ユニットとは、1 ATR 動いて 1 ％の損益が発生する取引量でした。ということは、3 ATR 分逆方向に動いたとしても 3 ％の損失に過ぎません。1000 万円の投資資金に対しては 30 万円の損です。

個人トレーダーには、一般的にロスカットラインの設定が浅過ぎる傾向が見られます。適切なロスカットラインが 2 ATR から 3 ATR までだとすれば、2 ATR 未満は浅過ぎることになります。にもかかわらず、その浅い値位置にロスカットラインを設定しているトレーダーはたくさんいます。ですから、一時的な逆方向の動きでロスカットされてしまうのです。

そのような間違った設定をしてしまう理由は、「1 トレード当たりの適切な取引量を理解していない」ことにあります。適切な取引量を理解していないと、しばしば取引量は過多になってしまいます。証拠金取引などでは、その資金でどれくらい買えるということと、適正な取引量というのは大きく差があるのです。事実、取引量は過多、ロスカットラインの設定は浅過ぎるという失敗が、ノービストレーダーによく見られる傾向です。逆に言えば、取引量が多いがゆえに「逆行したときの損失の拡大」を恐れて、ロスカットラインを浅く設定したがるということでもあるのです。

これが「自己都合のトレード」と呼ばれるノービストレーダーに特有の典型的な欠点です。

**本来、トレードは自己都合ではなく、市場都合でやらなくてはいけ**

**ません。**にもかかわらず、ロスカットラインに関して、「自分は大き
な損をしたくない」「許容できる損はこれくらいだ」と目分量で設定
しているトレーダーが大勢います。これは、自己都合のトレードにほ
かなりません。

　一方、トレンドのノイズを計測して、その外側にロスカットライン
を設定するのが市場都合です。自分の都合にどんなに合わせようとし
ても、市場は大勢の思惑で動いていますから、所詮、無理な話です。
だからこそ、トレードの中から自己都合の要素をすべてなくし、市場
都合のトレードに徹する必要があるのです。


### 3）ロスカットラインは必要経費

　仮に、市場都合で設定したロスカットラインに引っかかったとして
も、そのことを失敗と考えてはいけません。トレードに当たり外れは
つきものだからです。逆に、すべてのトレードで勝とうと思うと、損
切りが遅れ、最後は致命的な失敗につながります。ロスカットは必要
経費なのです。

　ただし、ロスカットラインを設定していたのに、決済したらロスカッ
トラインを大きく超えていたというケースには注意が必要です。

> **【ロスカットがロスカットラインを大きく超えるケース】**
> ① オーバーナイトしたとき
> ② オーバーウイークしたとき
> ③ オーバーホリディしたとき
> ④ 流動性が低く、売り注文を出したら自分の注文で値段
> 　 が下がるとき

例えば、200円下がった価格にロスカットラインを設定したとしましょう。前日は買値から190円安でマーケットがクローズしました。もちろん、このときはロスカットされません。ところが翌日の始値が買値の250円安なら、そこでロスカットが発動されます。この状況ではロスカットラインを50円もオーバーしています。

　現在はほとんどのマーケットで取引時間が24時間に近づいてきたので、オーバーナイトのリスクは軽減されています。しかし、オーバーウィーク（週末を挟んだポジションの持ち越し）やオーバーホリデイ（休日を挟んだポジションの持ち越し）には注意が必要です。

　祭日にも取引があるFX以外では、オーバーホリデイの場合、海外で大きな価格変動があると、休み明けに大きく動いた値位置で取引がスタートする可能性があります。3連休、4連休は特に危険です。

　オーバーホリデイのリスクは、連休前にポジションを一度手仕舞うことで回避できます。連休後に価格が大きく動いていなければ再度エントリーすればよいのです。

　そうしたきめ細かさが最終的な損益を左右します。ロスカットラインでの損切りなら数回あっても、トレードの当たり外れの中で最終的に利益を回復することができます。

　しかし、ロスカットラインを大きく通り過ぎて被った損失を取り返すのは困難です。ここを回避できるかどうかが勝敗の分かれ目だと理解しましょう。


## 4）1回のトレードで取るリスク

　タートルズがロスカットラインを2ATRに設定していたことはすでに書きましたが、実は、タートルズ自身はATRのことを"N"と呼び、すべてNで管理していました。すなわち、ロスカットラインは2N分、逆方向に設定するということです。

利益確定も損切りもすべてNで管理すると、とても便利です。5N の利益を取って次のトレードで2N損したとしましょう。トータルで は3Nの利益になりますが、それは取りもなおさず投資用資金が3％ 増えたことを意味します。

　ところで2Nのロスカットを設定したとき、1回のトレードで取る リスクは投資用資金の何％でしょうか。答えは簡単。1回のトレード は1ユニットであり、それに対して2N、つまりATRの2倍損する のですから2％になります。

　ここで、この2％という数字に注目してください。タートルズだけ でなく、ありとあらゆる優秀なトレーダーは1回のトレードで取るリ スクを2％としているのです。世界標準といってもよいでしょう。つ まり1回のトレードが失敗に終わったとき、投資用資金が100万円な ら2万円、1000万円なら20万円の損ということになります。

　この世界標準と自分のトレードを比較しましょう。投資用資金が 100万円にもかかわらず、1回のトレードで30万円の損失を出すト レーダーは数限りなくいます。投資の世界に絶対はありません。当 たり外れを繰り返す中で利益を勝ち取っていこうとしたら、1回のト レードで過大なリスクを取ることは厳に慎みましょう。

# トレイリングストップについて

## 1）トレイリングストップとは

　トレイリングストップ（またはトレイルストップ）と呼ばれる価格の変動に合わせてロスカットラインを変動させる手法は、ギャン理論の考案者であるウィリアム・デルバート・ギャン氏が 100 年も前から提唱してきました。日本で認知されたのはここ 10 年くらいです。

　トレイル（trail）とは英語で「跡を追う」という意味です。例えば、価格が上昇したら、それに合わせてロスカットラインも引き上げていくのがトレイリングストップですから、まさにロスカットラインは現在の相場を「追いかけている」格好になります。

---

【トレイリングストップ】

◎価格が思惑どおり動いたら、それに合わせてロスカットラインを変更する手法

◎買いエントリーの後、価格が 100 円上がるたびに当初設定していたロスカットラインを 100 円ずつ引き上げる

---

　わかりやすいように、具体例を紹介します。100 円で買ってロスカッ

トラインを 98 円に設定したとしましょう。その後、価格は順調に上昇したものの、ある価格をピークにして急落に転じました。気がつけばロスカットラインに達してトレードは損のまま終了。「途中まではいい感じだったけれど……」という、よくある話です。これでは結局、損切りです（下の図参照）。

◆通常のロスカットライン

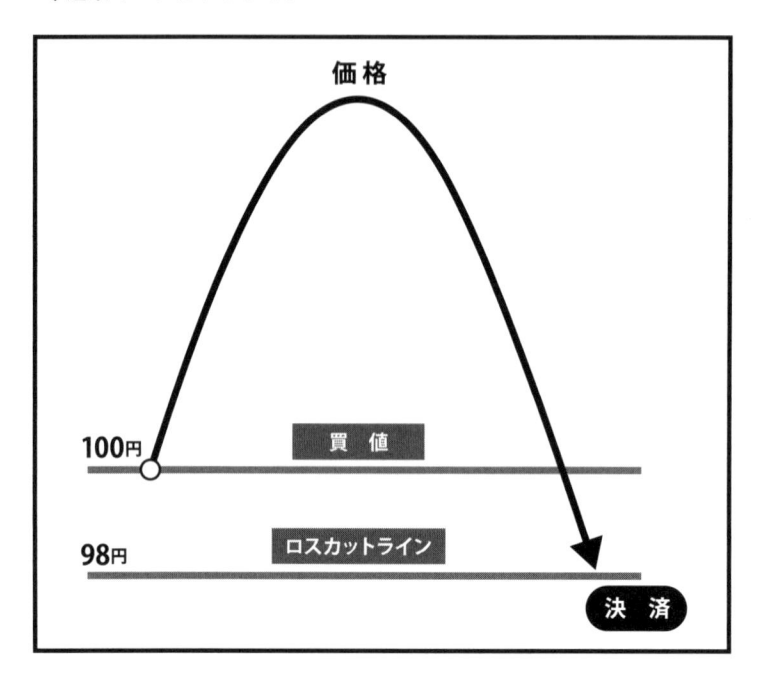

これに対して、トレイリングストップの効果を見てみましょう。

買いでエントリーしたときの価格は 100 円です。このとき、ロスカットラインを 98 円に設定しました。その後、価格が 102 円まで上昇したので、ロスカットラインも 100 円に引き上げます。

同様に価格が 104 円になったら 102 円、106 円になったら 104 円と順次ロスカットラインを引き上げていきます。価格はどこかで天井

打って下げだすはずです。しかし、すでにロスカットラインは 104 円となっていますから、そこで決済しても利益は確保できます。

　価格の上昇に合わせて損失は次第に減少し、ある値位置からは、ロスカットになった場合でも利益が確定されるというのがトレイリングストップのメリットです（下の図参照）。

◆トレイリングストップによるロスカットライン

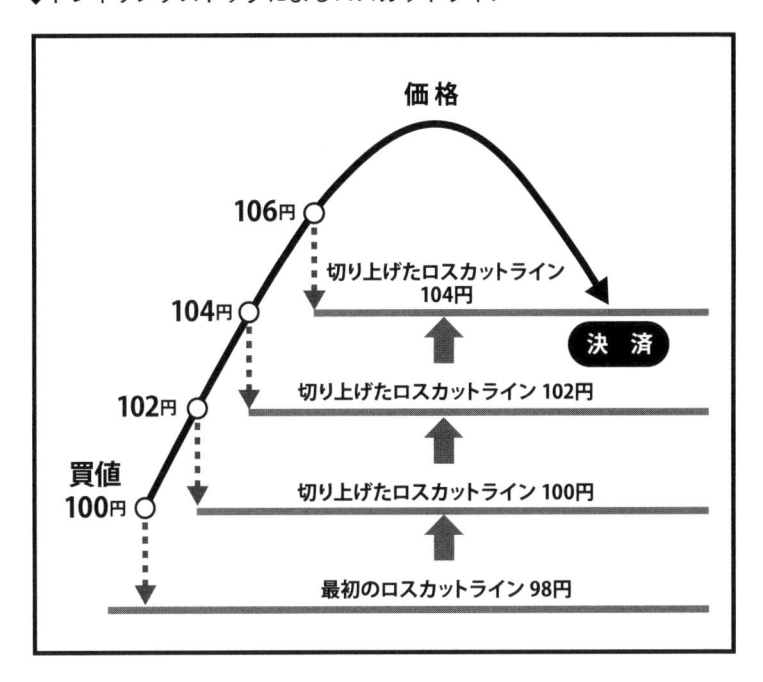

　トレイリングストップには、主に 2 種類の方法があります。

　ひとつは、価格が上昇したらその上昇分がいくらであれ、その上昇分だけ自動的にロスカットラインも切り上げていく方法です。

　もうひとつは節目となる価格、例えば 10 円上がるごとにロスカットラインも 10 円ずつ引き上げるやり方です。

　どちらでもいいですが、上昇分だけ切り上げていく方法をお勧めします。

## ２）トレイリングストップの問題点と改善法

　トレイリングストップそれ自体は有効な手法なので、未経験のトレーダーにはぜひ利用してほしいところですが、問題点もあります。

　◆トレイリングストップの問題点

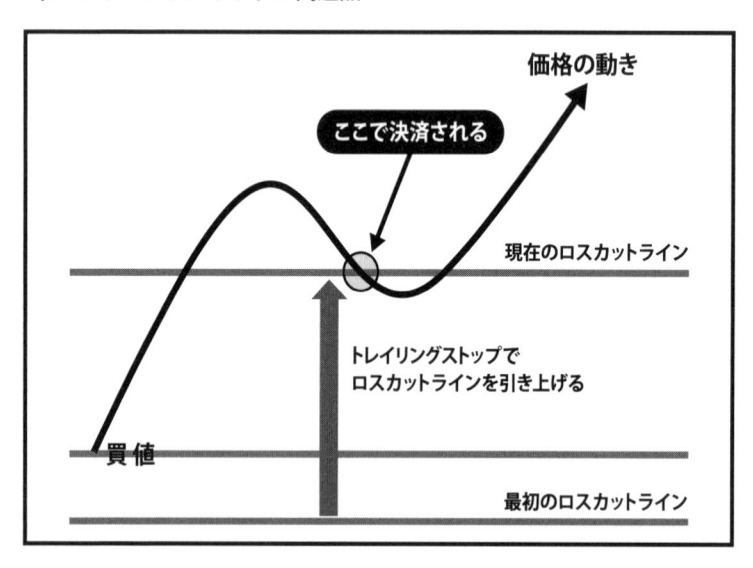

　上図はトレイリングストップに基づき、価格上昇に合わせてロスカットラインを切り上げていった様子を表しています。その後、価格が押し目を迎えました。するとロスカットラインを引き上げていたために、その値位置で決済されてしまいます。

　利益は確保できています。ところが、決済後にも相場はさらに上昇しています。もし切り上げたロスカットラインで決済しなかったら、より大きな利益を獲れていたはずです。トレイリングストップを使うと、このように大きな利益を獲り損なうこともあるのです。

　したがってトレイリングストップを使う場合には、ある程度の応用

が必要になります。具体的には、以下の通りです。

【トレイリングストップ応用編】
①あるところまではトレイリングストップを使うが、そこから先は使わない
②価格の上昇に合わせてロスカットラインを切り上げるが、切り上げる値幅は上昇分の2分の1とする

　タートルズが使っていたのは上記のうち「①」の手法です。私は「②」を使っています。ロスカットラインはどんどん切り上がっていくものの、現在の価格からは離れていくので、多少の押し目があっても手仕舞いにはならないからです。
　機械的にロスカットラインを引き上げるという手法には、大きなメリットもある反面、デメリットもある（＝万能ではない）ことを覚えておきましょう。

## コラム：タートルズの決済ルール

　タートルズはどのように利益確定していたのでしょうか。タートルズの利益確定ルールを説明する前に、エントリー（仕掛け）ルールを確認しておきます。

> 【エントリールール1】
> ◎ 20日ハイで買いエントリー
> ◎ 20日ローで売りエントリー
>
> 【エントリールール2】
> ◎ 55日ハイで買いエントリー
> ◎ 55日ローで売りエントリー

　20日ハイとは現在の価格が過去20日の高値を更新したら買いエントリーし、20日ローとは現在の価格が過去20日間の安値を更新したら売りエントリーするものです。「高値更新で買う、安値更新で売る」というこのルールは、典型的なトレンドフォローのブレイクアウト戦法です。

　先述したように、20日ハイ、20日ローは中期のトレンドを取ろうとする戦法であり、55日ハイ、55日ローは長期のトレンドを取ろうとする戦法です。

　これに対して、利益確定ルールは2つあります。ひとつは、

トレードルール 1 に則って 20 日ハイで買いエントリーした
ポジションは 10 日ローで決済し、20 日ローで売りエントリー
したポジションは 10 日ハイで決済するものです。もうひと
つは、トレードルール 2 に則って、55 日ハイの買いポジショ
ンは 20 日ローで決済し、55 日ローの売りポジションは 20
日ハイで決済するものです。

**【利益確定ルール 1 】**

◎ 20 日ハイで買いエントリー　⇒　10 日ローで
　売り決済

◎ 20 日ローで売りエントリー　⇒　10 日ハイで
　買い決済

**【利益確定ルール 2 】**

◎ 55 日ハイで買いエントリー　⇒　20 日ローで
　売り決済

◎ 55 日ローで売りエントリー　⇒　20 日ハイで
　買い決済

　10 日ロー（10 日ハイ）とは、現在の価格が過去 10 日間で
一番の安値（高値）になったら、売り（買い）決済するとい
う意味です。

# 第7章

# 増し玉（追加）のルール

# 第1節
# タートルズ流の増し玉のルールとは

　"増し玉（ポジション追加）のルール"は、買いエントリーした後に改めて同じ銘柄で新規に買いエントリーする、いわゆる"増し玉"のシステム化を目的としています。

　増し玉はしないと決めている個人トレーダーは少なくないことを考えると、「増し玉のルールの構築は難しい」と思われているのかもしれません。

　しかし、増し玉を避けて通れば、そのトレーダーのトレードは「買って高くなったら利益確定。下がったら損切り」に限定されますから、トータルで大きな利益を上げることは必然的に難しくなります。

　以上のことを踏まえると、増し玉のルールを学び、チャンスに応じてポジションを増やしていくことは重要な戦術といえます。


## 1）タートルズのポジションの増やし方

　タートルズの追加のルールは、とてもシンプルですが理にかなっています。ルール自体は、最初にエントリーした後、思惑通りの方向に価格が1/2 N（= 1/2 ATR）動くたびに1ユニットずつ追加していくというものです。

> **【タートルズの増し玉のルール】**
> エントリーの後、思惑通りに価格が動いたら、
> 1/2 N 動くたびに 1 ユニット追加する。

　ただし、価格が思惑通りの方向に伸びても永久に増し玉を続けるわけではありません。大前提として"銘柄分散のルール"があるからです。

> **【銘柄分散のルール】**
> ○同一銘柄は 4 ユニットまで
> ○相関関係の高い銘柄は 6 ユニットまで
> ○相関関係のある銘柄は 10 ユニットまで
> ○買いなら買いで 12 ユニットまで

　同一銘柄は最大 4 ユニットしか建玉できませんから、増し玉は 3 回が限界です。

> **【タートルズの増し玉のルール　※追加回数】**
> ○追加は 3 回まで

　例を挙げて説明します。

　最初に 2000 円で、ある銘柄を買いエントリーしました。その銘柄の ATR は 100 円だったとします。ATR の 2 分の 1 は 50 円に相当し

ますから、2050円で1ユニット、2100円で1ユニット、2150円で1ユニットと計3回追加すると最大限度の4ユニットに達します。したがって、それ以降は追加できません。

【タートルズ流の追加例　※ ATR ＝ 100円のケース】
① 2000円で1ユニット買いエントリー（最初のエントリー）
② 2050円で1ユニット買いエントリー、合計2ユニット、買い値の平均は2025円
③ 2100円で1ユニット買いエントリー、合計3ユニット、買い値の平均は2050円
④ 2150円で1ユニット買いエントリー、合計4ユニット、買い値の平均は2075円

## 2）増し玉とトレイリングストップの関係

　増し玉をすれば、当然、そのたびにリスクは高まっていきます。ですからタートルズは増し玉とトレイリングストップをワンセットにしています。具体的には、増し玉のたびにロスカットラインを最終エントリー価格から2Nの値位置へすべて変更するのです。

【タートルズの増し玉のルール　※トレイリングストップ】
○増し玉のたびにロスカットラインを最終エントリー価格から2Nの値位置へ切り上げる
○このロスカットラインはすべてのユニットに対して適用する

最初に買いエントリーするときも、買い値から2Nの値位置をロスカットラインの目安としていました。増し玉をすれば平均買い値は上がっていきますから、それに合わせてロスカットラインも引き上げます。

　先の例に沿って、具体的に説明します。

---

**【タートルズの増し玉とトレイリングストップ　ATR＝100円】**

① 2000円で1ユニット買いエントリー

　　⇒　ロスカットラインは1800円

② 2050円で1ユニット増し玉

　　⇒　ロスカットラインはすべて1850円に

③ 2100円で1ユニット増し玉

　　⇒　ロスカットラインはすべて1900円に

④ 2150円で1ユニット増し玉

　　⇒　ロスカットラインはすべて1950円に

**※買い値の平均は2075円**

---

　タートルズは、あらゆる手段を用いてリスクを軽減する工夫をしています。「リスクを軽減する工夫」と聞くと、一般人は仕掛ける数量を少なくするとか、トレード回数を減らすといった消極的な方法を思い浮かべるかもしれません。しかし、プロはあくまでも多くのトレードをこなしながら、いかにリスクを減らすかに心を砕きます。

　タートルズが増し玉を続けた結果、ある銘柄を4ユニット持つに至った場合の最大リスクを考えてみましょう。1ユニットの最大リスクは投資資金の2％ですから、4ユニットなら8％でしょうか？

　タートルズは1ユニット単位で増し玉をしながら、トレイリングストップに従ってロスカットラインを変更しています。その場合、当初

のポジションと1回目の増し玉、2回目の増し玉、3回目の増し玉で建てたポジションを、便宜上、別物と仮定すれば、建値が違うのですから、それぞれが負うリスクも異なるはずです。

　例えば、当初のポジションの買い建値は2000円で、最新のロスカットトラインは1950円ですから、その差50円（＝0.5N）がこのポジションが負うリスクになります。同様に2050円で買い建てた1回目の増し玉が負うリスクは1Nです。同様にして、4ユニットが全体で負うリスクを計算すると5N、つまり5％になります。

---

**【タートルズ式増し玉で4ユニットになったときのリスク率　ATR＝100円】**
① 2000円の1ユニット、ロスカットライン1950円
　　⇒ リスク＝0.5N
② 2050円の1ユニット、ロスカットライン1950円
　　⇒ リスク＝1N
③ 2100円の1ユニット、ロスカットライン1950円
　　⇒ リスク＝1.5N
④ 2150円の1ユニット。ロスカットライン1950円
　　⇒ リスク＝2N
**合計リスク＝0.5N＋1N＋1.5N＋2N＝5N**

---

　この理屈を理解すれば、チャンスだからといっていきなり4ユニットのポジションを持つことの怖さに気づくはずです。

　売りも同様です。最初に売りエントリーしたときから1/2Nだけ価格が下がるたびに1ユニットを売り増しします。

例えば、最初の売りエントリー価格は 4000 円で、そのときの ATR は 80 円だったとします。もちろん仕掛けは 1 ユニットです。ロスカットラインは 4160 円に設定します［80 円（ATR）× 2 ＋ 4000 円 = 4160 円］。

1 回目の売りの増し玉は ATR の 1/2 に等しい 40 円下げたときにエントリーします（4000 円 − 80 円× 1/2 = 3960 円）。

そのときのロスカットラインは最新の売りエントリー価格である 3960 円から 2 N だけ高い値位置に設定します（3960 円＋ 80 円× 2 = 4120 円）。

---

**【タートルズの売りの増し玉　ATR ＝ 80 円】**

① 4000 円で 1 ユニット売りエントリー　⇒　ロスカットラインは 4160 円

② 3960 円で 1 ユニット売り増し玉　⇒　ロスカットラインはすべて 4120 円

③ 3920 円で 1 ユニット売り増し玉　⇒　ロスカットラインはすべて 4080 円

④ 3880 円で 1 ユニット売り増し玉　⇒　ロスカットラインはすべて 4040 円

---

これがタートルズの増し玉の考え方です。タートルズは相場が仕掛けと逆方向に動いたときには増し玉（いわゆるナンピン）はしません。2 N の値位置で潔く損切りするだけです。

# もうひとつの
# タートルズの増し玉ルール

## 1） 1N 追加のルール

　前節では、タートルズの追加のルールとして、最初のエントリー後に価格が思惑通りの方向に 1/2 N 動くたびに 1 ユニット増し玉をし、それに見合うロスカットラインの変更について説明しました。このルールは、いわば "1/2 N の追加" と呼ぶべきものです。

　タートルズにはこのほかに、"1 N の追加" というルールもあります。最初の買いエントリー価格を 500 円、ATR40 円のケースで説明します。

---

**【1N 追加ルールによる増し玉】**

① 500 円で 1 ユニット買いエントリー、
　ロスカットラインは 420 円に設定

② 540 円で 1 ユニット買いエントリー、
　ロスカットラインはすべて 460 円に切り上げ

③ 580 円で 1 ユニット買いエントリー、
　ロスカットラインはすべて 500 円に切り上げ

④ 620 円で 1 ユニット買いエントリー、
　ロスカットラインはすべて 540 円に切り上げ

---

これ以上、価格が上がっても増し玉はしません。トレイリングストップもしません。最大4ユニットになってしまっているからです。
　まとめると以下のようになります。

---

【タートルズの追加のルール】
○タートルズの追加のルールには 1/2 N ごとに増し玉する手法と、1 N ごとに増し玉する手法の 2 通りがある
○いずれの場合も、追加のルールよりも "銘柄分散ルール" が優先する
○いずれの場合も、ロスカットラインは増し玉のたびに値位置を 2 N に変更する

---

　1/2 N の追加のルールに従って最大の4ユニットを建玉したときの最大リスクは5N、すなわち投資資金の5％でした。確認してみましょう。

---

【1/2 N 追加ルールで負うリスク】
① 500 円の 1 ユニット、ロスカットライン 480 円
　⇒ リスク＝ 0.5 N
② 520 円の 1 ユニット、ロスカットライン 480 円
　⇒ リスク＝ 1 N
③ 540 円の 1 ユニット、ロスカットライン 480 円
　⇒ リスク＝ 1.5 N
④ 560 円の 1 ユニット、ロスカットライン 480 円
　⇒ リスク＝ 2 N

---

これに対して１Ｎの追加ルールに基づいて４ユニット建玉したときのリスクは２Ｎで、投資資金の２％と低くなります。

【１Ｎの追加ルールで負うリスク】
① 500 円の１ユニット、ロスカットライン 540 円
⇒ リスク＝ － １Ｎ
② 540 円の１ユニット、ロスカットライン 540 円
⇒ リスク＝　０Ｎ
③ 580 円の１ユニット、ロスカットライン 540 円
⇒ リスク＝　１Ｎ
④ 620 円の１ユニット、ロスカットライン 540 円
⇒ リスク＝　２Ｎ
**合計リスク＝－ 1N ＋ 0N ＋ 1N ＋ 2N ＝ 2Ｎ**

こうして最大リスクの数値だけを比較すると "1/2 N" よりも "1 N" の追加ルールのほうが、リスクが低く有利に見えます。果たしてそれで正解でしょうか。

ここで "1/2 N" の平均買い値を計算してみましょう。はじき出された答えは「530 円」です。

$$(500 円＋ 520 円＋ 540 円＋ 560 円) \div 4 ＝ 530 円$$

一方、"1 N" の平均買い値は「560 円」になります。

$$(500 円＋ 540 円＋ 580 円＋ 620 円) \div 4 ＝ 560 円$$

つまり "1 N" のほうが平均価格は高くなっているのです。

結論を言えば、増し玉の基本はやはり "1/2 Nの追加" ルールで、状況に応じて "1 Nの追加" ルールも採用することになります。

## 2) タートルズの追加のルール　応用編

ATR100円の銘柄を1000円で買いエントリーしたと仮定します。"1/2 Nの追加" のルールでは、1回目の増し玉は1050円になるはずです。しかし、実際のマーケットでは価格が飛ぶこともあります。1050円で買うはずが1070円で約定してしまったら、そのときのロスカットラインはいくらで設定すべきでしょう。また次の増し玉は何円にしたらよいでしょうか。

その場合、ロスカットラインは1070円から2 N下の値位置、つまり200円下である870円に最初のポジションも合わせて引き上げます。そして次に増し玉をするのは1070円から1/2 N上の値位置である1120円とします。すなわち、**常にトレードが成立した価格を基準**とするのです。

---

**【追加のときの特殊ケース】**

○増し玉した価格が想定と異なった場合でも、ロスカットラインは約定価格から2 Nの値位置に統一する

○さらなる追加は約定価格から1/2 N上昇した値位置とする

---

それでは "1/2 Nの追加" ルールに基づいて増し玉をしているとき、価格が1ユニットに相当するほど飛んだら（ATR = 100円なら、100円）どうすべきでしょうか。算術的には2ユニット増し玉したいとこ

ろですが、タートルズはそうした場合でも増し玉は１ユニットを基本
としています。

### 1）ナンピンと呼ばれる増し玉

　増し玉には"ナンピン"と呼ばれる手法があります。漢字では「難平」という文字を当てますが、これはどうやら困難を平均化するという意味のようです。麻雀には「平和」と書いて「ピンフ」と読む役があります。ナンピンのピンはここから来たのかもしれません。

　ナンピンについては、人によって評価がまちまちです。その判定は後にまわすとして、まずはどういうシステムなのかを説明します。

　買いポジションを持った後に価格が下がり、評価損が出たときに追加で買うのが"ナンピン買い"です。この行為は「買い下がっていく」と表現する場合もあります。

　売りポジションを持った後に価格が上昇し、そのときに追加で売るのもナンピンであり、それは"ナンピン売り"と言います。

---

【ナンピンとは】

○買いポジションを持った後に価格が下落したとき、さらに
　買いポジションを増やすこと

○売りポジションを持った後に価格が上昇したとき、さらに
　売りポジションを増やすこと

---

次ページの図を見ながら、ナンピンの仕組みを詳しく見てみましょう。

　状況として、まず 2000 円で 1000 株を買い、その後、相場が下がったので 1800 円でさらに 1000 株を買い増ししたとします。ナンピン買いには買い値の平均値を下げる効果があります。つまり 1900 円で 2000 株を買ったのと同じことになります。

　最初に 2000 円で 1000 株を買っただけなら、1800 円まで下がっているときには、その後、価格が 2000 円まで上昇して初めて計算上の損益がプラスマイナスゼロになります。もちろん利益になるためには 2000 円以上になる必要があります。

　それに対して、上記の例のやり方でナンピン買いをすると、価格が 1900 円まで上昇したところで損はなくなります。もし運良く価格が 2000 円まで上昇したら、2000 株が 1 株当たり 100 円の利益を生み出したことになるので、計算上は 20 万円の利益になります。

　このように、ナンピンのメリットは、計算上の損を取り返すのが早い点にあります。もちろん、さらに相場が上昇すれば利益は増大します。

---

【ナンピンのメリット】
○買い値の平均値が下がるため、現在の損を早く取り返すことができる
○さらに価格が上昇すれば、利益は大きくなる

---

　しかし、メリットばかりではありません。尊敬すべきトレーダーのウィリアム・D・ギャン氏は「ナンピンはトレーダーが犯す最大の過ちである」と言っています。

◆ナンピンの仕組み

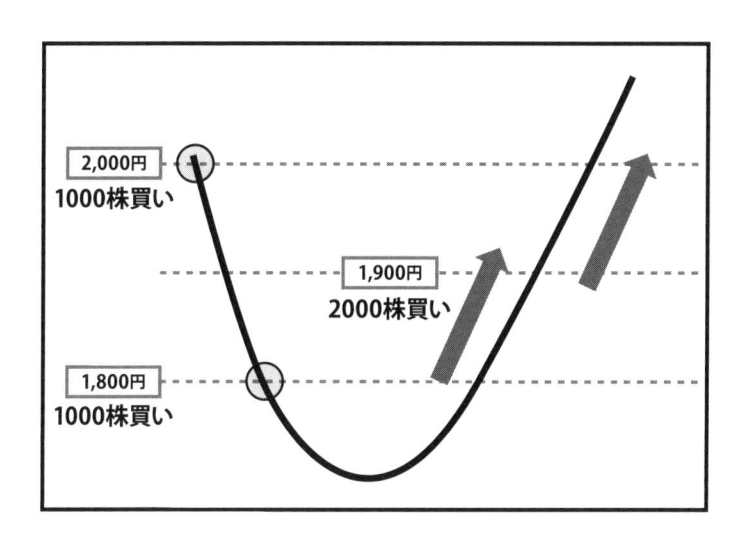

◆ナンピンの損失パターン

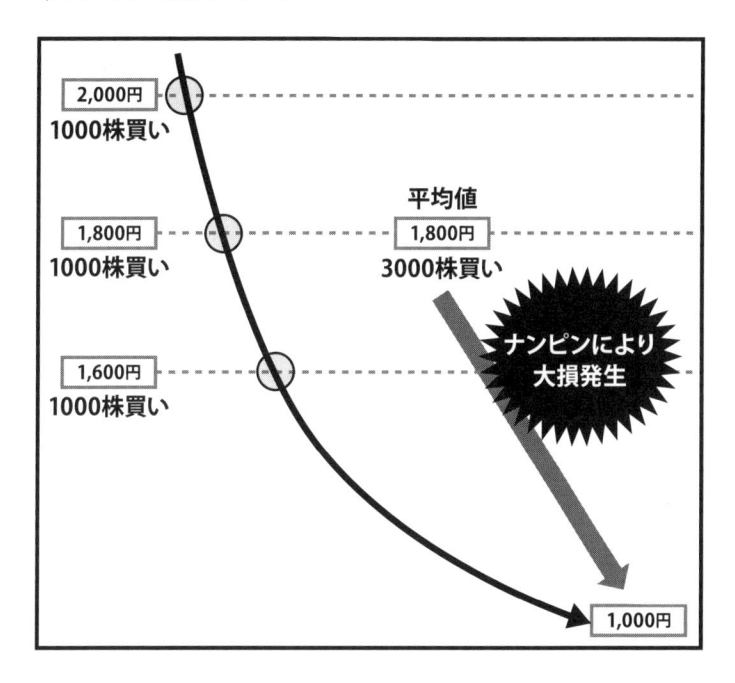

トレーダーにとって、買いポジションを建てた後に相場が下がるのは、とてもつらいことです。しかし、ナンピンすれば平均値が下がるので、計算上、損は取り返しやすくなります。さらに下がったらまた買う、そこからさらに下がったらまた買うという操作を繰り返せば、買い値の平均値はどこまでも下がり続けます。そして、あるときを境に相場が逆転上昇すれば、大きな利益が得られるという理屈です。

　ところが、ここには落とし穴があります。ナンピンという戦略の成功は、最終的な価格の反転上昇が前提となっているからです。しかし相場がさらに下げ続けたら、どうなるでしょうか。

　ナンピンを続けるには資金が必要になります。一方で価格の下落途上でナンピンを中断すれば、その時点で平均買い値は固定されます。そこから、さらに価格が下がれば、ポジションが膨らんだぶん、損は増大するばかりになります（前ページの下段の図参照）。


　価格が思惑とは逆方向に動いたら、ロスカットラインで潔く損切りをすることはトレードの鉄則です。ところが、ナンピンは、その鉄則に逆らいます。しかも、さらにポジションを多く取るという無謀な戦略なのです。

　トレードは決して難しいものではありません。損をすることもありますが、その損がコントロールできていれば、取り返すことは十分に可能です。損をコントロールするとは、自分にとっての適正リスクの範囲に損を抑えるということです。

　ところが、ナンピンを仕掛けると、その適正リスクをあっという間に超えてしまいます。意地になってナンピンを繰り返せば、最終的には致命的な損失を被ることでしょう。

　相場で大やけどした人に聞くと、ほぼすべてといって差し支えないほどナンピンでの失敗が原因となっています。

　ナンピンは、イチかバチかのギャンブルだと心得るべきです。われわ

れが目指すトレードスタイルに含むべき戦略では、到底ありえません。

## 2）「安く買って高く売る」という疑問

相場では「安く買って、高く売る」ことがセオリーだとされています。このことが誤解を生むことはすでに紹介しました。

この「安く買って、高く売る」というセオリーは「将来の価格と比較して安いときに買い、将来の価格と比較して高いときに売る」ということが正しい意味合いでした。それにもかかわらず、ほとんどの人が過去の価格と比較して高い安いを判断しています。

次ページの上段の図を見てください。例えば、2万円前後で推移した株価が1万2000円前後まで下落したとします。この1万2000円という価格は安いか、それとも高いか。一見、とても安く見えますが、次ページの下段の図のような展開になったとしたら、とても高いということがわかります。

トレンドフォロー型のトレードでは、価格が上昇してきた後にトレンドが発生したと判断し、買いエントリーします。それは、一見すると「安いときに買う」というセオリーに反しているように見えます。

ところが、トレンドフォロー型のトレードでは、それが正解なのです。なぜなら、大切なのは今後の値動きだからです。現在、上昇トレンドが発生していて、この先も相場が上昇するならば、買った価格は「安い価格」だったということになります。

「売り」の取引も同じです。現時点で安いと思われる価格で売ったとしても、その後、下降トレンドが継続して大きく下がれば、高い値段で売れたことになるのです。

◆安く買って、高く売るの誤解

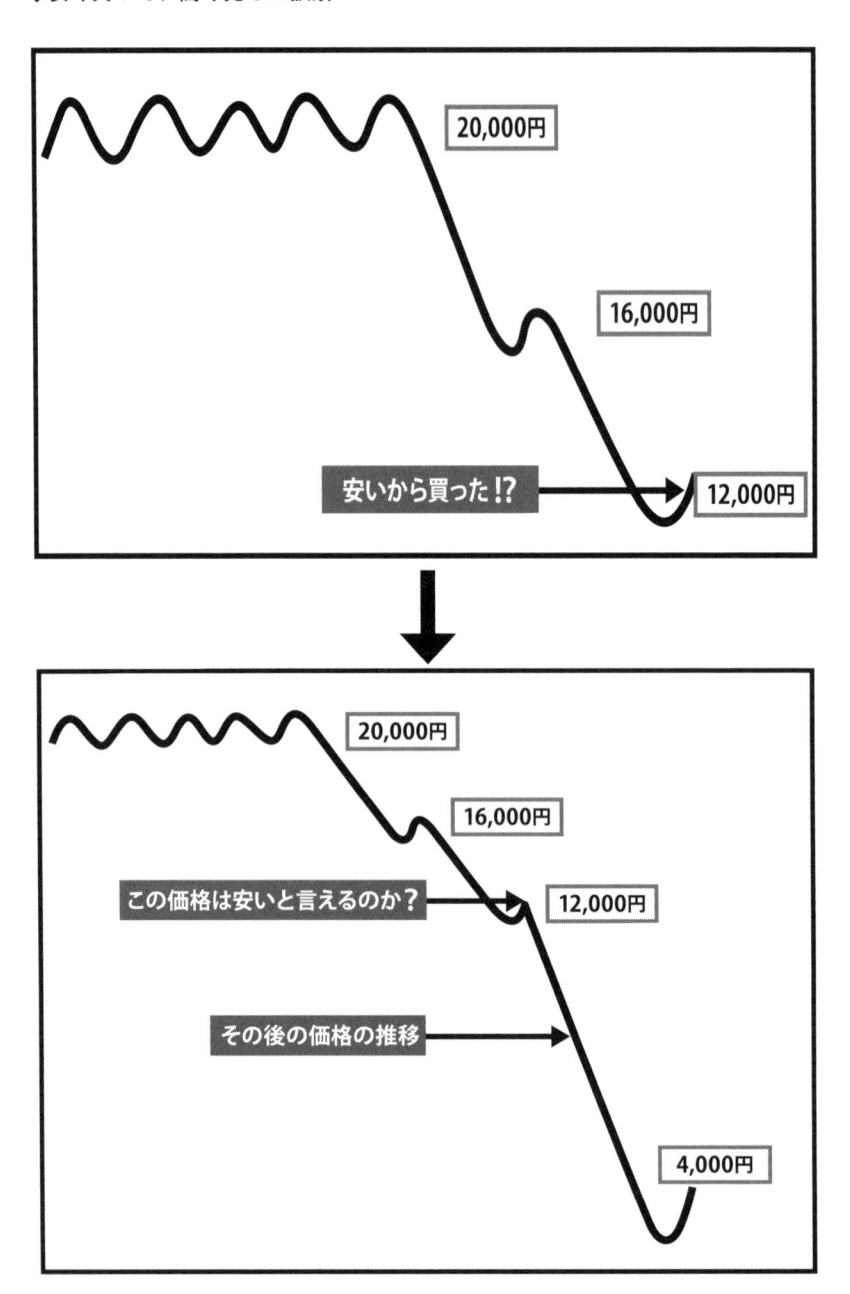

つまり、現在の価格が高いか安いかは今後の値動き次第なのですから、今後、上昇トレンドが発生するとしたら、今の価格が過去の値動きの中で高い位置にあったとしても、ためらわずに買いなのです。

　同じく、今後、下降トレンドが発生するとしたら、今の価格が安く思われる価格だったとしても、売りのポジションを作ることが正解なのです。

　トレンドフォロアーの行動は、一見、セオリーを無視しているように見えます。しかし、実は「安く買って高く売る」ということの正しい意味を理解したうえでの行動なのです。

### 3）相場は上がれば下がる、下がれば上がる !?

　古来、「相場は上がれば下がる、下がれば上がる」と言われています。上がりっぱなしの相場はないし、下がりっぱなしの相場もないという経験則が論拠のようです。

　それではいつかは下がる、いつかは上がるというその言葉が正しいとして、その“いつか”とは一体“いつ”のことでしょう。またいつかは下がるとして、どれほど下がるのでしょうか。

　人は誰も先入観を抱きがちです。「相場は上がれば下がる、下がれば上がる」と聞かされると、例えば1000円から2000円まで上がった相場は、いずれまた1000円まで下がるというニュアンスを感じないでしょうか。

　ところが、実際にはもう二度と1000円まで下がらなかった相場、つまり上がりっぱなしの相場はいくらでもあります。

　仮に次ページに掲載したようなチャートがあったとすれば「上がれば下がる、下がれば上がる」という展開にはなっていません。むしろ上がりっぱなしに見えます。

では、この先の将来はどうなるのでしょう。下がるかもしれません
し、さらに上がるかもしれません。すなわち予想はできないのです。

　ナンピンという手法は下がればいつか上がる。上がればいつか下が
るという勘違いに根ざしています。それも「下がった分の何割かは上
がるだろう。上がった分の何割かは下がるだろう」という思いに支え
られているのです。

　ところが、現実には、長期間下げ続けている相場、長期間上げ続け
るという相場があります。そのときに、大失敗をしてしまうのです。

**◆上がりっぱなしの相場**

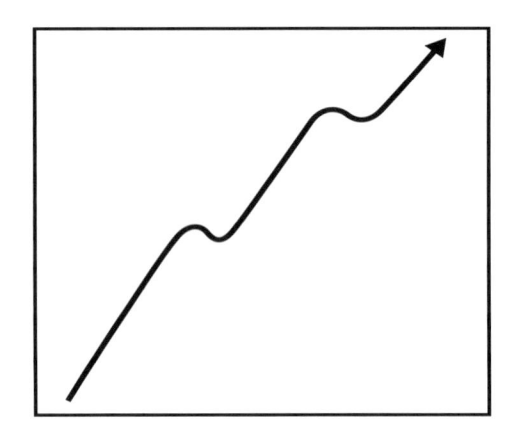

## 4）タートルズの増し玉とナンピン

　ここまで、増し玉について、2通りの方法を紹介してきました。そ
れは、タートルズ方式の増し玉とナンピンです。タートルズ方式の増
し玉は価格の上昇過程で買いポジションを増やしていく手法です。ナ
ンピンはそれとは逆に、下降の過程で買いポジションを増やします。

　どちらの戦略が有利かを考えてみましょう。

　例えば ATR が 200 円で買い値が 1000 円だとします。タートルズ

の手法では 1/2ATR 上昇するたびに新たに 1 ユニットを買いエント
リーしポジションを増やします。このケースでは 100 円の上昇で 1 ユ
ニットずつ、最大 4 ユニット建玉します。

【ケース 1、タートルズの追加】
① 1000 円で 1 ユニット買いエントリー。合計ポジション 1 ユニット
② 1100 円で 1 ユニット買いエントリー。合計ポジション 2 ユニット
③ 1200 円で 1 ユニット買いエントリー。合計ポジション 3 ユニット
④ 1300 円で 1 ユニット買いエントリー。合計ポジション 4 ユニット

これに対してナンピンは買い下がります。タートルズのルールにナ
ンピンはありませんから買い下がりの間隔に決まりはありません。こ
こでは仮に、同じく 100 円ずつ買いポジションを増やし、ポジション
の制限も同じく最大 4 ユニットとします。

【ケース 2、ナンピンの追加】
① 1000 円で 1 ユニット買いエントリー。合計ポジション 1 ユニット。
② 900 円で 1 ユニット買いエントリー。合計ポジション 2 ユニット。
③ 800 円で 1 ユニット買いエントリー。合計ポジション 3 ユニット。
④ 700 円で 1 ユニット買いエントリー。合計ポジション 4 ユニット。

ケース 1 では、4 ユニット建玉時の平均買い値は 1150 円（＝（1000
円＋ 1100 円＋ 1200 円＋ 1300 円）÷ 4 ）となっています。一方、ケー
ス 2 の平均買い値は 850 円［＝（1000 円＋ 900 円＋ 800 円＋ 700 円）

÷ 4］です。

　平均買い値は 850 円と 1150 円ですから 300 円の差があります。

　こうして比べると、平均買い値が安いケース 2 のナンピン買いのほうが有利だと考えるトレーダーが少なからず出てきます。そしてその勘違いは「安く買って高く売る」「上がれば下がる、下がれば上がる」と同じなのです。

　では、なぜ勘違いを起こすのでしょうか。その理由は、同じ買いポジションで同じ銘柄、同じ建玉数ならば、高い買い値より安い買い値のほうが有利だという先入観にあります。

　しかし、そういうトレーダーは、ケース 1 と 2 で 4 ユニット追加したときの価格、つまり現在の価格がいくらなのかを見落としています。

　ケース 1 の現在値は 1300 円です。平均買い値は 1150 円ですから、この時点で 600 円（4 ユニット× 150 円）の含み益が出ています。

　これに対してケース 2 の現在値は 700 円、平均買い値は 850 円ですから、この時点で 600 円（4 ユニット× 150 円）の含み損を抱えているはずです。

　価格がどの位置にあろうと、これから上がるか下がるかは五分五分なのです。この考えに終始すれば、含み益を持った 4 ユニットを持っている手法と、含み損を持った 4 ユニットとなる手法、どちらに優位性があるかは一目瞭然です。

　それにもかかわらず、なぜ多くのトレーダーはこのことに気づかないのでしょう。それは「下がった相場は上がる」と思い込んでいるからにほかなりません。下がって下がって、果てしなく下げ続ける相場もあることを認識しなければ、相場の世界で生き抜いていくことはできません。そのことをを理解すれば、ナンピンがいかに不合理であるかが見えてくるはずです。

## 第4節
# 両建てについて

## 1）両建ての種類

　両建てとは、ひとりのトレーダーが同時に買いと売りのポジションを持つことで、トレードの戦略上では保険的な役割を発揮します。

　両建てにはいろいろな種類があります。"さや取り"も両建ての一種です。

　例えば、異なる銘柄で一方は買いポジション、他方は売りポジションを取ります。注意しなくてはならないのは、この買いと売りは必ずワンセットで仕掛け、あるタイミングが来たら必ずワンセットで手仕舞いしなければならない点です。

　先物取引や先物オプション取引など限月がある銘柄では、同一商品でも、ある限月を買うと同時に別の限月を売るという取引をセットですることも、さや取りと言います。

　ギャン氏は、自らが提唱する理論の中で「両建ては禁止」とはっきり述べています。私自身も基本的に両建てには反対の立場を取っています。しかし、条件次第では、両建てが役に立つケースがないわけではありません。

## ２）保険としての両建て

　例えば、先高を見込んで、金先物を 10 枚買っているトレーダーが
いたとします。買い値は 4500 円です。ところが思惑が外れて金価格
が下がってきました。現時点ですでに 4400 円となっています。1 枚
当たり 100 円の評価損です。金先物は 1000 グラム単位の取引ですから、
計算上では 100 万円（100 円× 1000 グラム× 10 枚）の損になっていま
す。

　そのトレーダーは先高を見込んで買ったのですから、今の時点では
損切りはしたくありません。とはいえ、相場がどこまで下がるのかは
わからない状況です。そこで現在の買いポジションを決済せずに、別
枠で新たに 10 枚の金先物を売ります。これが両建てです。

　すなわち、現在のポジションは、4500 円で買いエントリーした金
先物 10 枚、4400 円で売りエントリーした金先物 10 枚の計 20 枚にな
ります。

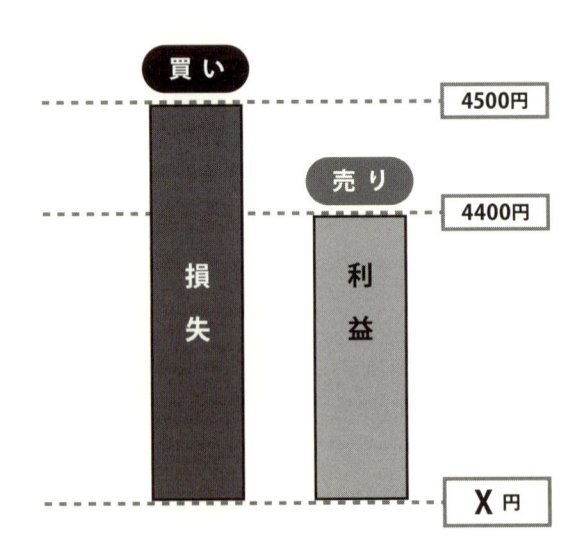

もし、4400円からさらに価格が下がれば、買いポジションの評価損は大きくなりますが、売りポジションは同じだけ評価益が出るはずです。つまり損と益が互いに打ち消し合うので、売りポジションをエントリーする以前の評価損100万円は相場がどちらに動いても、変わらないことになります。ゆえに保険的な機能と表現したのです。

　とはいっても、いつまでも両建てのままポジションを持ち続けることには意味がありません。そこで先高の見込みに従うなら、下げが続いている間は両建てを継続し、やがて訪れる底打ちが確認できたときに、売りポジションを決済します。

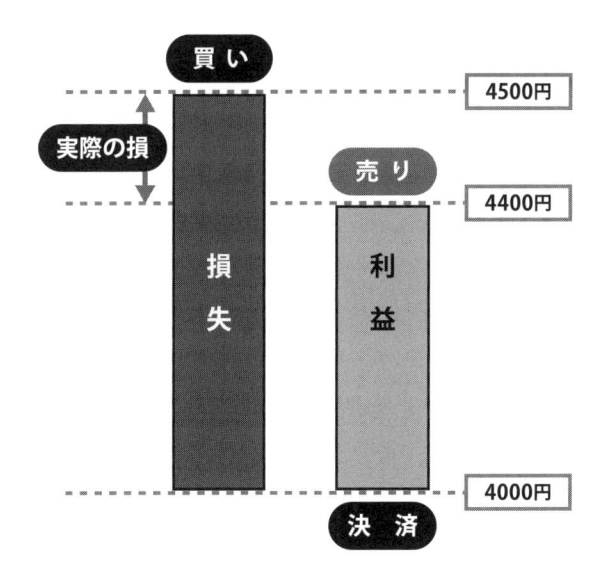

　仮に、それが4000円だったとすれば、売りのポジションは1枚当たり400円、10枚で400万円（400円×1000グラム×10枚）の利益が実現するはずです。ただし、この400万円の実現利益は必ずしも喜

ばしいものではありません。買いポジションの計算上の損（評価損）は 500 万円に膨らんでいるからです。

### 3）保険の両建ての光と影

　今のケースで、今後、金価格が何円まで回復すれば、売り買い合わせて損がなくなるでしょうか。手数料はとりあえず考えないこととします。

【状況】
○金先物 10 枚を 4500 円で買いエントリー。
○ 4400 円まで下がった時点で金先物 10 枚を売りエントリー。
　（両建て）
○ 4000 円で底打ちを確認したので、売りポジション 10 枚を
　手仕舞い（400 万円実現利益）。買いポジション 10 枚はその
　まま。

【問題】
これから金価格が何円まで上昇すれば、トレーダーの損は解消
するか？

　買いと売りを分けて考えます。あとからエントリーした 10 枚の売りポジションは 4400 円で建てて 4000 円で手仕舞いしました。ということは 400 円幅の利益です。

　取ったポジションは買いも売りも同枚数ですから、買いポジションで 400 円幅の損が出ても、そのぶんは穴埋めができます。つまり、穴

埋めの利かない差分の100円（4500円 − 4400円）が損益の分岐点になるのです。そして現在の金価格は4000円ですから、4100円を1円でも上回ればそこからがトータルでの利益となります。

　注意してほしいのは、「差分の100円」は両建てをした時点で、すでに発生していた損であるという点です。両建ては保険なので、売り買い同枚数のポジションが成立した後は、いくら価格が下がっても（上がっても）損が拡大することはありません。

　この例では、4000円まで下がると、ずいぶん損をしているような気がするかもしれませんが、実際には100円しか損していないわけです。ということは、両建てを解消して買いポジションだけになったら、その時点から100円幅を取り返せば損はなくなることになります。今回の例は4000円で手仕舞いしましたから4100円で損は解消しますが、3800円で手仕舞いしたら3900円、3500円なら3600円まで相場が反転上昇したときに損がなくなる理屈です。

　ところが、両建てには、いくつか落とし穴があります。ひとつは取引手数料が2倍かかること。そして両建てを外すタイミングが難しいということです。

　後者に関していえば、買いポジションを生かす場合には、底打ちを確認して売りポジションを決済するのが基本ですが、どこが底かはなかなかわかりません。実際、売りポジションを外した後に、さらに下げることはよくあります。

　この例なら、4000円で売りポジションを決済し、その後、相場は上昇すると期待していたのに下がってしまったという状況です。仕方がないので、もう一度両建て状態に戻すという選択はどうでしょうか。

　例えば3900円の時点でまた10枚の売りポジションを作ったとします。当初の両建ては4500円の買いと4400円の売りで、その差は100円でした。ところが今回の両建ては4500円の買いと3900円の売りです。もちろん400円幅分の利益はすでに確保してあるので、その点は

少し安心材料かもしれません。

　ところが、こうした状況でありがちなのが、2度目の両建てをした瞬間に価格がスルスルと上昇して、買い値と売り値の間に来てしまうことです。そうなると、ノービストレーダーはどうしていいのかわからなくなります。

　4500円の買いポジションと3900円の売りポジションを持っていて、現在値は4200円というようなときが「それ」です。

　最初から損切りができるトレーダーなら、どちらか一方を決済すれば済む話です。しかし、**そもそも損切りができないという理由で両建てをした**経緯があります。結局、値差が開いた両建てになるとどちらも決済できない状態に陥ってしまうのです。こうした状況で最悪なのは、10枚の買いと10枚の売りはそのままにして、別枠で買いなり売りなりのポジションを建てて、損を取り返そうとすることです。

　例えば、新たに5枚の買いポジションを建てたとしましょう。ところが相場が下がると、その買いがまた損を生み始めるので、今度は5枚の売りポジションを取って両建てすることになります。あとはその繰り返しです。ポジションがどんどん複雑になって、そのうち何をやっているのか、わからなくなります。

　ただし、両建ても使い方次第では有効に機能します。先の例も両建てが悪いのではなく、損切りが嫌だから両建てをするというノービストレーダーにありがちな考え方がトレードを間違った方向に導いているのです。損切りが平然とできさえすれば、問題はかなりの面で改善されます。


## 4）利乗せの両建て

　基本的には両建ては避けるべきトレード戦略ですが、あえてもし意味があるとしたらという立場から、改めて両建てを考えてみます。

両建ては、ある銘柄に買いエントリーした後に価格が下がり、ロスカットをしたくないので、新規で売りポジションを持つケースが一般的です。要するに、「損切りがイヤ」という逃げの発想です。損切りしないこと自体に根本的な誤りがあるため、その後も間違った方向に行きやすいといえます。

　そうした"逃げの両建て"とは異なるのが"利乗せの両建て"です。利乗せの両建ては、ある銘柄で買いエントリーし、価格上昇の結果、その買いポジションが利益になっていること（＝含み益）が前提です。
　タイミングとしては、調整を迎え、価格が下がって含み益が減少したときや、価格の動きが上下どちらにいくか不透明になったりしたときに、一時的に売りポジションを作って両建てにします。
　利益がある状態で両建てするので利乗せの両建てと言います。昔は「あんこの両建て」と呼ぶ人もいました。おいしいあんこ（利益）を両側から包み込むようなイメージかもしれません。

◆利乗せの両建て

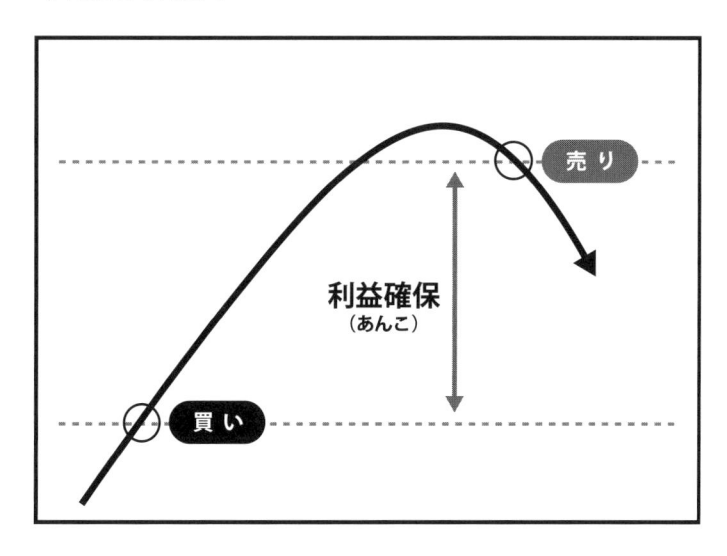

逆をいえば、損をしているときの両建ては、損失を固定することなのです。

次ページのケース1は、4400円で買いポジションを持ち、4500円まで上昇したときに、利確の代わりに売りポジションを作って両建てにしたケースです。この後、価格が下がっても、利乗せの両建てをした時点で100円分の利益が確保されたことになります。

4500円で利乗せの両建てをした後に、価格が下がりました。仮に4000円まで下がったとしましょう。買いポジションは4400円から4000円まで下がったのですから400円の計算上の損が発生します。

一方4500円で建てた売りポジションは、4000円まで下がったために、500円の利益が発生しているはずです。

このときに買いと売りのポジションを同時に手仕舞いすれば、100円の利益が得られる仕組みです。


ケース2は利乗せの両建てをした後に価格が上昇したケースです。この場合も利乗せの両建てをした時点でそれまでの利益は確定されますが、両建てをしたために売りポジションで損が生じ、買いポジションの利益を相殺してしまいます。

これは、あとから思えば両建てをしなければよかったとため息が出そうなケースですが、必ずしも失敗というわけではありません。確かに売りポジションだけに着目すれば、4500円で売って4600円まで上昇したので100円の損になっています。その一方で、4400円の買いポジションには200円の利益が生じているので、100円を儲け損なった気分になるのは仕方がありません。

しかし、ここで重要なのは、両建てをしたことで、価格が下がっても上がっても、その時点の利益が確保されたという事実なのです。

例えば、重要なテーマを決定する選挙や会議が週末にあり、その結果次第では相場が大きく動くという状況はよくある話です。つまり先

◆ケース1

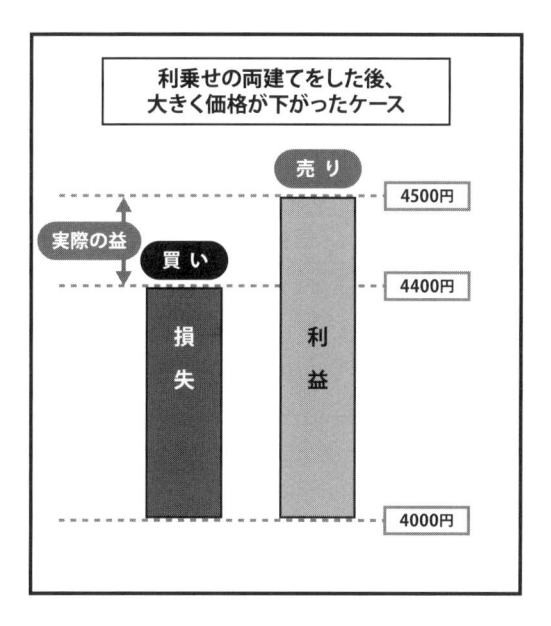

◆ケース2

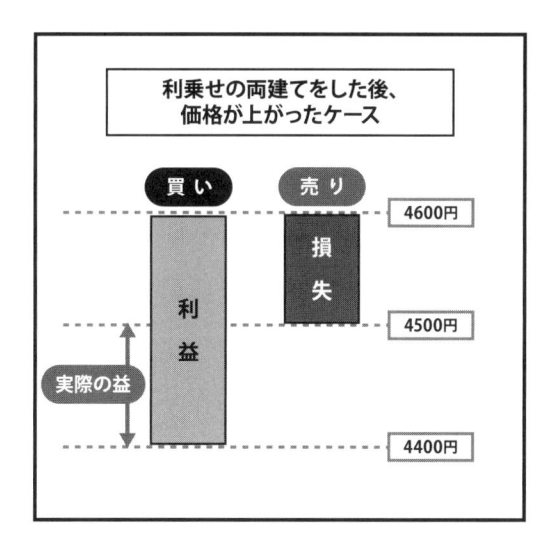

高を見込んでいるものの、短期的には押し目を迎えるかもしれない、あるいは目先の値動きが不透明になりそうだというようなときに、この戦略が生きてきます。

　もちろん、そういう状況では、ポジションをいったん手仕舞いするのも正しい選択です。ところが手仕舞いした後にどこで買い直すかで悩むこともよくあります。そのような事態を避けるために、一時的に利乗せの両建てにしておくのです。こういう戦法を"ツナギ売り戦法"といいます。

## 5）ツナギ売り戦法の妙

　ツナギ売りは、ヘッジの売りと同じ意味です。ある買いポジションに対して同量の売りポジションを建てる場合は基本的にヘッジ目的になるので、すべてツナギ売りと言っても間違いはありません。

　ツナギ売り戦法は、基本的には、買いの長期投資でその威力を発揮します。

　長期的に価格は上昇するという判断で「ある銘柄」を買ったとしましょう。そして現在は順調に上昇しています。まだまだ上がるとは考えているものの、一度、調整（の下げ）が入っても、おかしくない場面に出くわしたとします。

　そもそも長期投資を目的とした買いなのですから、途中経過での一時的な下げは我慢するのが、一般的なトレーダーの立場かもしれません。しかし、上昇相場の中にも、それなりに妙味のある売り局面を迎えることがあります。それを取らないのはもったいないという発想です。

　長期投資の目的で、1000円である銘柄を1枚買いました。順調に1300円まで上昇したものの、そこで天井を迎えたため当初買い建てたポジション1枚はそのままにして、別枠で空売りのポジションを1

枚建てました。

　1300 円で作った売りポジションは 1100 円まで下がったところで決済。その後、価格は 1600 円まで上昇していきました。

　買いポジションは順調に見えましたが、1600 円に達したところで再び天井を迎えたため、もう一度空売りのポジションを 1 枚建てました。これもツナギ売りです。そのツナギ売りは相場が 1200 円まで下がったところで決済。その後、価格は再び上昇して 2000 円をつけています。

　通常のやり方なら、当初 1000 円で買ったものが 2000 円まで上がったということで 1000 円の利益です。しかしツナギ売りをしているので、途中で 200 円の利益と 400 円の利益も取ることができました。これがツナギ売り戦法の醍醐味です。

◆ツナギ売り戦法

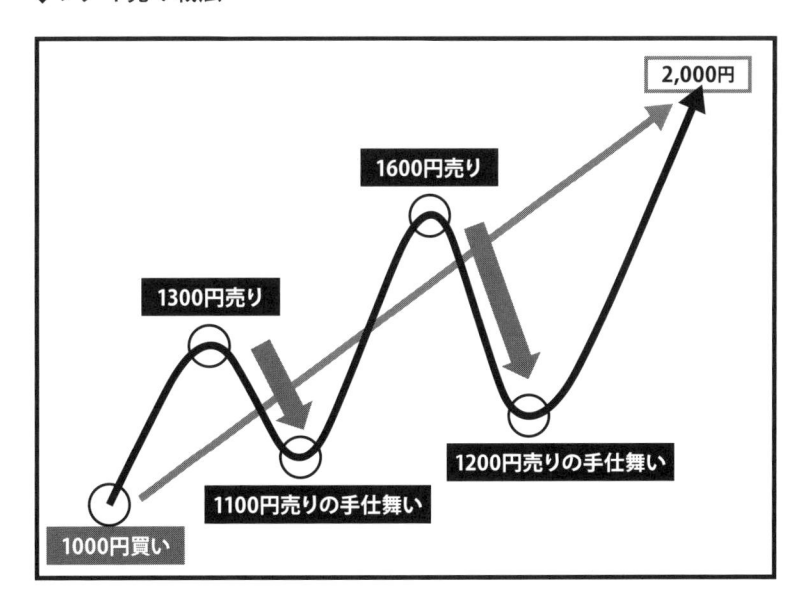

ただし、「ここが天井だ。これから下がる」と思って売りポジションを作っても、相場が上がり続ける場合もあります。その場合は潔く損切りするしかありません。しかし、そのときにも買いポジションは持ったままです。売りポジションを作ったにもかかわらず、相場が上昇すれば確かに損が出ているように思えますが、実はその分、買いポジションの利益が膨らんでいるので、実際の損にはなりません。これがツナギ売り戦法の面白いところです。

　ここまで説明してきた両建てに関しては、買いと売りのポジションを同量としてきましたが、ヘッジとして建てるポジションの量を少なめにする、もしくは多めにするなどして調整を図る高等戦術もあります。

# 第8章

## トレードするうえで覚えておきたいこと

# 銘柄選びについて

## 1) タートルズ流銘柄選び

タートルズは株式や債券、先物取引、金利、為替など、ありとあらゆる銘柄をトレードの対象としてきました。基本的には価格さえ動けば何でもトレードするという姿勢です。

ただし、これだけはやらないという銘柄もあります。どういう理由でトレード対象から外したのか、その除外条件を見てみましょう。

【除外条件】
①流動性がないマーケットと銘柄
②ボラティリティが低いマーケットと銘柄
③買いしかできないマーケットと銘柄
④売買に規制がかかるマーケットと銘柄

ひとつずつ解説します。

### ①流動性がない市場と銘柄

流動性とは、あるマーケットで、トレードが常に活発に行われてい

るかどうかを指します。出来高の多寡がひとつの大きな目安となっています。

　マーケットでトレーダーが目にするのは、直前に成立した売買の価格です。「買いたいときにその価格で買える、売りたいときにその価格で売れる」という状態が流動性のあるマーケットです。流動性がないと、買おうと思えば上がり、売ろうと思えば下がります。もちろん、不利な取引につながります。

　買い注文を出したとき、その価格で売りたいトレーダーがいなければ、相場はどんどん上がっていきます。売りも同様です。そうならないためには、流動性が必要なのです。


**②ボラティリティが低いマーケットと銘柄**

　ボラティリティとは価格変動の大きさのことです。トレードの達人でも、価格が動かなければ利益を上げることはできません。上昇でも下降でも、とにかく価格が動かなければトレードは始まらないのです。特にトレンドフォロワーにとっては、価格変動の大きさこそが生命線になります。


**③ 買いしかできないマーケットと銘柄**

　例えば、タートルズは現物株をトレードしていません。買いからしかエントリーできない銘柄は利益獲得のチャンスが半減するからです。

　相場は上がることもあれば、下がることもあります。上げを買いで取り、下げを売りで取るのがトレーダーの正しい姿勢です。

　ところで、買いと売り、どちらが有利なのでしょうか？

　ノービストレーダーは買いのほうが安全だと考えがちです。例えば、2000円で買った銘柄の損は2000円がMAXです。ところが、2000円で売った銘柄が5000円になれば3000円の損ですし、1万円になれば

8000円の損となります。つまり、買いには下げの限度があり、売りにはその上限がないという理屈から買いのほうが安全と考えているのです。

果たしてそれは正しいのでしょうか。

上げには「積み上げ」、下げには「壊れ」という表現があります。積み木をひとつひとつ積み上げていって、最後にそれが音を立てて崩れる様を価格変動に見立てたこの喩えは、言い得て妙という気がします。

一方、海外では買いを「ロング」、売りを「ショート」と呼びます。上げ相場は長く、下げ相場はあっという間に終わるという象徴的な表現です。もしそれが正しいなら、買いよりも売りのほうが有利だということになるはずです。

買いエントリーしてから利益を獲るためには時間がかかりますが、売りなら短時間で利益が獲れます。

また逆に考えると、売りエントリーした相場では、損の発生は時間をかけてじわじわと進行していきますが、買いの場合は短時間で損が発生します。

チャートをじっくり見てください。大陽線より、大陰線のほうが多いうえに、大きいことに気づきませんか。下げ相場は急落します。その結果、ロスカット注文を出していても、約定価格がロスカットの設定価格を大きく下回ってしまうことがあります。

ところが、売り方のロスカットは違います。相場はじわじわと上がるので、設定したロスカットラインできちんと決済できる可能性が高いのです。この差は小さくありません。

また一般的に、買い方には個人トレーダーが多く、売り方には資金が潤沢なファンドや機関投資家といったプロが中心という構図も見受けられます。つまり買い方と売り方の戦いはアマ対プロになりやすいのです。一概にプロが有利とは言いにくい面もありますが、過去の例を見ると、やはりプロはプロです。

もうひとつ、かつて"売り将軍"と呼ばれた大相場師・山崎種二の言葉を紹介します。彼は「買いで儲けた１億円と、売りで儲けた１億円では価値が違う」と言っています。

　「同じ１億円に違いがあるのか」と訝しがるトレーダーもいるでしょう。しかし、株やコモディティを買って１億円という大金を儲けたときは、世の中は、概して、インフレ状況に見舞われているはずです。インフレなら１億円の価値は割り引かなければいけません。逆に、下げで１億円を儲けられるなら、世の中がデフレです。デフレ下の１億円は、いつもの１億円以上の価値があるはずです。

　基本的に、すべての取引において買い方と売り方は同条件ですので買いと売りを比べてどちらが有利か不利かは本来ありませんが、以上のことから、強いて言えば、やや売り方が有利かもしれないというのが私の持論です。

### ④売買に規制がかかるマーケットと銘柄

　例えば、株式市場の空売り規制がそうです。間違いなく下げそうな銘柄に限って空売り規制が入るのは不思議です。いずれにせよそういうマーケットでは、トレーダーは安心してトレードができません。

### ２）小次郎講師流、取引銘柄の条件

　小次郎講師流では、税金の支払いで損益通算ができるかどうかも、ポイントとして考えます。

　トレードの利益金に対しては一定の割合で課税されます。税額の計算において、ある銘柄の損と、別の銘柄の利益を相殺することを損益通算と言います。

　ただし、損益通算はすべての銘柄間で可能かといえばそうではあり

ません。例えば、FX 取引の損益と商品先物取引の損益は通算ができます。したがって、一方が利益、他方が損の場合には、その通算の利益分にだけ課税される仕組みです。

ところが、現物株と株価をベースとした先物取引（日経 225 先物など）ですと、損益通算ができません。すなわち、株取引で 100 万円の損、株価指数先物取引で 100 万円の利益が出た場合、本来ならプラスマイナスゼロで課税は免除されそうなところですが、利益の 100 万円には税金がかかるのです。損益通算グループは次の通りです。

> **【現物株グループ】**
> 現物株式、株式の信用取引、株式ファンド、
> REIT、ETF など
>
> **【デリバティブグループ】**
> 株式（指数）先物取引、商品先物取引、FX 取引、
> CFD 取引、オプション取引、カバードワラント
> など

グループ内での損益通算はできますが、グループを超えての損益通算はできません。とすると、現物株グループでトレードするか、デリバティブグループでトレードするかを決めておくのも賢明な方策になるのです。

なお FX 取引には、東京金融取引所が運営している「くりっく365」と、事業者ごとの OTC（相対取引）FX の 2 種類があります。この 2 種類の FX 取引は同じデリバティブグループに属していますから、日経 225 先物取引や金、原油の先物取引を同時に取引した場合に

は損益通算が可能です。

## 第2節
# ファンダメンタルズ分析について

### 1）ファンダメンタルズ分析の長所と問題点

　価格はファンダメンタルズの変化を受けて変動します。重要な経済指標の発表を受けての相場の急騰急落は、誰もが経験済みのことでしょう。ゆえにファンダメンタルズの分析はとても大切です。

　しかし、ファンダメンタルズ分析にも問題点はあります。整理してみましょう。

> 【問題点1】
> 個人トレーダーが知るファンダメンタルズは、ほとんどが誰もが知っている二番煎じの情報である

　二番煎じの情報で勝てるほどトレードの世界は甘くありません。

　プロは世界中に情報網を張り巡らせています。ある情報が個人レベルのトレーダーに届くまでには、すでに多くのトレーダーの手を経ていると考えるべきです。

　個人トレーダーはいわゆる"早耳情報"を知ることができませんし、仮に早耳情報と言われるものに接しても、それがデマなのか真実なの

かを見抜く力がありません。ゆえに結局は使えないことになります。

【問題点2】
価格を動かす材料（ファンダメンタルズ）は山ほどあり、個人の力で分析できるのはそのごく一部に過ぎない

昔「アメリカの金利動向が株価を左右する」と言われた時期がありました。しかし、株価が上がるか下がるかは、千や万の要因が絡み合って決まります。つまり、金利動向だけで決まるわけではないのです。

【問題点3】
すでに価格に織り込み済みということがしばしばある

相場には「知ったら終い」という言葉があります。さらに言えば、その情報がどれほど価格に織り込まれているのかがわからないことも問題です。

【問題点4】
具体的に買うタイミング、売るタイミングを教えてくれない

これから先高だとの分析が出ても、いつ買えばいいのか、いつ売ればいいのかをファンダメンタルズ分析は教えてくれません。具体的な

エントリーポイントはテクニカル分析で見つけるしかありません。したがってファンダメンタルズ分析をしているトレーダーも、テクニカル分析を活用する必要性があるのです。

> **【問題点5】**
> 経済指標の発表で価格が動くのは事前予想との差。事前予想より良くなるかどうかは予想不能

　雇用統計で失業率が下がると株式には一般的に好材料ですが、実際は数字が良くても株価が下がることがあります。その理由が事前予想の存在です。統計の発表に先立ち、「失業率はこれくらい下がりそう、上がりそう」という事前予想が各所から出されます。その場合、実際に発表された数字が良かったとしても、事前予想に比べて良くなければ、それは逆に売り材料となります。

　事前予想には多くの専門家、その道のプロが関わっています。その予想と実際の発表を比べて価格が上下するのが現実です。したがって、経済指標の発表を見越しての売買は、常にギャンブルになってしまうのです。

> **【問題点6】**
> イベントで発表された数値や政策ではなく、それを市場がどう判断するかで相場は動く。それを読むことは極めて困難

　ここでいうイベントとは、各種の経済指標や各国の政策発表など、

あらかじめ決まった日に報告されるニュースを指します。雇用統計は
その典型です。

　雇用統計では、普通、失業率が予想以上に改善されれば、株価は上
昇します。ところが、現実には、そうならないこともあるのです。実
際に、2015年には、雇用統計で良い数字が出たにもかかわらず、「株
価が下落する」という事態が起こりました。このときは、雇用統計の
数字が予想以上に改善されたことを受け、「FOMCが金利を引き上げ
るのではないか」と、マーケットは考えたのです。その結果、株価は
下落方向の圧力を受けたのです。

　こうした反応を市場センチメントと呼びます。これは女心と秋の空
のように揺れ動きます。

---

## 【問題点7】
## ファンダメンタルズ分析はトレードルールに組み入れられない

---

　トレードルールに、ファンダメンタルズ分析を使っている人はほぼ
皆無です。

　私はトレードの世界に入って最初10年間をファンダメンタルズ一
本で過ごしてきました。ファンダメンタルズを究めることが相場で勝
つことだと信じていたからです。そしてファンダメンタルズを使って、
何度も大相場を取ってきました。しかし、満足することはありません
でした。

　その理由は、私がトレードを職業としたかったからにほかなりませ
ん。職業なら、安定的に収益を生む必要があります。しかし、ファン
ダメンタルズ分析で安定的に勝つ方法は、ついに見つけられませんで
した。

例えば、今年は大儲けできても来年はわかりません。そして、大儲けできたり、できなかったりするトレード手法では幸せになれないことも知りました。

タートルズに出会ったのは、ちょうどそんなときです。1980年代のことでした。「きちんと学びさえすれば誰もが勝てるトレードルールを身につけられる」と知ったことの衝撃は筆舌に尽くしがたいものでした。

その後は、タートルズトレードの研究に明け暮れます。結果、タートルズは予想をしない、つまりファンダメンタルズ分析を一切しないという事実にたどり着きました。

ファンダメンタルズ分析を使わなくても、相場には勝てます。安定的に利益を上げるために大切なのは勝てるトレードルールを作り上げることです。さらに、そのルールを常に最新に保つように磨き上げることがトレードを職業とできる唯一の方法だと悟りました。

もちろん、ファンダメンタルズ分析は重要です。ただ、残念ながらトレードルールには組み込めません。この点については、声を大にして言っておきます。

## 2）ファンダメンタルズ分析をどう使うか

価格がファンダメンタルズの変化で動くことは間違いありません。そして、重要な経済指標の発表がファンダメンタルズを変化させることにも疑いの余地はありません。

ところが、すでにお話ししてきたように、ファンダメンタルズの変化だけで価格が上昇するわけでもなければ、下落するわけでもないのです。なぜなら、市場センチメントが介在するからです。

ではファンダメンタルズは、どのように利用すべきでしょうか。

【ファンダメンタルズの利用の仕方①】
◎大局をつかむ
　世の中の大きな流れをつかむことができる

イベントで目先の価格変化を読むのは困難ですが、正しくファンダメンタルズが分析できれば世の中の大きな流れはつかめます。

例えば、世界の主要国が景気の後退を理由に金融緩和を実施した結果、お金がじゃぶじゃぶあるような金余りの状態で株式が買われて株価が上昇したとしても、実際は景気が良くないので、買われた株式もすぐ売られるだろうとの予測も成り立ちます。大きな流れとは、そういう現状からの予測を指します。

【ファンダメンタルズの利用の仕方②】
◎イベントで反転しやすい
市場が過熱したときには、大きなイベントが
反転のきっかけになりやすい

株式が買われ、株価がどんどん上昇してきたとしましょう。ある程度上昇するとマーケットには過熱感が生じます。そういう場面では、ある経済指標の発表を契機として、下落が始まることがあります。

価格はすでに高値圏にあるのですから強材料が出ても反応は薄くなりがちです。逆に弱材料が出たら、ほんのちょっとしたものでも、そ

れをきっかけに暴落が起こり得ます。まるで膨らみきった風船を針で突くようなものです。

　価格は、価格自体が動きたい方向に動きます。ある程度上がった相場は下がるきっかけを探しているし、下がった相場は上がるきっかけを探しています。イベントはそのきっかけになります。上がり過ぎた相場の後にはイベントで買い材料が出ても「材料出尽くし」と分析されて、価格を下落の方向に誘導する可能性すらあります。

　イベントがそのトリガーになるとしたら、イベント時の売買の仕方は自ずと決まってくるはずです。

## 第3節
# 価格とテクニカル分析について

### 1）価格は何によって動くか

　価格は何によって動くのでしょうか。

　例えば、石油や農産物に代表されるコモディティでは、「生産量はどれくらいか」という供給や、「消費はどのくらいか」という需要の変化を受けて、価格が上がったり下がったりします。つまり、決め手は需給関係です。この需給関係の変化にはマクロ経済の動向が強く影響しています。

　株式も同じです。株価は企業が発行する株式の需給関係で決まりますが、その背景には、企業の業績に強く影響する地域経済およびマクロ経済の動向があります。

　このような需給関係の変化を読み解く手がかりとなるのがファンダメンタルズ分析です。

　ところがマーケットでは、ときとして、ファンダメンタルズと価格が一致しない場合があります。好業績にもかかわらず株価がどんどん下がりだしたというのは、その典型的な例です。

　そうした企業を見つけたトレーダーは、「ここがチャンス」とばかりに買いの手を入れることでしょう。株価が下がれば下がるほど、好調な業績を知っているトレーダーは買い増しをするか、そうでなくとも株価の逆転回復を期待してじっと持ち続けるはずです。

しかし、実はこれこそが相場で大失敗をする典型的なパターンなのです。ファンダメンタルズが最高潮のときであっても、価格がどんどん下がることはあります。もちろん、その逆も起きます。ファンダメンタルズが最悪であるにもかかわらず、どんどん価格が上昇するのです。このような状況に出くわしたとき、ファンダメンタルズオンリーのトレーダーは「マーケットのほうが間違っている」と言います。

　しかし、マーケットに間違いはありません。マーケットでついた価格、それこそが常に正解なのです。

　事実、ときにマーケットでは、最高のファンダメンタルズの中でどんどん値を下げることがあり、最悪のファンダメンタルズの中でどんどん値を上げることがあります。

　では、なぜ "不一致" が起きるのでしょうか。それは、最終的にマーケットで価格を動かすのは「売り手と買い手の力関係」にほかならないからです。買いが多ければ価格は上昇し、売りが多ければ価格は下がるという、極めて単純な理屈です。そして、その売り手と買い手の力関係を読み解くカギとなるのがテクニカル分析なのです。

　価格がファンダメンタルズを無視して動く原因は、実はわれわれの知らない材料があったから、あるいは国際的なシンジケートがそのように仕掛けたからかもしれません。しかし、そのようなこととは関係なくとも、信じられないほど価格が逆行することはあるのだということを理解しておかなければなりません。それがファンダメンタルズを重視し過ぎてはいけない理由です。

　とはいえ、ファンダメンタルズを軽視するのも、正しい姿勢ではありません。売り手と買い手の力関係は、大局的にはファンダメンタルズ（需給、企業業績、マクロ経済等）の変化で、中期的にはトレンドで、また目先的には人気や思惑で決まるからです。

これは極めて主観的な印象ですが、価格変動の約 70％はファンダメンタルズの変化で決まると考えています。

そして 20％がトレンドです。トレンドは上昇でも下降でも、一度、形ができると多少ファンダメンタルズが変化しても、方向性をそのまま継続しやすい特徴があります。

先高ムードで価格が上昇していくと、売り方はマーケットから徐々に撤退し、買い方が勢力を強めます。その上昇トレンドの渦中では、買い方がいったん利益を確定しておきたいという気持ちから売り注文を出すことがあります。売り注文が出れば、価格は下がります。しかしマーケットは先高ムードに支配されているため、下落は一時的なものに留まり、下がったところは買い方に再度買い直されます。これが押し目です。その繰り返しで、価格は波打ちながら上昇を継続します。このサイクルをつぶさに見てみると、価格の上昇を主導する買いも、利益確定の売りも、すべてが買い方の行為であるとわかるはずです。

買い方にとってはもっとも都合がよく、心地良い展開です。ですから買い方は、その状態を維持しようと同じ行為を繰り返します。結果として価格は安定的に上昇を続けます。その状況では、売り方はうかつにマーケットには近づけません。つまり上昇トレンドは買い方の独壇場と言えるでしょう。下降トレンドは、当然、その逆の状態です。

そして、目先の動きは人気や思惑の影響を強く受けます。日銀総裁の強気の発言や、FRB 議長の金融引き締め示唆といった、まだ現実になってもいないことで価格はするすると動きます。そうした事態は事前には読めません。ですから、アナリストは半年先より明日の予想のほうが難しいと口をそろえます。

では、トレーダーはどうすべきでしょうか。

目先の動きは読めません。ファンダメンタルズ分析の結果をデイトレードに反映させることはほとんど不可能です。

大局の動きをファンダメンタルズ分析で見抜いたうえで、それに乗ってトレードするという手法も考えられますが、ノービストレーダーにはお勧めができません。例えばファンダメンタルズ分析を駆使して、これから1年後の価格の上昇を予想できたとしても、その長期上昇トレンドの中で、一時的な下降トレンドはしばしば発生するからです。

◆マーケットが常に正しい

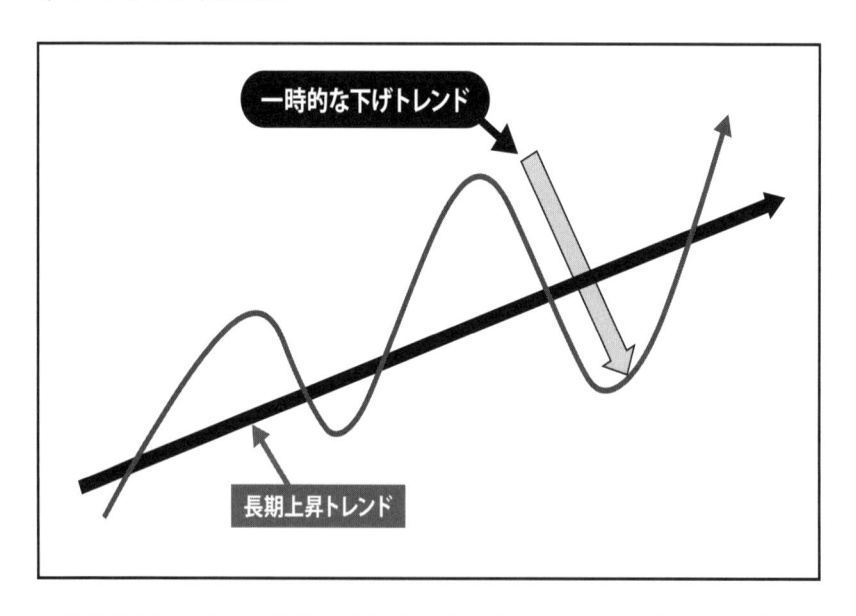

　大きな流れは上昇トレンドを描いていても、その途中で、一時的な調整の下げに出合うことはある。理想は、一時的な下げに引っかかってロスカットにならないようにすることだが、もしロスカットに引っかかってしまったならば、ファンダメンタルズに自信があっても、潔く損切りすること。マーケットが常に正しい

実は、これはトレーダーにとってとても重要なテーマです。長期上昇相場を予想して買いを仕掛けるのはよいのですが、相場が一時的に逆方向に動いて当初設定したロスカットラインにタッチしたら、そのときには手仕舞いを余儀なくされます。

　ところがファンダメンタルズ分析を究めたと自信を持ち、結果として打ち立てた予想を信じれば信じるほどロスカットできなくなるのが人間です。最終的に価格は上がるのだと強く思っていれば、途中の下げは我慢のしどころととらえ、逆にナンピン買いのチャンスが巡ってきたという気持ちになるかもしれません。

　ところが、そういうときに限って価格はさらに下がるものです。

　どれほど先高に自信があっても、価格がロスカットラインに触ったら損切りするのがトレードの大原則だとすると、大局を予想してのトレードは正解とは言えないはずです。

　そこで時間的には中期的な観点から、トレンドに乗って相場を取るという発想に到達します。

> "The trend is your friend"

　トレンドは友だちです。トレーダーはトレンドを大切にしましょう。トレンドを見つけ、トレンドに乗るために、テクニカル分析はあるのです。

## 2）テクニカル分析の長所と問題点

　もちろん、テクニカル分析にも弱点があります。

　よく「チャートで将来が読めるはずがない！」と言う人がいますが、

それはもっともで、まったく反論の余地がありません。

では、テクニカル分析は何のためにあるのでしょうか。それは現状分析のためです。ここで言う分析とは、現状での売り手と買い手の力関係の変化のことです。

現状をしっかり分析すればエッジが浮き彫りになります。

普通であれば、今から価格が上がるか下がるかは五分五分です。しかし、ときにバランスが崩れ、買い方にエッジがある、売り方にエッジがあるという状況が生じます。エッジがあるときにエッジがあるほうに仕掛けるのがテクニカル分析の考え方です。そこにあるのは予想ではなく、確率です。

Ｖトレーダーを目指すなら、トレードを「予想のゲーム」から「確率のビジネス」に変えていかなければなりません。テクニカル分析はそのためのツールなのです。

どこかの企業が圧倒的な新商品を開発して、それが完成間近だとします。当然、その会社の人間はそのことを知っているはずです。その話が友人知人から間接的に伝わり、さまざまな人たちが同社の株を買い始めます。するとその会社の株は、一般の人にとっては、理由もわからないまま上昇している状態になります。

そういうときにチャートが役に立ちます。何が起こっているかはわからないが、何かが起こっていることはチャートを見ればわかるのです。

海外で大きな出来事が起こったときも同様です。その出来事がわれわれに伝わるまでにはタイムラグがあります。テレビでは半日遅れ、新聞なら１日遅れかもしれません。ところが、それが原油価格に影響を与える出来事だとしたら、原油のチャートは何かが起こった直後から激しい動きを示すでしょう。出来事を知った人はそれを材料として原油のトレードを始めるのですから当然です。チャートトレーダーはそれを見逃しません。

【テクニカル分析の長所】

◎エッジのある状況を教えてくれるので、それをもとに確率に基づいたトレードができる

◎どこで買う、どこで売るというタイミングを教えてくれる

◎トレードルールの中に組み込むことができる

◎われわれが知らない早耳情報をチャートは教えてくれる

【テクニカル分析の欠点】

◎将来を予想するツールではない

◎テクニカル指標の種類が多いため、どれを使ったらいいのか迷う

◎テクニカル分析の正しい使い方を解説している本やサイトが少ないため、日本のトレーダーは正しい使い方を知らない（間違った使い方をしているケースが多い）

# 第9章

## Vトレーダーになるために必要なこと

## 第1節
# Vトレーダーまでのステップ

　目標利益を毎年コンスタントにはじき出すVトレーダーになることは容易ではありません。しかし、その頂点を目指すのと、それすら考えないのとでは結果に大きな差が生まれます。

　一足飛びにVトレーダーになろうというのは現実的ではありませんので、まず負けないトレーダーになる、次に勝てるトレーダーになる、最後に安定したトレーダーになるという順番を踏んでみます。

> 【Vトレーダーへの道】
> 1）負けないトレーダーになる
> 2）勝てるトレーダーになる
> 3）安定して勝てるトレーダーになる

　復習も織り交ぜながら、Vトレーダーへの道筋を解説します。

### 1）まずは負けないトレーダーになる

　負けないトレーダーとは、資金管理・リスク管理がきっちりとできているトレーダーです。投資で成功するための要といってもいいで

しょう。それほど重要なのにきちんと説明されていないのは、多くのトレーダーの関心が"いつ買うか（売るか）"にばかり向いているからです。

　トレードを長く続けると、何を買うか、どのタイミングで買うかの技術は自然と上達します。しかし、資金管理とリスク管理の手法だけは、きちんと学ばない限り、いつまでたっても身につかないままなのです。資金管理とリスク管理の手法をきちんと身につければ、大負けは避けられます。それが"負けないトレーダーになる"ことなのです。

## 2）次に目指すべきは勝てるトレーダー

　勝てるトレーダーになるためには、トレードを"予想のゲーム"としてとらえることから卒業しなければなりません。

　大多数のトレーダーは、相場が上がると予想して買い、下がると予想して売ります。しかし、それはギャンブルです。運の良い人間が勝ち、運の悪い人間が負けるだけの世界です。

　予想のゲームからいち早く脱してください。"トレードは確率のビジネスだ"と理解した瞬間から、ようやく狙い澄まして勝てるようになります。

　自分の中で「トレードを趣味」と位置づけていては永遠に勝つことはできません。趣味というのは、自分はアマチュアだと認めている証拠です。将棋や碁ならハンディをもらえるかもしれませんが、トレードの世界では今日初めて建玉するトレーダーも、巨大な機関投資家も、スクラッチで向かい合います。アマチュアを宣言するのは「私はカモです。どうぞ狙ってください」と言っているのと同じです。

　「専業ではないから……」と考える人もいるでしょう。本業を持っているのは結構です。しかし、その立場でトレードをするなら、「トレー

ドは新しいビジネスを手がけるのと同じ」という認識がなおさら必要です。わずかな時間に集中してトレードすることになるでしょうから、事前の調査・分析は必然です。そして、トレードを「確率のビジネス」として成功させるならば、唯一、大数の法則を活用するほかありません。

　大数の法則は、不確実なトレードの世界で、たったひとつ確実と言える手がかりです。確率的に有利なタイミングでトレードを仕掛け、数をこなせば、当たり外れはあるものの最終的には必ず勝てるはずです。トレードがビジネスに変わるのは、そのときです。

　大数の法則で勝つためには、確率的に有利な局面（エッジがある局面）を見つけ出す必要があり、そのためのツールがテクニカル分析だとわかれば、テクニカル分析の利用価値がよくわかるはずです。

　さて、ここで確認です。次の２つの文章は意味が大きく異なります。その違いを指摘してください。

---

**【テクニカル分析のシグナルの意味】**
①テクニカル分析の買いシグナルはこれから相場が上がるであろう
　局面を、売りシグナルは下がるであろう局面を教えてくれる
②テクニカル分析の買いシグナルは買いにエッジがある局面を、
　売りシグナルは売りにエッジがある局面を教えてくれる

---

　違いがわかりましたか？　相場が上がるだろう、あるいは下がるだろうというのは予想です。それに対して買いまたは売りにエッジがあるというのは確率の話です。

　例えば、「①」の考え方で、これから上がるであろう局面で買ったとします。ところが結果的に価格が下がったとすれば、その買いは失

敗ということになります。

　一方、「②」の考え方で買いにエッジがある局面で買ったとします。同じく、結果的に価格が下がったとします。しかし、それは「想定内」なのです。

　果たして、この両者の違いはどこからくるのでしょう。

　確率では、つねに反対側の動きが起きることを想定しています。仮に相場が上昇する確率が66％のときに買ったとしたら、3回に1回は下がるはずです。ですから、その下げは想定内といえます。そういうこともあるとしっかり認識したうえで、最終的には大数の法則に基づいて勝てると確信しているのです。ゆえに目先の勝ち負けで一喜一憂する必要はありません。

　テクニカル分析の売買シグナルが、上昇トレンドや下降トレンドを教えてくれる便利なツールだと勝手に思い込み、「外れた」「だまされた」と恨み事を言うトレーダーもいます。しかし、エッジの本質を正しく理解すれば、すべてのテクニカル指標は役に立つことがわかるはずです。


### 3）最終目標は安定的に勝てるトレーダー

　トレードは、ただ勝てばいいというものではありません。大切なのは安定して勝つことです。それが「狙い澄まして勝つ」ことであり、そのためにはトレードルールが不可欠なのです。

　私は、35年にわたる研究の結果、「トレードルールを作り、そして、そのトレードルールを磨き上げることが、安定したトレーダーへの唯一の方法論だ」と悟りました。加えて、トレードルールを作ろうとするならば、テクニカル分析しかないことにも気づきました。

　勝率80％でも収益がマイナスの年もあるし、逆に勝率30％でもプラスに収めることができる年もあります。この違いは何かと考え、た

どり着いた答えがトレードエッジ（TE）の計算式です。大切なこと
なので、繰り返します。

> 【トレードエッジ（TE）の計算式】
> TE ＝勝率×平均利益－負け率×平均損失

　TE がプラスなら必ず勝て、マイナスなら必ず負けます。この単純
な図式に気づかないトレーダーは、残念ながらたくさんいます。
　しかし、それに気づいただけでは、まだ本当の意味での勝利者では
ありません。年間利益目標を狙い澄まして実現できて初めて勝利者、
すなわちVトレーダーになれるのです。
　Vトレーダーとは、自分が目指す年間利益額をコンスタントに達成
するトレーダーのことです。われわれの最終目標になります。


## ４）Vトレーダーになるために考えておくべきこと

　安定した利益を狙い澄まして獲るには、以下のことを事前に知って
おくべきです。

**①投資用資金を明確にする**
**②目標利益を設定する**

　さらに、以下の方程式に当てはめて、目標利益を達成しやすいパター
ンを見つけ出す必要があります。

**③狙い澄まして儲けるための勝利の方程式の作り方**

次節以降で、それぞれ詳しく解説していきます。

# 第2節
# 投資用資金を明確にする

　意外にも、多くのトレーダーが、投資用資金を明確にするというルール作りができていません。トレードをスタートした後に、ボーナスが出たからといって投資用資金を増やしたり、車が買いたくなったからといって投資用資金を使ったりするようでは、投資用資金そのものがあいまいになってしまいます。

　ボーナスを投資用資金とすること自体には問題はありません。また投資用資金はトレードで儲かれば増え、損をすれば減りますから、投資用資金の増減自体はよいのです。ポイントは投資用資金がいくらになったのかを明確にする必要があるということです。

　気を配るべきは投資用資金の元金です。例えば、今年100万円の利益が出たとしても、それだけで投資が成功したかどうかはわかりません。200万円の元金に対する100万円の利益と、1億円の元金に対する100万円の利益では意味が違うからです。前者なら大成功ですが、後者を成功とするわけにはいかないでしょう。

　つまり、元金があいまいだと、現在、自分のトレードが順調なのか不調なのかの判断すらできないことになります。われわれの最終目標はVトレーダーになること、すなわち目標利益を"狙い澄まして"獲得することです。しかも、その目標を毎年コンスタントに達成してこそのVトレーダーです。

　何年も連続で勝ち続けていると自慢するトレーダーもいますが、勝

ち負けをプラスかマイナスかで判定するのはナンセンスでしかありません。目標とする利益を達成したか否か。それがその年にトレードで勝ったか負けたかの、唯一の判定基準なのです。

## 第3節

# 目標利益を設定する

　利益の額は、多ければ多いほど、トレーダーを喜ばせます。しかし「多ければ多いほど」という目標利益の設定は不確かです。今年はいくらの利益を上げるためにトレードをしているのか。その目標額が明確でない限りトレードで成功を収めることはできません。

　例えば、投資用資金が1000万円だとしましょう。その1000万円を1年間で200万円増やすトレード戦略と、2倍にするトレード戦略はまったくの別物です。利益を大きく得ようとすればするほど、それに見合うリスクを取らなくてはなりません。

　とはいえ、目標利益の設定は簡単ではありません。トレードの習熟度合いによっても、リスクに対する耐性によっても変わってくるからです。

　小額資本のトレーダーは、リスクを多めに取るというよりも、むしろ取らざるを得なくなります。高額資本のトレーダーは、逆にリスクを抑えめにすべきです。

　目標利益を設定するときに大切なことは、大きな利益の追求よりも、コンスタントな利益獲得を意識することです。

　もちろん、どれほど計画的にトレードしても、予想すらしていなかった大きな利益を手にすることもあれば、目標利益に到達しないこともあります。しかし、安定的な収益獲得こそが、Vトレーダーが目指す着地点であることを常に忘れないでください。

ある年にびっくりするほどの利益を上げることが悪いわけではありません。びっくりするような利益は喜ばしいけれども、翌年、逆にびっくりするような損をしたのでは何にもならないということです。1年間に500万円ずつ、2年間稼いだトレーダーと、1年目に2000万円稼いで、翌年1000万円損したトレーダーでは、トータルの利益こそ同じでも、前者のほうがより幸せであることは間違いありません。

　利益目標を大きくすれば、それだけリスクが高まり、利益目標を下げれば、それだけリスクは抑えることができます。リスクが小さいままリターンだけ大きいという投資法はありません。ノーリスクで安定的な収益が上がる投資法や、FXや株で簡単に10倍になるという宣伝文句はくれぐれも信じてはいけません。

　もちろん、価格変動が大きいときは、結果として投資用資金が2倍、3倍になることはあります。しかし、狙い澄まして2倍、3倍の収益をコンスタントに達成する手法はありません。あると思うことが投資を歪め、怪しい商材に引っかかるもとになるのです。

# 第4節
# 狙い澄まして儲けるための
# 勝利の方程式の作り方

## 1）「期待値」と「年間取引回数」

仮に投資用資金1000万円のトレーダーが、年間を通して300万円の利益を上げたいと考えた場合、どのような思考になるのかをシミュレーションしてみましょう。

1回のトレードは1ユニット単位。すなわち1％のリスクを取る取引量です。このとき、年間にどれくらいのトレードをするか、トレード回数でイメージしてみます。

例えば、複数の銘柄ではなく、1銘柄に絞り、かつスキャルピングやデイトレードといった短期トレードは避け、年間10回くらいとします。この前提でいけば、年間300万円の利益を上げるためには、単純に計算しても、1回当たり30万円の利益が必要になります。

1回当たりの利益とは期待値のことで、トレードエッジを意味します。以下の計算式を用いて、30万円の利益を達成するには、どれくらいの勝率と平均利益が必要かを求めることができます。

> **TE（期待値）＝勝率×平均利益−負け率×平均損失**

仮に勝率を50％とします。平均損失はユニット単位でトレードしてロスカットラインを2Ｎ（2ATR）に設定した場合、投資用資金の2％に相当しますから、今回のケースでは20万円になります。それでは計算してみます。

### TE（期待値）＝ 50％×平均利益− 50％× 20 万円＝ 30 万円

　上記の式は一次方程式ですが、これを解くと平均利益は80万円必要だとわかります。式の解法は以下の通りです。平均利益をx、50％＝ 0.5 と置きなおすと、与式は以下のように変形できます。

$$0.5 \times x - 0.5 \times 20 = 30$$
$$0.5\,x - 10 = 30$$
$$0.5\,x = 40$$
$$x = 80$$

　この結果に基づいて、リスクリワード（RR）比率が4であることも確認します。計算式は「平均利益÷平均損失」でした。

### 80 万円÷ 20 万円＝ 4.0

　しかし勝率50％でRR比率4を上げるのは簡単なことではありません。何しろタートルズでも勝率は35 〜 40％で、RR比率は3程度と言われていたほどです。そこで勝率を変えて現実的な道があるのか否かを検討します。

下の表に示したのが TE30 万円を獲得するトレードのパターンです。この中で達成できそうなパターンはあるでしょうか。RR 比率はそのトレーダーがどのようなトレード手法を用いるのかによって大きく左右されますが、もし表中に可能性のあるパターンが見つけられなければ、当初の利益目標達成は困難という結論に達します。

| 勝 率 | 20% | 30% | 40% | 50% | 60% | 70% | 80% | 90% |
|---|---|---|---|---|---|---|---|---|
| 平均利益(円) | 230万 | 147万 | 115万 | 80万 | 63万 | 52万 | 43万 | 36万 |
| RR 比率 | 11.5 | 7.3 | 4.3 | 4 | 3.2 | 2.6 | 2.1 | 1.8 |

　では、どうすればいいのでしょうか。実はもっと低い勝率でも、もっと低い RR 比率でも、年間目標を達成できる方法がひとつだけあります。それはトレード回数を増やすことです。年間トレード回数を増やせば TE が低くても、年間利益は大きくなるからです。

> **ＴＥ×年間トレード回数＝年間損益**

　単一の銘柄でトレード回数を増やすと、利益チャンスが薄い場面でもトレードを仕掛けがちになります。その結果、必然的に TE の低下が予想されます。そのマイナス効果を克服するためには、トレード銘柄数を増やさなければなりません。

> **年間利益目標＝（勝率×平均利益―負け率×平均損失）×トレード回数**

この年間利益目標を求める公式は、徹底的に頭に入れましょう。

繰り返しになりますが、式中の「勝率×平均利益—負け率×平均損失」部分では TE を計算しています。つまり **TE に年間トレード回数を乗じれば年間損益になる**のです。

## ２）モデルパターンを考える

ここで、自分自身のモデルパターン作りを紹介します。

あるトレーダーが投資用資金 2000 万円、年間利益目標 600 万円の条件のもとでトレードを始めると仮定します。600 万円の年間利益ということは年間 30％のリターンを稼がなくてはなりません。

大多数のトレーダーはより多くの収益を上げようと躍起になっています。しかし、より多くの収益を上げることよりも、コンスタントに収益を上げることのほうが大切です。

上記の目標を達成するためには、次の計算式に合う行動様式が求められます。

$$\text{TE} \times \text{年間トレード回数} \geqq 600\,\text{万円}$$

ここで TE を求める計算式を思い出してください。

$$\text{TE（トレードエッジ）} = \text{勝率} \times \text{平均利益} - \text{負け率} \times \text{平均損失}$$

TE とは「期待値」のことでした。期待値とは、そのトレード手法でトレードしたときに、1 回当たりのトレードで得られるであろう損益の額です。

仮に、期待値が 5 万円と算出できたとしても、毎回 5 万円の利益が得られるわけではありません。しかし、そのトレードを繰り返してい

くと、やがてそのトレード回数に期待値を乗じることで計算される利益が上がっていくことになります。

　マジックのように映るかもしれません。しかし、その期待値マジックが成立するのは「大数の法則」があるからです。期待値が 5 万円のトレード手法で年間 100 回トレードをすると、5 万円の 100 倍、すなわち 500 万円の年間利益が期待できます。トレード回数が多ければ多いほど、この計算は正しいものとなるのです。

　それでは、600 万円の年間利益を上げるためのトレード手法を考えてみましょう。まずはいろいろとモデルを作って、どれが実現可能かを探ることから始めます。

　次ページを見てください。モデル 1 は勝率 60％、平均利益 25 万円、平均損失 30 万円、年間トレード回数 200 回のトレーダーの例です。

　TE に着目すると、平均利益は 60％ × 25 万円で 15 万円、平均損失は 40％ × 30 万円で 12 万円ですから、その差 15 万円 − 12 万円で期待値は 3 万円になります。その期待値で 200 回トレードすると、年間 600 万円の利益が期待できます。

　それがわかれば、次にすることは自分のトレードルールがモデル 1 の計算式に当てはまるように調整することですが、正解はひとつだけではありません。複数のモデルケースを作って、自分のトレードスタイルに近いものを選択するのが現実的といえるでしょう。

　いくつかモデルパターンを示しましたが、まだまだパターンは無限にあります。その中から、自分にとって実現可能なのはどのパターンかを研究するのです。いくつもパターンを作れば、自分のトレードに近いものが見つかるはずです。

【モデル1】

勝率60%、平均利益25万円、平均損失30万円、年間トレード回数200回

**期待値**＝0.6×25万円－0.4×30万円＝15万円－12万円＝3万円

**年間利益**＝3万円×200回＝600万円


【モデル2】

勝率70%、平均利益30万円、平均損失30万円、年間トレード回数50回

**期待値**＝0.7×30万円－0.3×30万円＝21万円－9万円＝12万円

**年間利益**＝12万円×50回＝600万円


【モデル3】

勝率50%、平均利益40万円、平均損失25万円、年間トレード回数80回

**期待値**＝0.5×40万円－0.5×25万円＝20万円－12.5万円＝7.5万円

**年間利益**＝7.5万円×80回＝600万円


【モデル4】

勝率40%、平均利益60万円、平均損失30万円、年間トレード回数100回

**期待値**＝0.4×60万円－0.6×30万円＝24万円－18万円＝6万円

**年間利益**＝6万円×100回＝600万円

## 3) 自分のトレードをモデルパターンに合わせていく

　実際にトレードルールを作り上げていく過程では、試行錯誤が続きます。勝率を上げようとすれば平均利益が下がり、平均損失が増えます。RR 比率を上げようとすれば勝率が下がるのが普通です。

　まずは**期待値が正になるトレード手法を確立すること**が重要なステップです。期待値が正になるトレード手法でなければ、利益を得られることはありません。

　それができ上がったら、期待値と年間目標利益から、その期待値で年間何回トレードをすれば、その目標利益になるかが計算できるはずです。

## 必要トレード回数＝年間目標利益÷期待値

　例えば年間目標利益が 600 万円の場合、自分が確立したトレード手法の期待値が 4 万円なら、そのトレード手法で年間 150 回トレードすれば 600 万円の利益になる計算です。

　ここで注意したいのは、むやみにトレード回数を増やすことによってエッジがないときにもトレードを繰り返した結果、期待値を押し下げてしまうことです。そうした失敗を回避するためには、トレードする銘柄を増やすしかありません。

　別の言い方をすれば、トレード銘柄数を増やすことでトレード回数を増やし、それにより目標利益を達成するのです。ところが投資用資金には限度があるため、資金管理が厳格なタートルズの手法の縛りの中では、銘柄数を増やしたくても増やせないジレンマに陥ります。

　しかし、そうであるなら、そもそも前提としていた目標利益こそが、適正な設定となっていなかったことになります。こうした考え方で試行錯誤していくうちに、自分にとっての適正な目標利益がわかってく

るのです。すなわち目標利益は多ければ多いほどよいという考え方には、根本的な誤りがあるのです。

　もちろんここで紹介した手法を駆使しても、トレードする銘柄の価格変動率は毎年異なるため、安定的に収益を上げるのは簡単なことではありません。しかし、こうしたことを考えながらトレードするのと、何も考えずにトレードするのとでは話が違います。

　適正利益目標についても、多くのトレーダーは何も考えずにトレードしているのが現実です。それどころか、そもそも適正利益目標の見つけ方すら知りません。

　その結果、期待値がマイナスの、最初から勝てないことがわかっているトレード手法で、いつまでもトレードすることになるのです。Vトレーダーを目指すわれわれは、このことを戒めなければいけません。

# 第10章

## Vトレーダーになるために実際にすべきこと

### 1) エントリー記録の項目

　トレード記録をつけているのは、すべてのトレーダーのうち1割程度だという調査結果があります。今はオンライントレードの全盛期ですから、トレード履歴は画面で確認できますし、ワンクリックでＣＳＶのダウンロードも可能です。

　しかし、自分の手でトレード記録をつける手間を惜しんでいては、勝ち組には入れません。コンピューター頼みが感心できない理由は、「プリンターから打ち出される取引履歴にはトレーダーの感情が入っていないところ」にあります。さらに言うなら、情報を簡単に入手できるほど、トレーダーはそのプリントアウトを見て、自分のトレードを振り返ることをしなくなります。だから、トレード記録が必要なのです。トレード記録をつける意味は、記録することそれ自体ではなく、トレードを振り返り、分析することにこそあるのです。

　頻繁に売買を繰り返すデイトレーダーからは、記録作業に時間がかかり過ぎるうえ、データが膨大になるので面倒くさいという意見も、少なからず聞こえてきます。

　しかし、そこは逆に考えるべきでしょう。1日に許容されるべきトレードの量は、トレード記録をきちんとつけられる範囲が限度なのです。トレード記録をつける暇がなくなるほどトレードをしてはいけま

せん。

　トレード記録をつけ、それを分析することによって初めて自分のトレードの欠点がわかり、その欠点を改善することで成長できるのです。では何をトレード記録として残すべきでしょうか。まずは「エントリー（仕掛け）」の項目を列挙します。

【エントリー（仕掛け）時に記録すべき項目】
① 注文日時
② コード（株式のケース）
③ 銘柄名・通貨ペア名
④ 売買（買いエントリーか、売りエントリーか）
⑤ 注文種類（成行・指値・逆指値等）
⑥ 取引数量（何株・何通貨ペア・何枚）
⑦ 注文価格
⑧ 成立日時
⑨ 成立価格
⑩ スリッページ（スリップページ）
⑪ ＡＴＲ
⑫ ユニット換算
⑬ 仕掛けの理由

　より詳細に記録しているトレーダーもいますが、必要がないと思う項目は外してもかまいません。ここで提案しているのはあくまで叩き台です。本来、トレード記録のつけ方は十人十色であるはずです。どのような項目を記録するかは、自分が分析しやすいように工夫します。大事なのは継続です。どれほど詳しいトレード記録をつけても、１カ

月で挫折しては意味がありません。

①〜⑩の項目の内容はそれぞれ明白ですが、混乱を回避するために若干、解説をしておきます。

「⑦注文価格」は、成行注文・指値注文・逆指値注文で若干内容が異なります。成行注文なら、本来は、発注時の価格と成立時の価格は同じになるはずです。しかし注文ボタンを押してから、その注文が業者を経て取引所や為替のカバー先に届くまでの間に価格が変動する可能性は否定できません。このため成行注文では、必ずしも発注価格と成立価格はイコールにはならないのです。したがって注文ボタンを押したときの価格が注文価格、そしていくらで成立したと返ってきたものが成立価格というわけです。

指値注文では、何円以下（以上）で買う（売る）というように、売買価格を指定します。一方、逆指値注文は指値注文とは異なり、何円以上（以下）になったら買う（売る）という条件注文です。

例えば1000円以下なら買うという注文を出したときの価格1000円が注文価格で、それに対して999円で成立したら、それが成立価格となります。

---

【注文価格】
◎成行注文・・・・注文を出したときのその銘柄の価格
◎指値注文・・・・指値をした価格
◎逆指値注文・・・逆指値をした価格

---

「⑩スリッページ（スリップページ）」は発注価格と成立価格の差です。価格がすべった結果、必ずしもトレーダーにとって不利になるとは限りません。例えば、指値注文で1000円以下なら買うという指定

をしたときに、996円で約定したら指値の価格より4円も有利な価格で成立したことになります。スリッページは、有利な方向に動いた場合は＋で、不利な方向に動いた場合は－で記録します。

「⑪ATR」の計算方法は第2章で紹介した通りです。もし計算が苦手なら、取引業者の中にはATRを計算するチャートシステムを備えている場合があるので、そちらを参考にしてください。

「⑫ユニット換算」については、本書では第2章でユニット単位のトレードを勧めています。もしユニット単位で取引をしていないとしても、ATRをもとに1ユニットの取引量を計算すれば、そこから取引量をユニットに換算できるはずです。その場合は小数点以下2桁くらいまで計算しておくといいでしょう。

「⑬仕掛けの理由」はとても大事な項目です。すでにトレードルールを持っているトレーダーは「トレードルールNo.3の理由で買いエントリー」などと簡単に記載ができます。もし、トレードルールができていない場合には、「日経新聞の○○の記事を見て」など自由に書きましょう。それがいい加減なトレードの戒めになります。

いい加減なトレードとは、言い換えれば、そのときのフィーリングによるトレードを指します。無計画なトレードは、結果として大きな損をもたらします。そのときどきでブレてしまうトレードを避けるためにも、仕掛けの理由はつけるべきです。

また、仕掛けの理由をつけると、「テレビのニュースを見て」とか「雑誌の特集を読んで」という理由がいかに当てにならないかもわかってくるでしょう。どういう情報が役に立つのかを知るうえでも、記録することは重要です。

## ２）手仕舞い記録の項目

次に手仕舞いの記録のつけ方を説明します。

【手仕舞い】
①注文日時
②売買（買いエントリーの売り決済か、売り
　　エントリーの買い決済か）
③注文（成行・指値・逆指値等）
④数量
⑤注文価格
⑥成立日時
⑦成立価格
⑧スリッページ
⑨値幅（利益幅、損切り幅）
⑩損益
⑪スワップ等
⑫ 手数料（往復）
⑬差引損益
⑭ Ｎ換算
⑮ 手仕舞い理由

ポイントだけを解説します。

「④数量」は、必ずしもエントリーの量と同じではありません。例えば6000株買って、3000株ずつ決済する場合もあるでしょうし、一度に出した注文が、複数の価格で約定するケースも珍しくありません。

その場合は何行かに分けて記録します。

「⑤注文価格」はエントリーの記録と同じ考え方です。成行注文は発注価格を、指値・逆指値注文は指定した価格を書きます。スリッページも考え方は同じです。

「⑨値幅」「⑩損益」「⑪スワップ等」「⑫手数料（往復）」「⑬差引損益」の5項目は、全体でひとつの損益計算です。ＦＸ取引なら、仮に50pips の利益を上げたら⑨に、それを円貨に直すといくらかを⑩に記録します。さらにスワップは⑪、手数料がかかる場合は⑫、それらを差し引いた差引損益が⑬です。

「⑭Ｎ換算」はタートルズに固有の考え方で、第6章で説明しています。　そして最後に「⑮手仕舞い理由」を記します。理由のない手仕舞いも、実は二流のトレーダーによくあるパターンです。

## 第2節
# トレードルールを作るための
# ワークシート

　ノービストレーダーは、トレードルール作りを難しいものと考える傾向にあります。しかし、大切なのは、難しく考えずに、とりあえず作ってみることです。

　本書を通してここまで学んできたトレーダーなら、すでに基礎を理解しているはずですから、決して難しくはありません。とはいえ、最初から完成形を作るのは無理ですから、まずは試作を作ります。それから、次第にブラッシュアップしていきます。

　叩き台として小次郎講師流のトレードルール作成シートを用意しました。まずは空欄に自分のトレードルールを入れて、最初の手がかりとしましょう。


### 1）基本ルールの作成

　次ページ以降のトレードルール作成シートはタートルズルールと、それを改良した小次郎講師流のルールです。参考にしていただきたいところですが、細部は自分の納得がいくように作り変える必要があります。トレードルールはあくまでもトレーダー固有のもので、他のトレーダーが作ったルールのままではうまく機能しません。特に作成シートの例の部分はトレードルール作りの参考に書いているだけですので、これが成功するトレードルールの見本だと考えないでください。

①取引する銘柄・取引する足の条件

【例】
●流動性がある、ボラティリティがある、買いと売りができる、取引に規制が入らない
●損益通算できる市場＆銘柄
●窓を空けにくい、長いヒゲをつけない、乱高下しない、トレンドがわかりやすく長続きしやすい

【My ルール】

トレードするマーケットはできるだけ多いほうが望ましいでしょう。ただし上記の条件に合うものでなければなりません。株式しかしない、為替しかしない、コモディティしかしないというのは、自分でチャンスを狭めていることになります。

<table>
<tr><td>② 投資用資金と年間利益目標</td></tr>
</table>

| |
|---|
| **【例】**<br>●なくなっても生活に影響が出ない資金。その中で投資に使おうと決めた金額<br>●収益は年間○％ |
| **【My ルール】** |

　利益目標は通常、10％から30％くらいが適当です。40％を超えるあたりからリスクが高くなり、100％を超えたら現実性がなくなります。

　ただし、小額資本のトレーダーはこの限りではありません。投資用資金が10万円のトレーダーは、年間100％以上の利益を上げようと思うはずです。小額資本のトレーダーはそれなりにリスクを取らざるをえません。

③１回当たりの取引量

【例】
● ATR から逆算した１ユニット単位
　※１ユニットは１日当たり１％のリスクを取る取引量

【My ルール】

　タートルズのトレードルールの中でも、ユニットという資金管理の
考え方はもっとも素晴らしいものです。ぜひとも利用してほしいとこ
ろです。

④ 最大取引量

---

【例】
●同一銘柄では最大 4 ユニットまで
●相関関係が高くならないことを意識したうえでの、3 銘柄で
　最大 12 ユニットまで

---

【My ルール】

　最大取引量はトレードの熟練度で変わります。熟練すればするほど、取引量を増やすことが可能です。例に挙げたのはあくまで参考に過ぎません。逆に、ノービストレーダーはあまり増やしてはいけない部分です。

⑤エントリールール

【例】
●移動平均線大循環分析＆大循環分析ＭＡＣＤのシグナル
　※早仕掛け、試し玉あり

【My ルール】

　移動平均線大循環分析、大循環分析 MACD のシグナルに関しては、第2部を参照してください。エントリールールはトレーダーがそれぞれに勉強し、工夫するべき部分です。

| |
|---|
| ⑥損切りルール |
| 【例】<br>● ATR の２倍〜３倍の逆方向で逆指値注文を出しておく |
| 【My ルール】 |

　タートルズは ATR の２倍を損切りの基本ラインとしています。しかし、２倍では小さいというトレーダーがいるのも事実です。ただし、２倍未満ではロスカットラインとしては小さ過ぎるケースが多いと考えます。例えば、銘柄やマーケットによっては３倍が適切と主張するトレーダーもいます。ここは、トレーダーの個性が発揮される部分です。

### ⑦トレイリングストップルール

**【例】**

- 価格が2分の1N上昇するたびに、ロスカットラインを2分の1Nだけ引き上げる
- ユニットの追加分も含めて、ロスカットラインが平均買値を上回る値位置まで上記を繰り返す
- それ以降は価格が1N上昇するたびにロスカットラインを2分の1Nだけ引き上げる

**【My ルール】**

トレイリングストップはお勧めですが、どのようなトレイリングストップにするかはトレーダーごとに工夫が必要です。単純なトレイリングストップ、例えば、価格が50円上昇したら、ロスカットラインを同額だけ引き上げるという手法をずっと続けることでは有効性が低くなるので注意しましょう。

⑧利益確定ルール

【例】

・前日の中期移動平均線の価格で逆指値注文

　※価格がその値を下回ったら決済

【My ルール】

　例に挙げたのは移動平均線大循環分析の上級編の手仕舞いルールです。利益確定のルールも自分がどのエントリールールを使うかで大きく違ってきます。

⑨ ポジションの追加ルール

【例】
・価格が２分の１Ｎ上昇するたびに１ユニット追加
・最大４ユニットまで（つまり追加は３回まで）

【My ルール】

　ポジションの追加には、現在の建玉に対して価格がどれだけ有利な方向に変動したら追加するか、またどういう条件で追加するかなどいろいろな戦略があります。上記の例は説明用にルールを極端に単純化していますから、独自の工夫が求められます。

## 2）その他のルール

　トレードを繰り返せば繰り返すほど、いろいろな発見に出合い、それがその都度トレードルールの改善へとつながります。その他のルールには、次のようなものがあります。

**【その他のルール例】**
・トレード時間の決定
・利益金を投資用資金に振り替えるか否か
・月間に一定額以上の損失を出したらトレードをやめるか否か
・月間に一定額以上の収益が上がったらトレードをやめるか否か
・仕事の繁忙、健康上の不安、精神の不安定なとき、トレードをやめるか否か

## 3）「トレードルールの変更」を可能にするルール

　最後に"トレードルールの変更を可能にするルール"があります。ルールに則ってトレードをしていると、最初はいろいろな発見があり、その都度、トレードルールを変更したくなるものです。それ自体は仕方のないことですが、トレードルールをどんどん変えていると、そのトレードルールが有効なのか有効でないのかがわからなくなってしまいます。

　基本的には、最低でも半年間は同じルールでトレードすることをお勧めします。

　もちろん、例外はあります。例えば、ルールの穴を発見したり、より素晴らしいルールを思いついたりした場合には、半年を待たずにトレードルールを変更することはあり得ます。

　そのときに重要なのは、現在トレード中のポジションをすべて手仕

舞いしてからトレードルールを変更しなければならないということです。人間は誰しも、トレードしている瞬間は正しい判断力を低下させてしまいます。どれほど優秀でも、どれほどトレード経験を積んでも欲や恐怖心を捨てきれないからです。ですから、いったんすべてのポジションを手仕舞いして、何もトレードしていない状態で、改めてトレードルールの変更を検討してほしいと思います。

## 第3節
# 検証の仕方について

### 1）検証の注意ポイント

　トレード記録は基本的に毎月1回のペースで検証します。しかし、トレードルール次第では、月々のトレード回数が少なくなる場合もあるはずです。

　検証すべき資料が少なければ、正確な検証結果を得ることはできません。そうしたケースでは、重要な検証は、半年に1回の割合で実施します。そしてその半年に1回の検証結果をもとにトレードルールを見直し、バージョンアップします。つまりトレード記録の検証は、トレードルールを正しくバージョンアップするために必要な作業なのです。

　なお、検証の時点で未決済のポジションがある場合は、そのときの価格ですべて手仕舞いしたと仮定してトレード記録をつけ、検証します。トレードルール次第では利益確定が早く、損切りが遅くなるケースがあります。利益だけを先取りし、損失を先延ばしにして検証すると、ある時期は突出して良い成績になることがあるからです。そういう誤認は避けなくてはなりません。

## ２）検証に必要なデータ

検証に必要な最小限のデータは次の通りです。

【検証に必要なデータ】
① 投資用資金・・・・・Ａ　　　差引損益額・・・Ｈ
② トレード期間・・・・Ｂ　　　年間利益目標・・・Ｘ
③ トレード回数・・・・・Ｃ
④ 勝ちトレード回数・・・Ｄ
⑤ 負けトレード回数・・・Ｅ
⑥ トータル勝ち金額・・・Ｆ
⑦ トータル負け金額・・・Ｇ

便宜上、それぞれの項目にアルファベットを振り分けていますが、これは計算をわかりやすくするためです。

トータル勝ち金額（Ｆ）は、期間中の全トレードから勝ちトレードだけをピックアップして、その金額を合計したもの。トータル負け金額（Ｇ）はその逆です。

このとき注意したいのは、トレード回数（Ｃ）の考え方です。例えば１万株を買い建てて 5000 株ずつ２回に分けて決済した場合を２回のトレードとカウントすると、勝率や RR 比率の算出時に、正しい数値をとらえにくくなります。

こうしたケースで役立つのが、タートルズ流の１ユニット単位のトレードです。エントリーも手仕舞いも１ユニット単位で行えば、その１ユニットを１回のトレードだと明確に定義できます。

例えば、1ユニットのエントリー後にポジションの追加を重ねて4ユニットまで増えたとします。その4ユニットをある価格で一斉に手仕舞いしたら、4ユニットの決済ですから、トレード回数は4回となり、検証も簡単にできます。

　1万株の1回のトレードでの負け、5000株ずつ2回のトレードでの勝ちを、2勝1敗と考えるべきかどうか疑問に持っていたトレーダーもいるはずです。しかし、ユニットで考えれば、その疑問も解決します。

　そもそもユニットという考え方はトレードルール作りの中から生まれたものです。トレードルール作りに検証は必須の作業ですから、ユニットをベースにすべてを進めるのは自然な流れといえるでしょう。

### 3）分析項目

　検証に必要なデータ①〜⑦を踏まえ、分析すべき項目を説明します。

$$⑧ \ 差引損益・・・H＝F－G$$

　差引損益は実際の益金または損金であり、もっとも重要な数字です。差引損益がプラスにならなくては、そもそも意味がありません。

$$⑨ \ 平均利益・・・I＝F÷D$$
$$⑩ \ 平均損失・・・J＝G÷E$$

平均利益はトータル勝ち金額（F）を勝ちトレード回数（D）で割って求めます。これで勝ちトレードの 1 回当たり金額（平均利益）がわかります。平均損失はその逆です。記録の際には、平均損失が 30 万円なら「- 30 万円」ではなく、「30 万円」と絶対値で書きます。後に説明する RR 比率の計算に影響するためです。

⑪リスクリワード（RR）比率・・・K＝I÷J

　RR 比率が「損小利大」を実現するために重要な数字であることは、すでに勉強しました。RR 比率が 1 より大きければ大きいほど損小利大に、逆に 1 より小さければ小さいほど損大利小となります。勝率を優先するトレーダーの場合、RR 比率が小さくなります。

⑫勝率・・・・L＝D÷C
⑬負け率・・・M＝1－L

　勝率は、勝ちトレード回数（D）を全トレード回数（C）で割ったものです。日本人トレーダーには、勝率にこだわるものの、RR 比率への配慮は不足している傾向が見られます。

　最終的な勝ち負けを見ると、勝率 90％なのに損失となることも、逆に勝率 10％で利益になることもあります。そうした事実を前提にトレードで勝つとは、いったいどういう状態なのかを突き詰めて考えると、結局は、勝率と RR 比率の関係で決まることがわかります。ある勝率に対して RR 比率が一定以上なら勝ち、それ未満なら負けです。

これをまとめたのが下表です。

| 勝率 | 10% | 20% | 30% | 40% | 50% | 60% | 70% | 80% | 90% | 100% |
|---|---|---|---|---|---|---|---|---|---|---|
| PR比率 | 9.0 | 4.0 | 2.3 | 1.5 | 1 | 0.7 | 0.4 | 0.3 | 0.1 | − |

　勝率が20％でも RR 比率が4.0以上だったら勝ち組、勝率が70％でも RR 比率が0.4未満だったら負け組になります。なお⑬の"負け率"という言葉は本書で用いた造語です。勝率という言葉に対して「敗率」では、言葉のイメージがわきにくいので「負け率」としました。

> ⑭トレードエッジ（TE）・・・N＝L×I−M×J

　これがトレードルール作りで一番大事な公式です。

　TE を求めるこの計算式を「勝率×平均利益＋負け率×平均損失」と書いている説明文を目にすることがあります。これは、例えば30万円の平均損失を「−30万円」と記述した場合の式です。本書では先述の通り「30万円」と絶対値表記を採用しているため⑭の式になります。

> ⑮期待できる年間損益・・・O＝N×C
> ※Cは年間トレード回数

　TE の計算で求めた数値Nに年間トレード回数（C）をかけると、

1年間の損益が計算できます。仮に、この検証を半年に一度やるとすれば、Cのトレード回数は半年分ですから、1年間のトレード回数はCの2倍とします。毎月検証すればCの数値は1カ月のトレード回数となるはずですから、12倍して1年間の数字に調整します。

$$⑯Vトレーダー率・・・P＝O÷X$$

Vトレーダー率が1以上なら、そのままVトレーダーです。1より小さければトレードルールに改善の余地ありです。

ただし、この数値Pは目標利益をいくらに設定するかで影響を受けます。どれほど工夫しても1を超えないときや、逆に簡単に1を超えてしまうときは、目標利益設定の誤りが疑われます。その意味では、設定の仕方も重要になるわけです。

# 第4節
# 「投資をする理由」を考える

## 1）なぜ投資をするのか？

本書は、「Ｖトレーダーとなるために、どのようにトレードルールを作り、どのように"狙い澄まして"トレード収益を獲得するかを理解してもらうこと」をテーマにしています。Ｖトレーダーになれば、必然的に資産は増大します。

本書がＶトレーダーになるための手段として解説しているトレードは、ＦＸ取引や株式取引、先物取引などであり、それらはより大きなくくりの"投資"の一部です。

ここで立ち止まって考えてほしいのは、皆さんはなぜ投資をするのかという根本的な問いかけについてです。

資産を増やすためでしょうか。

きっと多くの人は、言下にそう答えることでしょう。では、お金を増やす目的は何でしょうか？

お金はあればあるほど安心だから——でしょうか。老後の不安、病気になる不安、世の中には不安がいっぱいあるからお金がいるのでしょうか。

不安の種はまだまだあります。事故に遭う不安、災害に遭う不安、人にだまされたり、自分の不注意で他人から損害賠償を求められたりする不安。

不安をお金で解消しようとしても、結局のところ、安心はできません。いくらお金があっても、もっともっととお金を追い求めることになります。しかし、それはお金に支配されている状態です。お金に支配された人生ほど、つまらないものはないというのが私の感想です。

　お金は人間が作った便利な道具のひとつに過ぎません。ところが、いつの間にか人間はその便利な道具に支配され、奴隷になってしまっているのです。お金があればあるほどよいというのは一見真理のように聞こえます。しかし、実は、お金がいくらあっても心は休まりません。お金を追い求めれば追い求めるほど、安心は逃げていくのです。

　投資の話を突き詰めていくうえで、一度、この点をじっくり考える必要があります。投資は何のためにするのか。そこをしっかりと理解していなければ、投資での成功につながらないからです。

　私が考えるところの投資をする理由、あるいは投資の目的と言い換えてもよいでしょうが、それは2つあります。「幸せになること」と「豊かになること」です。

　哲学的に聞こえるかもしれませんが、そうではありません。この目的意識をしっかりと持った人間だけが投資で成功する。それが経験から得た帰結なのです。投資で大金を手にした結果、家庭を崩壊に至らしめたという話は珍しくありません。投資で大金を稼ぐ=投資で成功、ではないと気づいてほしいのです。

## 2）投資を通じて幸せになるとは？

　幸せになるとはどういうことでしょうか。その答えは、ライフワークを見つけること、そしてその実現に向けて突き進むことだと考えています。

ライフワークと聞くと、病気の特効薬を開発するとか、開発途上国に学校を建てるとか、スケールの大きい事業を想像する人もいるでしょうが、そんな大げさなものでなくてかまいません。健康で明るい家庭を作るのも立派なライフワークですし、誰にも迷惑をかけないように老後の生活設計を立てるのもライフワークです。

ライフワークは天から与えられたその人の使命、いわゆる天命ということになりますが、すべての人が世界平和や人類の発展に貢献できるわけではありません。何百万人を幸せにする人がいる傍らで、配偶者や子どもを幸せにする人もいます。そのすべてがライフワークです。

わかりやすく通常の仕事とライフワークを比較してみましょう。

【通常の仕事】
◎お金を稼ぐためのもの
◎自分のためだけのもの

【ライフワーク】
◎やりがい、生きがいを感じるためのもの
◎自分ひとりではなく、他人にも喜びを与えるもの
　※ライフワークの中にはお金につながらないものもある

芸術活動は、ライフワークのひとつの例です。世界的な音楽家にならなくても、楽器や歌が上手なら他人を幸せにできます。そういったことを、人生を通じて究めていくことは素敵なライフワークです。ただし、そうした活動の中には、お金に結びつかないこともたくさんあります。

お金につながる仕事は確かに大事です。しかし、お金につながらな

い仕事の中にも重要なことはあふれています。"その重要なことを成し遂げる"ために、お金が必要なのです。

この事実に気づいたとき、それまで目的としてきたお金は、ライフワークを達成するための手段に変貌します。お金を稼ぐことだけが目的の人生は味気なさ過ぎるという考え方はどうでしょう。お金の役割をひとことで言うと、目的地にたどり着くための"燃料"だと思えるのです。

燃料がなければ、飛行機も飛ばないし車も動きません。しかし燃料だけあっても、行き先が決まっていないとしたら……。それは不幸の始まりです。家の倉庫に、使う当てのないガソリンが山ほどあると想像してみてください。あればあるほど火事や事故の危険性が高まるだけです。

ですから、投資をする前に考えなければいけません。何をしたいのか、そのためにいくらのお金が必要なのかを……。

ここで始まりに立ち返って、もう一度、お金は多ければ多いほどよいという考え方に思いを馳せてみましょう。使い道が決まってないお金を投資で稼いでも、贅沢をし、必要のない自動車や別荘にお金をかけ、高級クラブに通いつめ、最後はギャンブル三昧だとしたら、それは成功者の姿ではありません。投資で成功するとは幸せになることだとの認識があれば、そのような勘違いは生じないはずです。


### 3）投資を通じて豊かになるとは？

2つ目の目的は「豊かになること」です。しかし、ここで言う豊かさは、お金がいっぱいある状態ではありません。豊かさとは、お金ではなく、心が満たされている状態です。残念ながら、お金がいくらあっても心は満たされません。

心を満たすためには「余裕」と「ゆとり」が必要です。その余裕と

ゆとりを実現するためのひとつの要素が「お金」です。勘違いしては
いけないのは、お金はあくまでも「ひとつの要素」であって、それが
すべてではないことです。本来的に豊かさにつながる余裕とは、心の
余裕なのです。

【余裕・ゆとりとは？】
◎何かをしたいと思ったときに、それに必要な燃料（お金）があ
　ること

【心の余裕とは？】
◎燃料の余裕が気持ちの余裕に通じ、身体のゆとりに通じる
◎結果として健康で明るく楽しくやりがいのある毎日が過ごせ
　る。それが余裕であり、ゆとりにつながる

　お金は燃料です。しかし、お金があっても心を病んでいる人はたく
さんいます。ここでのポイントはお金を生かせるかどうか、有効に使
えるかどうかです。

【幸せになるためには？】
◎お金は人を幸せにしない。いくらお金があっても幸せにはなれ
　ない
◎お金の使い方（生かし方）が人の幸せと不幸せを分ける

　お金は、とても大切です。どれほど崇高な理想を持っていても、お

金がなければその理想を実現できないことはよくあります。しかしその反面、お金は理想をかなえるために必要なだけあればよいのです。ここが大事です。必要なだけのお金を持つことが「余裕」であり、それ以上のお金は、逆に不幸を招く危険な状態をもたらしかねないと知らなければならないのです。

　分不相応なお金を持つことは誰にとっても不幸の始まりです。もし大金を手にして、それでも幸せになりたいなら、そのお金に相応しい器量を身につける努力をしなければなりません。人間には器があります。器以上のお金を一時的に稼いだとしても、それはすぐにこぼれて落ちてしまいます。


## ４）いくらのお金が必要なのか？

　最後に２つの質問をします。皆さんの答えを心に描いてみましょう。

**【質問１】**
・お金を使って何をしたいのか？
※あなたのライフワークは何か？

**【質問２】**
・そのためにいくらのお金が必要か？
※投資でいくら稼ぎたいか？


　この２つの質問に明確な答えを持って「そのために投資をするんだ！」という強い決意がなければ、本当の意味での投資の成功はありません。お金を稼ぐことが目的ではないからです。

　そして、もし自分の必要以上に大きなお金を稼ぐことができたら社会貢献に役立てましょう。崇高な理想を持ちながらも資金不足に陥っ

ている団体はたくさんあります。そうした社会への還元もお金を生か
すことです。必要のない燃料を倉庫に積み上げておいてはいけません。

# 第2部

# 移動平均線大循環分析と大循環MACD

第 11 章と第 12 章では、
小次郎講師のエントリールールを紹介しています。
移動平均線を 3 本表示し、
その関係性から有利な局面を探し出して
エントリーする方法と、
MACD を使って有利な局面を
先取りする方法です。
極論、エントリールールについては、
自分の好きなものを使えば良いのですが、
今、有効なエントリールールを探しているのならば、
ここで紹介している方法を
取り入れてみてください

# 第11章

## 移動平均線大循環分析

# 第1節
## エントリールールを考える

　これまで、タートルズのやり方をもとに、トレードルール作りを学んできました。表にすると以下のようになります。

| | |
|---|---|
| 1回当たりのポジション量 | 1ユニット |
| エントリールール | 自分に適したルールを採用 |
| ロスカットルール | 2N |
| 増し玉ルール | 0.5N |

　このうち、エントリールールについては、「タートルズのルールにこだわらなくてもよい」という話を158ページで紹介しました。さらに、私は移動平均線とMACDを軸にエントリーを考えているという

話もしました。

　この第2部では、私のエントリールール（大きなトレンドを狙うやり方&小さなトレンドをあえて狙うやり方）について、詳しく解説していきます。

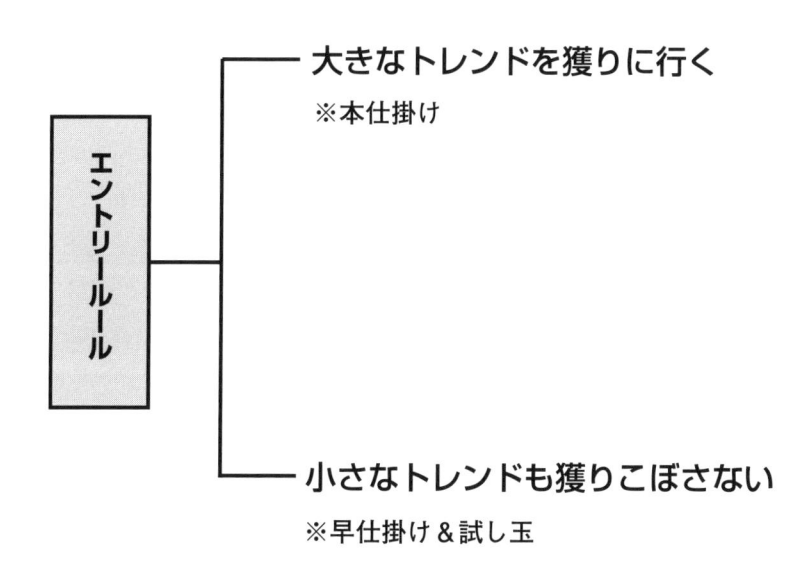

エントリールール

大きなトレンドを獲りに行く

※本仕掛け

小さなトレンドも獲りこぼさない

※早仕掛け＆試し玉

# 移動平均線の基礎について

## 1）小次郎講師流テクニカル分析マスターの5箇条！

　テクニカル分析には押さえておかなければならない5箇条があります。

① 計算式を覚える
② 計算式の意味を理解する
③ 計算式をもとにそのテクニカル指標がどこを見ているのかを知る
④ 売買サイン（買いなのか、売りなのか）を学ぶ
⑤ 売買サインの理屈を知る

　これらはすべていつ売買するのがチャンスかを学ぶためのものですが、ノービストレーダーの大多数、もっと言えば、ほぼ全員が「売買サインだけを学びたい」と口を揃えます。しかし、それだけでは正しいテクニカル分析はできません。

　例えば、第4章で紹介したように、"ゴールデンクロス"が「なぜ買いのタイミングを教えてくれるのか」など、テクニカル指標の理屈を理解しない限り、テクニカル分析は正しく使えるようにならないと心得てください。

　もうひとつ大事なことがあります。それはテクニカル分析には「ダ

マシ」がつきものだということです。ダマシとは、買いサインが出た後に価格が下がってしまうこと、逆に売りサインが出た後に価格が上がってしまうことを言います。

　なぜでしょう。

　テクニカル分析は確率に支配されています。あるトレーダーがどれほど研究に研究を重ねても現実的に達成できる勝率は60％、せいぜい70％です。ということは、今がチャンスと考えて仕掛けてみても、逆方向にいくことは間々あるのです。

　しかし、相場を外すたびにショックを受けていては心が休まりません。そういうときに計算式を理解したうえでテクニカル分析をしていれば、どういうときにダマシが多く発生しやすいか、逆に発生しにくいかがわかるようになります。

　さらには、ダマシが多く出る状況と、ダマシが少ない状況を見抜くこともできるようになります。そうなれば、"リスクを取るべき価値がない局面でポジションを持つ機会"を減らすことができるはずです。

　ダマシに惑わされないようになれば、テクニカル分析がより楽しくなります。そのためにも根本の5箇条をしっかりと理解しなければならないのです。


## 2）移動平均線について

　テクニカル分析には一目均衡表やボリンジャーバンドなど、たくさんの種類があります。そして、それらはとても複雑で、難しそうに聞こえます。

　多くのノービストレーダーは、トップトレーダーはそういう難しいテクニカル指標を駆使してトレードをこなしていると考えるかもしれません。

一方で、移動平均線は次のように評されています。

> 「テクニカル分析は移動平均線に始まり移動平均線に終わる」
> 「移動平均線を制するものがテクニカル分析を制する」

　移動平均線はとてもシンプルで、それ自体、学ぶにあたって決して難しいものではありません。それほどシンプルであるにもかかわらず、移動平均線だけで莫大な利益を得ているトップトレーダーは世の中にたくさんいることを知っておいてください。

　証券、FX、商品先物会社を問わず、ネット取引口座を開設すれば、チャートソフトは簡単に入手できます。もちろん、自分で先進的なソフトを入手するトレーダーもいるはずです。どのようなソフトであれ、スクリーンにローソク足を表示すれば、ほぼ自動的に移動平均線も2本は描画できることでしょう。

　移動平均線はそれほどスタンダードになっていますが、移動平均線が意味するもの、そして移動平均線の正しい使い方は意外なほど知られていません。

　移動平均線はトレンド系の代表的なテクニカル指標です。トレンド系のテクニカル指標には、トレンドの有無を判定し、その状況を示す機能があります。移動平均線は、過去一定期間の終値の平均値を計算し、そこで求めた値を線で結ぶことによって描画します。

　アメリカ人のアナリスト、ジョゼフ・E・グランビル氏が1960年に『グランビルの法則』という本の中で効果的な利用方法を紹介したことによって、移動平均線は一躍有名になりました。移動平均線そのものはそれ以前から存在していましたが、今ほどトレードの世界で受け入れられたのも、ゴールデンクロスやデッドクロスという言葉が広く知ら

れるようになったのも、スタートはすべて『グランビルの法則』まで遡ります。しかし、その歴史を知れば、相場においては比較的新しいテクニカル指標であるともいえるでしょう。

　移動平均線はふつう「○日移動平均線」という呼び方をします。「○日」の部分が「過去○日間の終値の平均値」であることを示しており、その日数（変数）をパラメーターと呼びます。

　計算式は単純です。10日移動平均線なら、過去10日間の終値を足し算して、それを10で割って求めます。それを1日ごとに更新して、それぞれの値を線で結ぶのです。もっともこの説明は極めて単純化したものである点を覚えておいてください。

　よく聞かれるのは「何日移動平均線を使うのが正しいか」という質問です。

　これはなかなか一概にはいえません。よく使う日数ということなら以下の通りです。

5日、20日、25日、50日、75日、100日、150日、200日

　日数の違いは、どの期間のトレンドを見るかの違いです。

　もちろん、移動平均線を1本だけ使ってある期間のトレンドを見たいというニーズもあるはずです。そういう場合でも、1週間のトレンドを見るのと1カ月、1年のトレンドを見るのとでは異なります。なお、週足チャートでは13週、26週、52週などがよく使われます。

### 3）移動平均線は何のためにあるのか

　移動平均線の目的は2つあります。

　**ひとつは価格の推移を滑らかにしてトレンドをわかりやすくすること**です。

下のチャートではローソク足に重ねて2本の移動平均線を表示しています。1本は40日移動平均線、もう1本は200日移動平均線です。

　ローソク足自体の値動きを見ただけでは、価格が上がったり下がったりとギザギザになっているため、トレンドがいったいどちらの方向に向いているのか判別ができません。

　そこで40日移動平均線に目を向けてみます。すると、まず上昇のカーブを描き、次に下降していることがわかります。ここで、長期のパラメーターである200日移動平均線に着目すると、緩やかではあるものの、右肩上がり、つまり上昇していることが読み取れます。

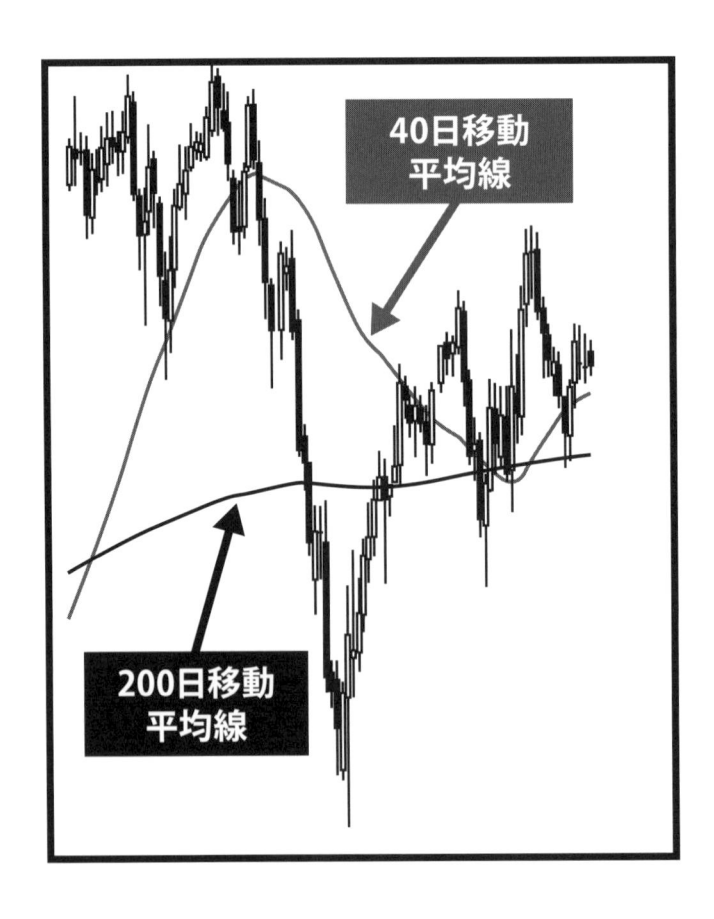

移動平均線のもうひとつの目的は、現在の価格を過去の平均買い値（売り値）と比較することです。そうすることにより、**今よりも以前に買って（売って）いるトレーダーがどれだけ儲かって（損して）いるのかがわかります。**

　20日移動平均線が示しているのは、過去20日間に買ったトレーダーの平均買い値と、過去20日間に売ったトレーダーの平均売り値です。

　さて、ここで移動平均線の「移動」が何を意味しているのかを考えます。

　まず、「移動」を考える前に、「平均」部分に着目します。平均線なら実際に世の中で広く使われています。

　もし「20日間の平均価格を求めよ」ということであれば、過去の20日間の価格を足して20で割れば答えが出てきます。そして、その価格は本来、20日間の中央にあたる10日目と11日目の間の価格を代表していると考えられます。つまり「今」の価格と比較すれば「過去」の価格なのです。

　その平均価格を現在の時間軸に「移動」させて描くのが移動平均線です。現在の位置まで移動させる理由は、「現在の価格」と「過去20日間の平均値」の比較を容易にするところにあります。移動させることで、過去の20日間で買ったトレーダーが、現在、どれだけ儲かっているのか、あるいは損しているのかが、すぐにわかります。これはゴールデンクロスやデッドクロスにも勝るとも劣らない重要な情報です。

　次ページのチャートを見てください。丸で囲んだ「①」は現在の移動平均値、また「②」は現在の価格です。両者を比較すると、現在の価格のほうが上位に位置しています。ということは過去20日間に買ったトレーダーは平均的に儲かっていることがわかります。

　チャートを過去に遡ると、ローソク足と移動平均線が絡まっているように見えるところ（四角で囲んだところ）があります。その期間は、

その時点から過去20日間に買っていたトレーダーの儲けがプラスマイナスゼロになっているところです。この過去から現在に向かっての動きを参考にして買い方のトレーダーの気持ちを考察すると、「儲かるのか損するのかわからないドキドキの時期を経て、ここ最近は急に喜びを感じているのではないか」ということがわかるはずです。

このように、移動平均線はトレーダーの精神状態まで読み取ることのできる便利なツールなのです。

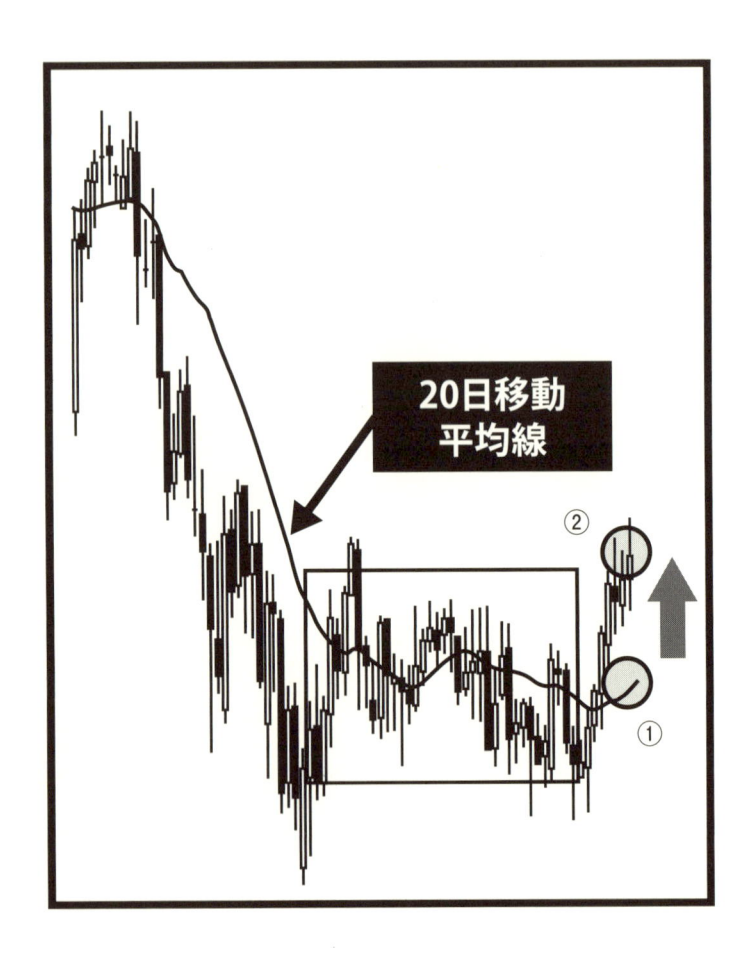

## 1） 3本の移動平均線の並び順・傾き・間隔に注目する

　下のチャートでは、移動平均線を3本表示しています。3本の移動平均線とは、「短期線」「中期線」「長期線」です。それぞれの日数（パラメーター）はトレーダーによって異なりますが、「5日」「20日」「40日」をひとつの目安とします（以下のチャート『移動平均線の3本使い［チムニー（株）日足］』参照）。

◆移動平均線の3本使い［チムニー（株）日足］

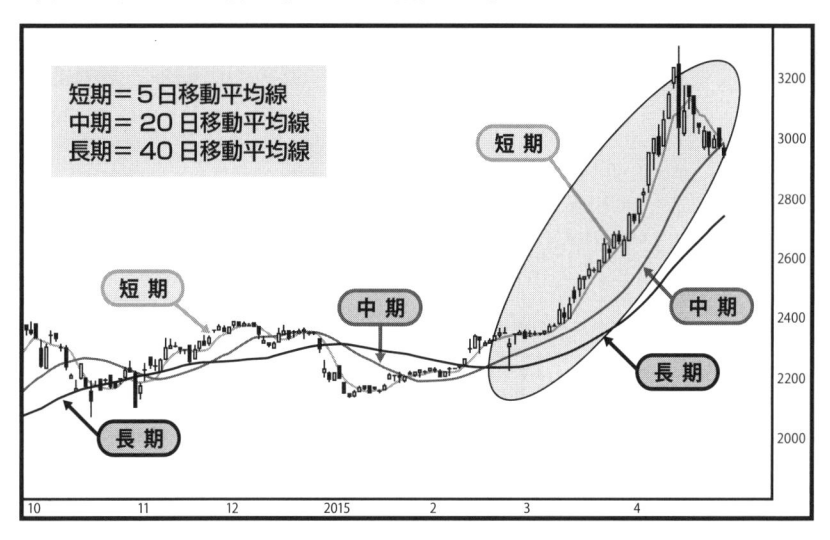

なぜ、3本を表示しているのかというと、エッジのある局面を浮き彫りにするためです。

　次ページに示したチャート『エッジのある局面には特徴があった［日鉄住金テックスエンジ（株）日足］』を見てください。濃い丸囲み部分が買いに有利なポイントです。理由は上昇トレンドが明確に表れているからです。

　上昇トレンドが発生しているときには、3本の移動平均線には"ある特徴"が見られます。"ある特徴"を明確にするために注目すべきポイントは、3本の移動平均線の並び順と傾き、そして間隔です。

　まず、並び順を見てください。3本の線の並びが、上から順に「短期線・中期線・長期線」となっています。並びを見ると、現状のステージがわかります。

　次に、傾きを見てください。3本の線の傾きは、すべて上向き（右上がり）になっています。傾きを見ると、トレンドの強さがわかります。

　最後に、間隔を見てください。順調に値が伸びているときは、移動平均線と移動平均線の間隔も徐々に広がっていきます。間隔を見ると、トレンドの継続性がわかります。

　このように、3本の移動平均線の並び順・傾き・間隔に注目することで、買いおよび売りに有利な局面を探すやり方が移動平均線大循環分析です。317ページ～336ページに掛けて、詳しく解説していきます。

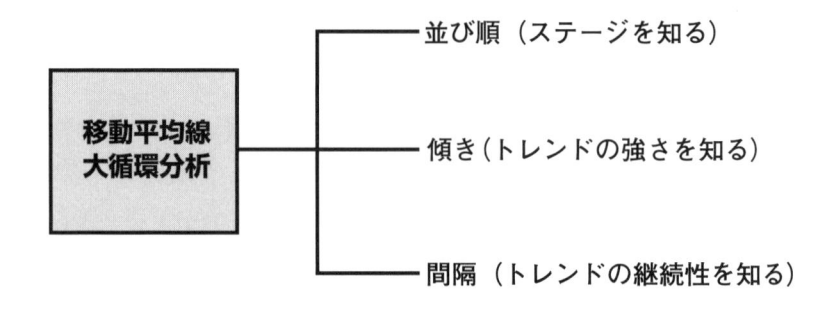

◆エッジのある局面には特徴があった［日鉄住金テックスエンジ（株）日足］

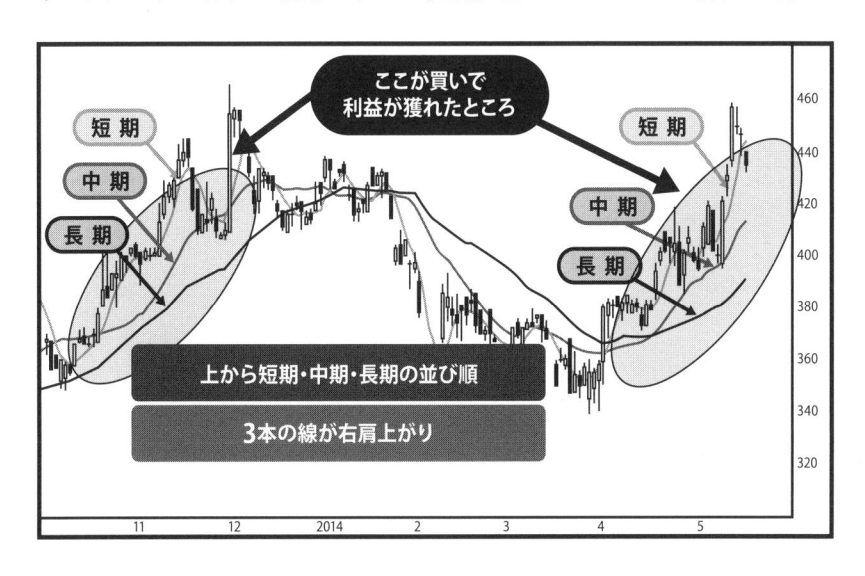

**【買いに有利な局面】**

①3本の移動平均線の並びが上か
　ら順に短期線・中期線・長期線

②3本の移動平均線の傾きがすべ
　て上向き

③値が伸びているところでは線と
　線の間隔が広がっている

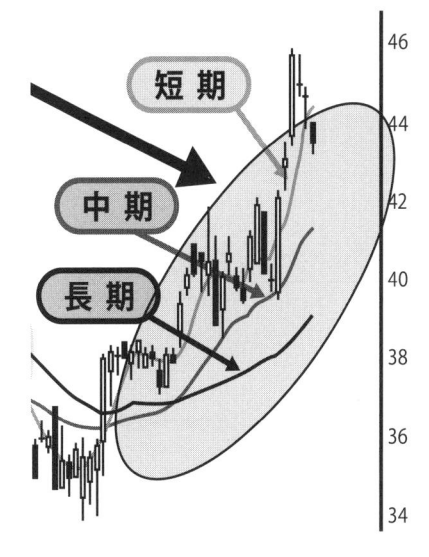

## 2）相場は３つの局面に分かれる

　移動平均線大循環分析を学ぶうえで最初にすべきは「相場を３つの局面に分ける」ことです。次ページ上段のチャート『相場は３つの局面に分かれる（米ドル／円週足)』を見てください。３つの局面とは次の通りです。

① A部分：安定上昇している期間
② B部分：安定下降している期間
③ それ以外の期間

　上記を理解したうえで、③の期間ではトレードを休みます。
　ところがノービストレーダーの多くは常に買いたい、常に売りたいという気持ちになってしまい、その結果、エッジがない期間にも売買を仕掛けてしまいます。そして、小さな損を繰り返すことで、結局、大きな損に膨れ上がらせてしまうのです。
　トレードは"わかりやすい"と判断できる局面で仕掛けなければなりません。このことができれば、トレードが非常に簡単になります。

　移動平均線大循環分析は日足チャートだけでなく、時間軸が短い分足のチャートでも同じように機能します。次ページのチャート（『５分足で見るエッジのある局面（ポンド／スイス５分足)』）も考え方は同じです。
　買いにエッジがある場面（丸囲み部分）では３本の線の並びは上から「短期線・中期線・長期線」で、傾きはすべて右肩上がりです。すなわち、丸囲みの期間で買いにエッジが発生していて、右半分の期間はトレードのチャンスがないとわかります。利益を得やすいのはパーフェクトオーダーの期間です。それ以外の期間は、プロでも容易には

◆相場は３つの局面に分かれる（米ドル／円週足）

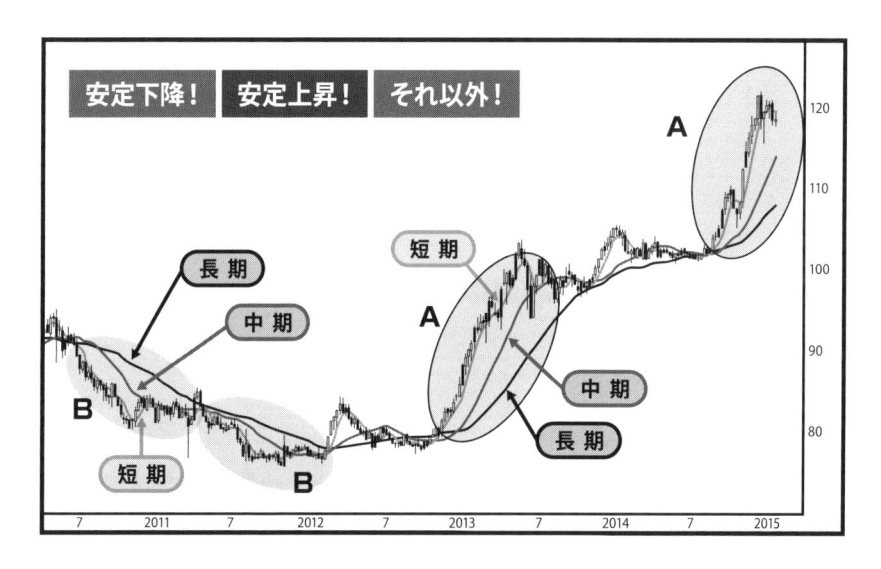

◆５分足で見るエッジのある局面（ポンド／スイス５分足）

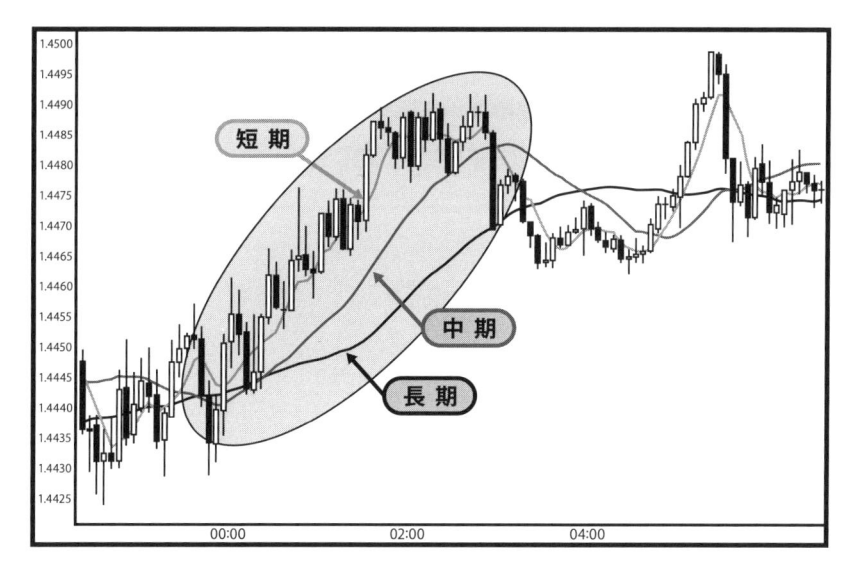

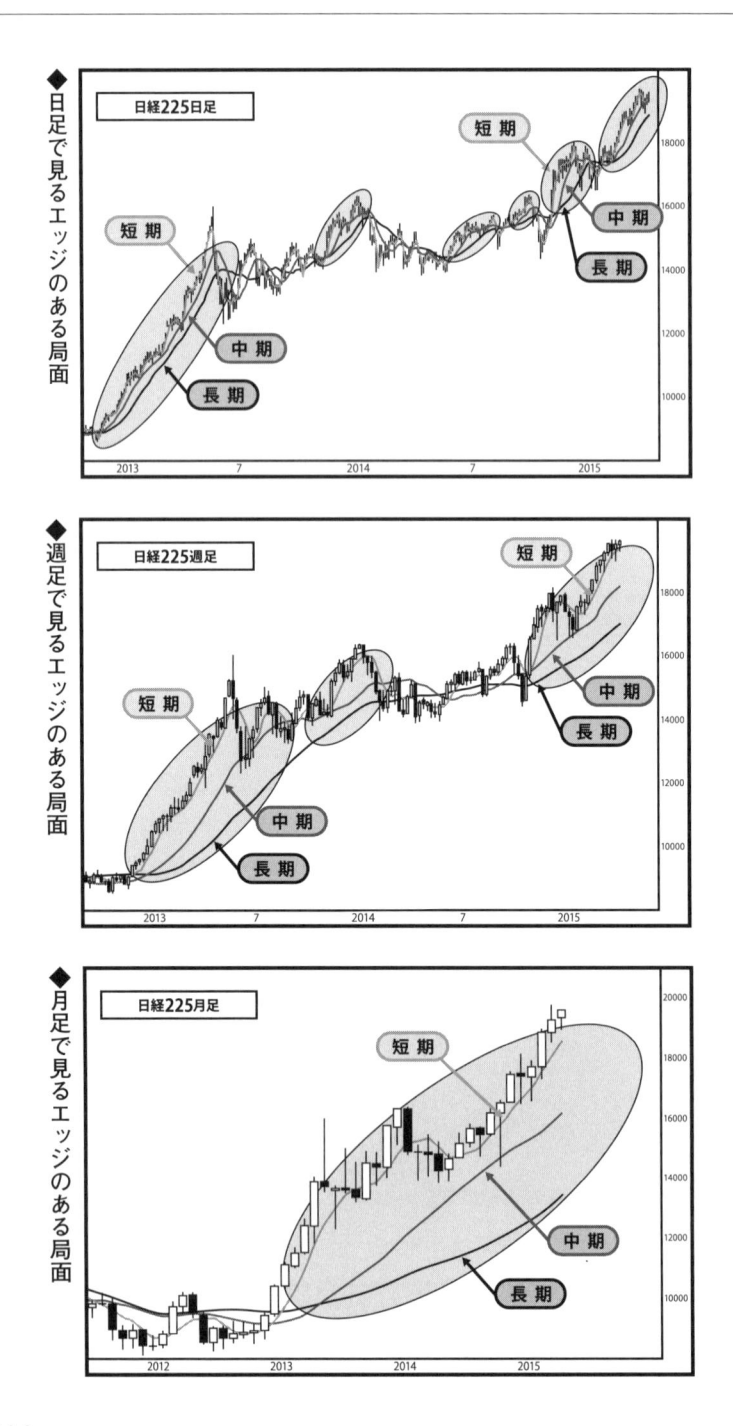

◆日足で見るエッジのある局面

日経225日足

短 期
中 期
長 期
短 期
中 期
長 期

◆週足で見るエッジのある局面

日経225週足

短 期
中 期
長 期
短 期
中 期
長 期

◆月足で見るエッジのある局面

日経225月足

短 期
中 期
長 期

利益を得ることはできません。

　314ページのチャート（『日足で見るエッジのある局面』『週足で見るエッジのある局面』『月足で見るエッジのある局面』）は時間軸を変えた日経225の価格推移です。価格の上昇局面における3本の移動平均線の並びと傾きを確認してください。

　月足チャートでは、アベノミクスがスタートして以来、3本の線の並びは上から「短期線・中期線・長期線」で傾きも右肩上がりが続いています。この状況がキープできているうちは安心ですが、いつかは状況も変わるはずです。


## 3）移動平均線大循環分析のメリット

　移動平均線3本使い、すなわち移動平均線大循環分析のメリットは以下の通りです。

① あらゆる時間軸で有効
　→分足・時間足・日足・週足・月足など、短期から長期トレードまで、あらゆるトレードに対応できる
② あらゆる市場で有効
　→ FX・株・商品先物などで同じように対応できる
③ ノービストレーダーでも使いやすい
　→直感的にもビジュアル的にもわかりやすい

　ノービストレーダーが勝つために一番重要なのは、わかりやすい局面だけで確実に利益を獲ることです。ところがノービストレーダーに限ってわざわざ難しいタイミングでトレードを仕掛けて損を被ります。

　逆に、利益を得やすい期間では、ほんの少しの利益でマーケットを

早々と離脱します。大きく上昇しそうな局面にもかかわらず早い段階で利益を確定してしまうため、今度は「価格が上昇してしまったので怖くて買えない」という状況に見舞われるのです。もちろん年間の収支を振り返ると大した利益は得られていません。

　では、何を意識するべきなのでしょうか。

　利益を獲りやすい、わかりやすい局面は随所で発生します。移動平均線大循環分析を用いればそうした局面は簡単にわかりますから、そのチャンスを確実にものにすべきなのです。

## 第4節
# 並びから現在のステージを読む

### 1） 3本の移動平均線の並び順は全部で6通り

　3本の移動平均線の並び順は全部で6通りです。この6通りの並び順をそれぞれステージ1〜ステージ6と呼びます（下図参照）。私はこの6つのステージを眺めているうちに、相場の流れを知るための大発見をしました。

| ステージ1 | ステージ2 | ステージ3 |
|---|---|---|
| 短　期 | 中　期 | 中　期 |
| 中　期 | 短　期 | 長　期 |
| 長　期 | 長　期 | 短　期 |

| ステージ4 | ステージ5 | ステージ6 |
|---|---|---|
| 長　期 | 長　期 | 短　期 |
| 中　期 | 短　期 | 長　期 |
| 短　期 | 中　期 | 中　期 |

時間の経過（＝価格の変化）とともに、この６つのステージは刻々と変わっていきます。その変化の仕方はステージ１の次はステージ２、ステージ２の次はステージ３、ステージ３の次はステージ４といった具合に、たいていの場合は並び順の通りになります。これが、私の言う「大発見」です。

　もう少し統計的に言うと、価格変動の中で約７割が「１→２→３→４→５→６→１→２→３→４→５→６……」の順番で遷移します。これが大発見でなかったら、何が大発見でしょうか！

　この大発見は"移動平均線大循環の法則"と呼びます。たいそうな名前がついていますが、その本質は移動平均線３本使いの分析ですので、難しそうだと敬遠しないでください。


　３本の平均線の組み合わせが大循環していることを確認します。

　次ページのチャートは『日経平均の日足（2013年４月〜９月）』です。丸で囲った、一番大きく右肩上がりしている期間に注目します。この期間はステージ１です。

　上昇トレンドが続いている間は上から順に「短期・中期・長期」の組み合わせになっていますが、上昇の終盤には短期線が中期線を下抜いて「中期・短期・長期」に変わります。これが、ステージ２です。

　このようにずっと時系列で追いかけていくと、チャート期間中、見事に「１→２→３→４→５→６→１→２→３→４→５→６」と大循環していることがわかります。

　実は、これほどきれいな循環はそう多くはないのですが、この基本形を頭に置いておきましょう。

◆日経平均の日足（2013年4月〜9月）

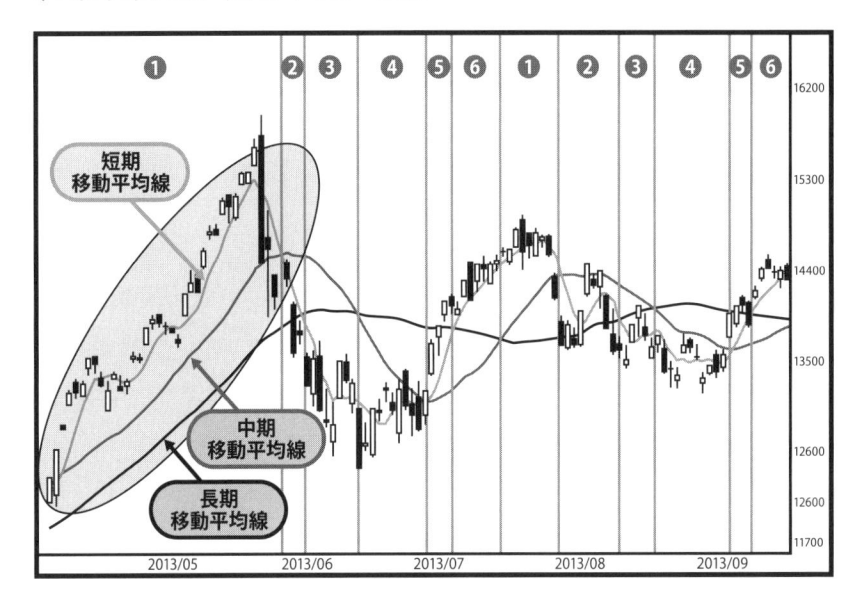

◆移動平均線大循環分析

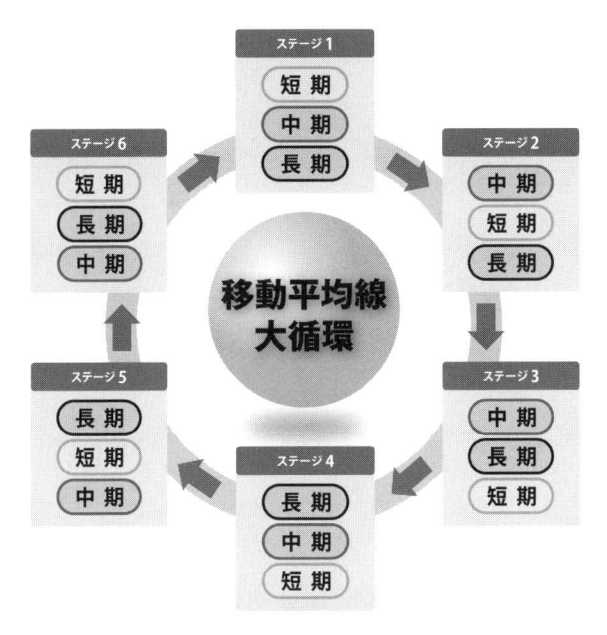

## 2）ステージ移行が起こる理由

　次ページの図『ステージ移行が起こる理由』は価格が上がったとき、下がったときに、価格と３本の移動平均線がどのような関係になっているのかを直線で表しています。

　価格が安定して上昇しているとき（＝上昇トレンド）は、一番上に価格、次いで「短期・中期・長期」という並び順です。

　逆に、価格が安定して下降しているとき（＝下降トレンド）は、一番下に価格、そして下から「短期・中期・長期」の並び順になっています。

　ここで注目してほしいのは、上昇トレンドから下降トレンドへの移行期です。

　トレンドが変化するときには、まず短期線と中期線がクロスします。すると並び順は上から「中期・短期・長期」となります。

　次の変化は短期線と長期線のクロスです。すると並び順は中期線が一番上になり、上から「中期・長期・短期」に変わります。

　そのさらに次の変化が中期線と長期線のクロスです。その結果、「長期・中期・短期」となります。これで下降トレンドのパターンが完成し、そこから価格は本格的に下げ始めます。ステージで言えば「1→2→3→4」の順番です。大循環の法則通りに「1→2→3→4→5→6→…」と遷移していれば、それはとても獲りやすい相場です。

　ところが、法則に従わない動きも発生します。先に、価格変動の中で約７割が「1→2→3→4→5→6→…」と変化すると説明しましたが、逆にいえば、約３割は法則に従わないことになります。それはそれで「この相場は獲れないからあきらめたほうがよい」と判断できるので、メリットと解釈することもできます。つまり、今の相場が大循環の法則に則っているかどうかを見抜くことが非常に大事になるのです。

◆ステージ移行が起こる理由

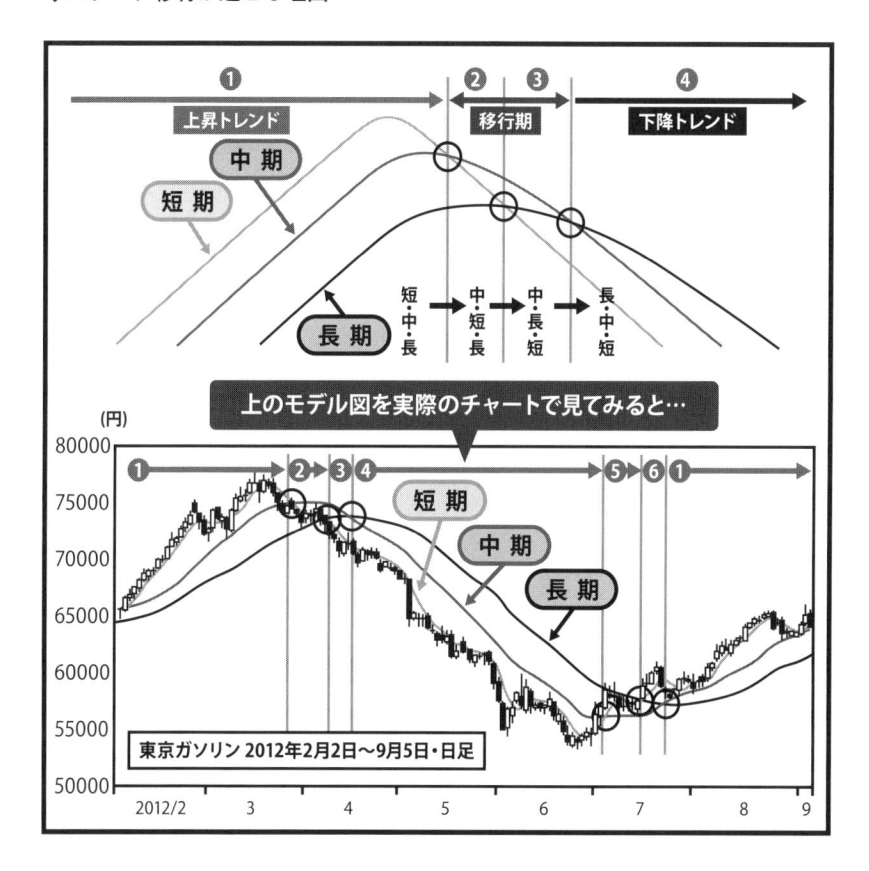

### 3）3割の確率で逆行する

では3割のときは、どのようになっているのでしょうか。

残りの3割に当たるときは、ステージはまるっきり逆の方向、すなわち「1→6→5→4→3→2→1…」と変化します。これを「逆行（逆順）」と呼びます（次ページ上段の図参照）。

相場は7割が順行（正順）、残りの3割が逆行で、それ以外にはありません。この「それ以外にはない」という点はとても大事です。

そして、順行も逆行も1段階ずつ次のステージへと変化します。ステージ1から突然ステージ3に移る、ステージ5に移るということはないのです（注：極めて特殊なケースだが、3本の移動平均線が1点でクロスすることもある。その場合にはステージが"飛ぶ"ことも起こりえるが"極めて特殊"であるため、ここでは無視して考えることとする）。

そして、覚えてほしいのは、逆行はあくまで"一時的な現象"である点です。「1→6→5……」と遷移していても、最終的には順行に戻ってきます。

このことを次ページ下段の『日経225の日足（2013年10月〜2014年3月）』のチャートで確認してみましょう。このチャートは先に見た『日経平均の日足（2013年4月〜9月）』に比べると、若干複雑な値動きになっています。

時間の経過に伴うステージの変化はチャート下部に示した通りです。

順行期間は全体の約7割、逆行期間は約3割で、かつ、すべての期間において1段階ずつ推移していることを確認してください。

◆逆行のパターン

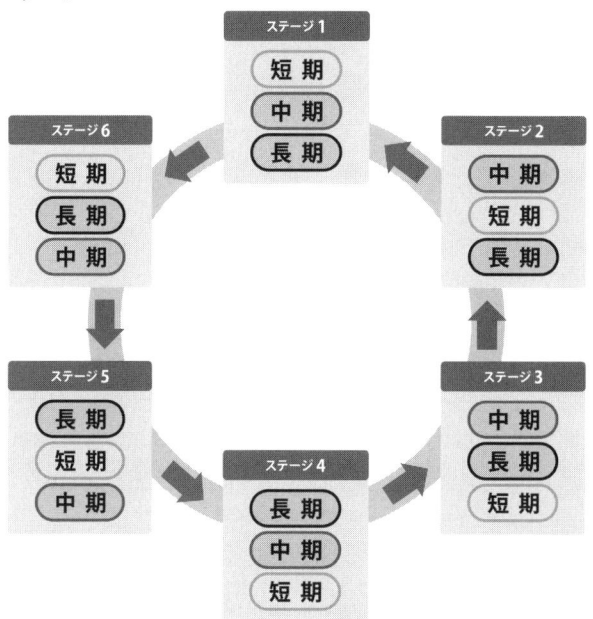

◆日経 225 の日足（2013 年 10 月〜 2014 年 3 月）

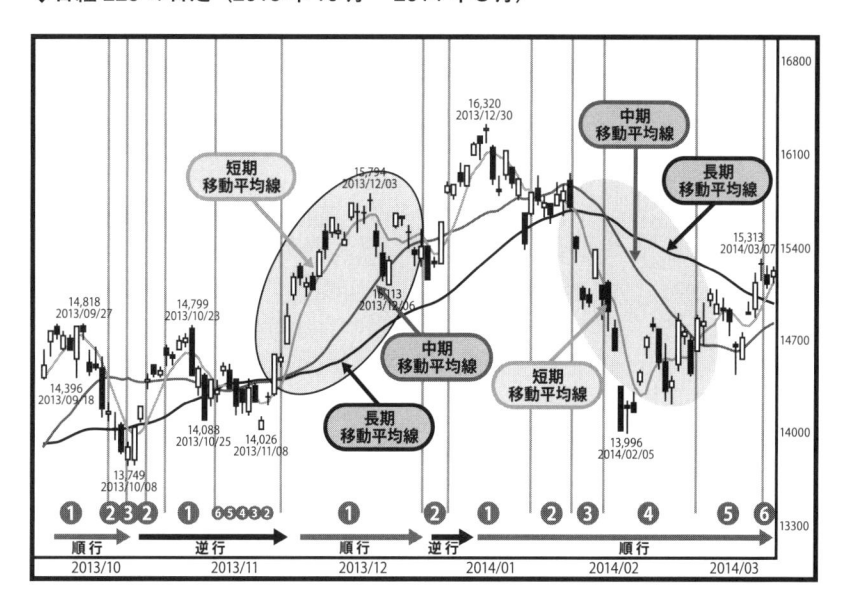

## 4）移動平均線の並びを見れば現在のステージがわかる

移動平均線大循環分析が一般の個人トレーダーに役立つ理由は、第一に「ステージを見ると相場の現況がわかる」ところにあります。

次ページを見てください。まず、ステージ1は安定上昇の局面です。そして、ステージ2で安定上昇の終わりを告げる局面を迎えます。ステージ3は下降相場への入り口です。

ステージ4に入ると下降相場に入ります。ステージ5は安定下降の終了局面です。そしてステージ6が上昇相場への入り口になります。

このように、3本の移動平均線の位置関係を見た瞬間に、今の相場の状況がわかります。さらには、次の展開を読むこともできるのです。

ステージが順行する基本的な相場展開では、ステージ1とステージ4は長く、その他のステージは短くなります。このときはトレンドも明確なため、利益を獲りやすくなります。

ところが、ときに、相場は行ったり来たりの動きを見せることがあります。そのような、いわゆるトレンドと呼べないときには、「ステージ1とステージ4が短く、ステージ2とステージ3またはステージ5とステージ6が長い」か、あるいは「ステージ2とステージ3またはステージ5とステージ6を繰り返す」ことがよくあります。

行ったり来たりのときには、残念ながら、利益を獲るのは困難です。"休むも相場" という格言を守るべきときです。

◆各ステージと相場の関係

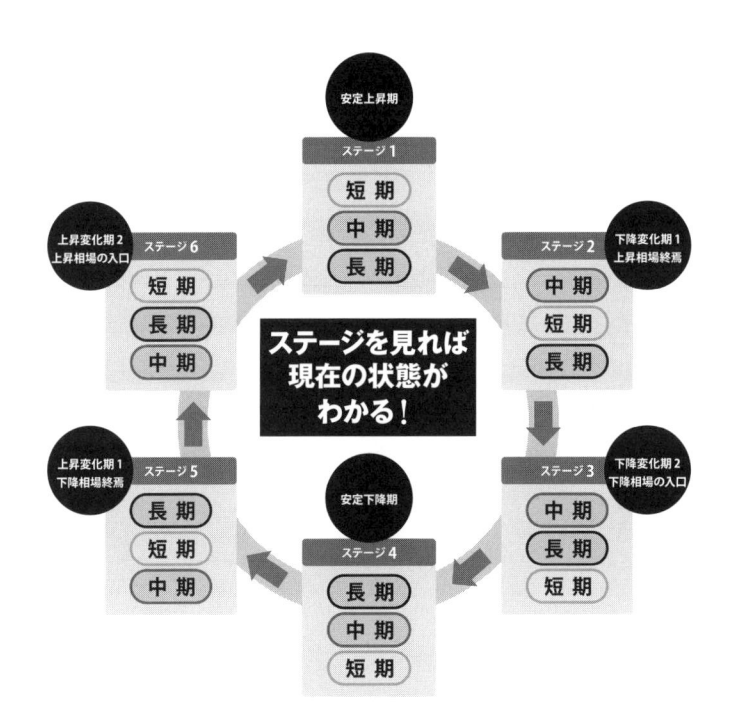

## 第5節
# 傾きからトレンドの強さを読む

移動平均線の傾きからわかることには、以下の2つがあります。

**1）トレンドの強さがわかる**
**2）クロスされる側の線で次のステージに移行するかどうかがわかる**

それぞれ解説します。

### 1）トレンドの強さがわかる

移動平均線を見ていると、「3本の線の傾きがすべて上昇している
とき」に出合うことがあります［次ページのチャート『米ドル／円の
4時間足（2012年1月～2月）』の点線枠］。3本すべての傾きが上昇
ということは、短期のトレンドも、中期のトレンドも、長期のトレン
ドも上昇中ということになります。かなり強気の状態ですから、もち
ろん「買いシグナル」です。ステージ1になる前であっても、3本の
線が上昇していたら「早仕掛け＆試し玉（369ページで後述）」のチャ
ンスです。

逆に、「3本の線がすべて下降しているとき」は「売りシグナル」
になります。ステージ4になる前であっても、3本の線が下降してい
たら「早仕掛け＆試し玉」のチャンスです。

◆米ドル／円の４時間足（2012 年１月〜２月）

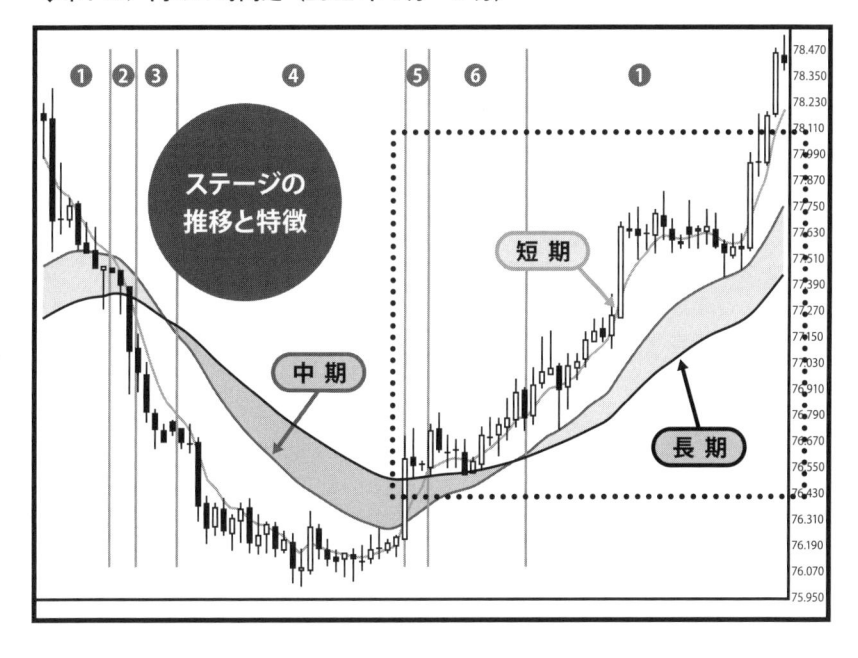

## 2） クロスされる側の線でステージが移行するかどうかがわかる

　移動平均線大循環分析では３本の線の位置関係がステージを判断するための大きな要素ですが、ステージ１からステージ２に移行する、ステージ２からステージ３へ移行するか否かは線の傾き、具体的には短期線と長期線がクロスするかどうかを見て判断します。

　次ページの図では２本の線がクロスするケース（上）と、クロスしないケース（下）を示しました。違いを考えてみましょう。

　２つの線は「A」が短期線、「B」が長期線です。実は、クロスするかしないかはクロスされる側の線（下側の線）の動きで読み取ることができるのです。

　クロスするケースをよく見てください。２本の線はある時期まで一緒に上昇していましたが、双方が下げ出した挙句にクロスに至っています。

　一方、クロスしないケースでは、長期線は上昇を継続しています。つまり長期トレンドが上昇なら、短期トレンドは一時的に下がっても、また上昇力を取り戻すのです。

　別の見方をすると、長期のトレンドが方向を変えてしまったら短期トレンドも、それに沿っていくということになります。

　なおクロスする側は常に短期線、される側は常に長期線です。短期と長期の関係は相対的なものなので、移動平均線が３本になってもどちらがクロスする側でどちらがされる側かは変わりません。

　このことをチャートで確認します（330ページ参照）。

　左側のステージ１からステージ２への移行を見てください。この場合の移行は短期線と中期線のクロスにより成立します。ステージ１の段階で、若干ですが、中期線はすでに下を向いているのが見て取れます。

　ステージ２から３への移行は短期線と長期線のクロスです。中期線が長期線をクロスするよりも早く短期線が長期線を下抜くようにクロ

◆ステージの移行はクロスされる側の線で成否が分かる

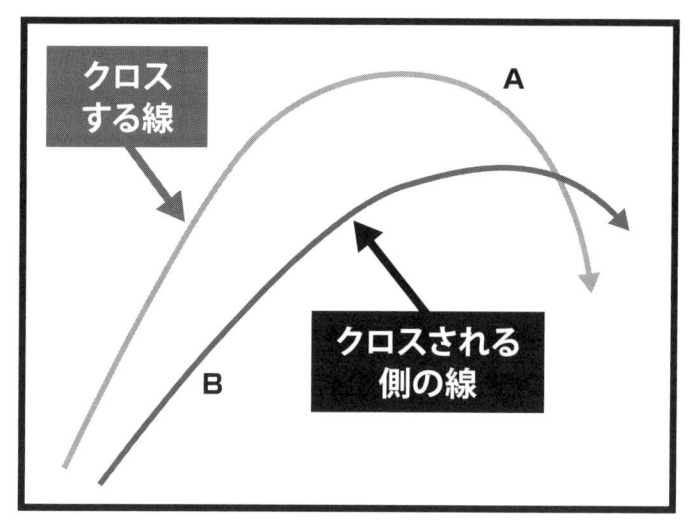

クロス成功＝次のステージへ移行

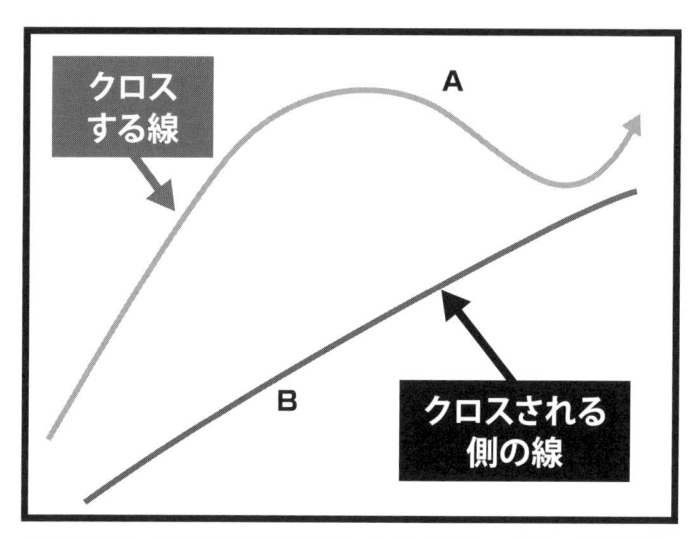

クロス失敗、瞬間クロスしても元へ戻る公算大＝ステージ移行は
失敗に終わる

スするのは感応度の違いです。短期線が長期線をクロスする前のステージ２の段階で、すでに長期線も下げかかっていることがわかります。

最後はステージ３から４への移行です。短期線に比べて価格への感応度が低い中期線が、ついに長期線をクロスします。その前段階のステージ３で、長期線がすでに下げ出していることにも注目してください。

このようにしてステージの移行が成功するか否かは前もってわかるのです。ステージ４からステージ５、ステージ５からステージ６への

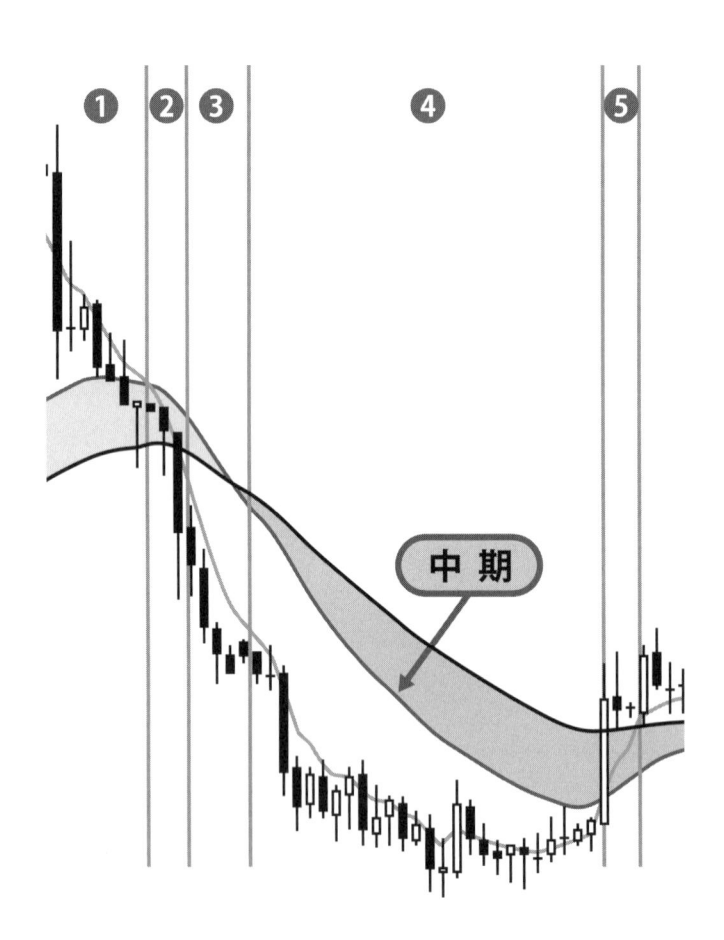

移行も同様ですので確認してください。

　そのうえで、下のチャート『米ドル／円の4時間足（2012年1月〜2月）』のステージ1における価格の下落付近に注目します（点線枠）。

　価格（ローソク足）の下落とともに、短期線はどんどん中期線に向かって近づいています。ところが、中期線のほうは揺るぎなく上昇を継続しています。

　こういう状況ではクロスはできません。クロスされる側の線の傾きを見ているとステージの移行がわかるというのは、そういう仕組みなのです。

◆米ドル／円の4時間足（2012年1月〜2月）

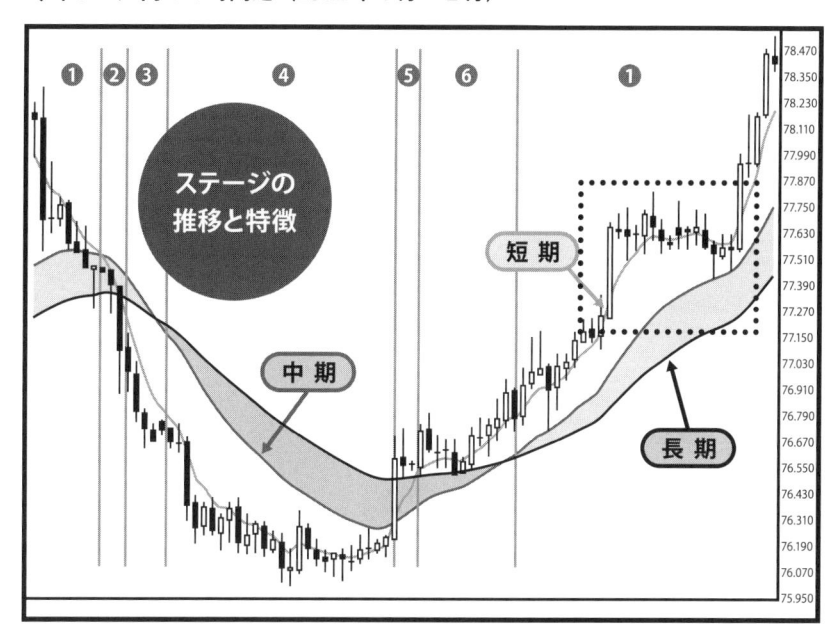

以下に、わかりやすく、クロスされる側の線の傾きを①〜④に大別
しておきました。

　①のケースでは、クロスが成功する確率は極めて小さく、ほぼ失敗
に終わります。たまたま瞬間的にクロスしても、すぐまた元のステー
ジに戻ります。

　②は、クロスが失敗するか、瞬間的にクロスしたとしても「すぐ元
のステージに戻る可能性が高い状態」です。

　③ではクロスする可能性のほうが高くなります。クロスしたあとで、
すぐに元のステージに戻る確率は極めて低くなります。

　④になるとクロスはほぼ成功しますし、クロスしたあとで元のス
テージに戻る可能性はまずありません。むしろ「ない」と思ったほう
がよいでしょう。

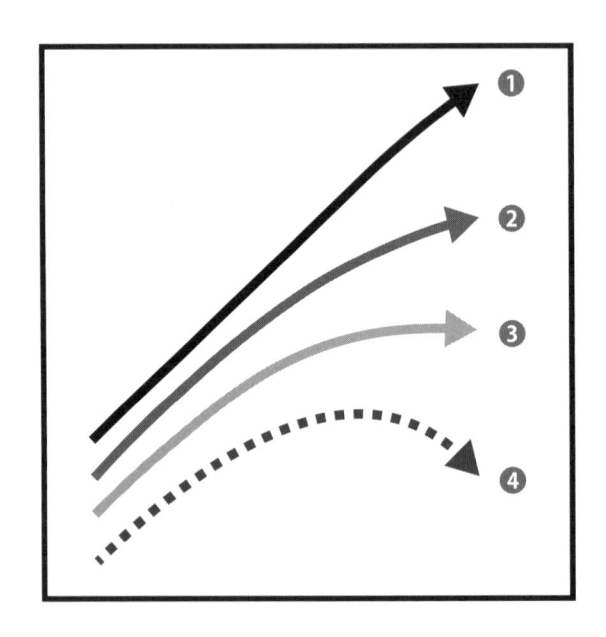

　ステージの移行は7割が正順、3割が逆順で起こります。つまり、今のステージが1なら7割の確率でステージ2に進み、3割の確率でステージ6に戻るような具合です。

　選択肢が2つになっただけでも相場ではかなり有利に作用します。それがもしひとつになったらどうでしょう。

　それを可能にするのが移動平均線の「間隔」の観察です。

　間隔は2本の線の関係で生じるのですから、今ある間隔がこれから拡大するか、縮小するかに注目します。先に簡単に触れたように、2本の線が「どんどん間隔を広げている」のはそのステージが長続きしている状態です。

　なぜでしょうか。それは2本の線の間隔が徐々に狭まり、やがてくっつくのはクロスするとき、つまりステージの移行を意味するからです。

　335ページに、移動平均線の間隔とステージ移行の関係性をまとめています。

　仮に、今がステージ4だと仮定します。3本の線の位置関係は、上から「長期・中期・短期」になっているはずです。

　ステージ4からステージ5に順行するためには、短期線と中期線が入れ替わって「長期・短期・中期」となる必要があります。ということは、その前段階として短期線と中期線が次第に接近していくはずです。

　反対に、ステージ3へと逆行するなら、中期線と長期線が入れ替わっ

て「中期・長期・短期」となるはずですが、そのためには中期線と長期線が接近していく必要があります。

仮に、今、中期線と長期線の間隔が「それなりに開いている」としましょう。その場合、ステージ3に戻ることはまずありません。

理由は、やはり移動平均線の感応度の違いにあります。感応度が高い短期線は、中期線に向かって早い速度で動きます。

一方で、短期線に比べて感応度に劣る中期線と長期線の動きはゆっくりです。このため、中期線と長期線の「それなりの開き」は維持されやすく、短期線と中期線の入れ替え、すなわちステージ5への移行が起こりやすいのです。

今度は、ステージ5からの移行を考えます。ステージ5は下降トレンドが終わって、これから上昇に向かうかどうかのところで、3本の線の位置関係は上から「長期・短期・中期」となっています。ここからステージ6への移行には短期線と長期線の入れ替わりが必要です。

ただし、経験則で言うと、ステージ5からステージ4への逆行は「それなりにある」と思っています。それは今まで引っくり返っていた短期線と中期線が、もう一度もとの並び「長期・中期・短期」に復帰するときです。当然、短期線と中期線が接近していき、やがてクロスすることが必要です。

ここでステージ5における3本の線の位置関係をよく見てください。中央にあるのは感応度が高い短期線です。この短期線が上に向かって進んでいるのか、それとも下に向かって進んでいるのかに注目します。それにより、順行しようとしているのか逆行しようとしているのかを見抜くことができるのです。


チャートをずっと見ていると、3本の線の間隔がすべて狭まるときがあります。3本の線が互いに接近しあい、その状態がしばらく続いている場合です。そういう状況を発見したら、その瞬間に「もみ合い

◆線の「間隔」からわかるステージの移行　その1

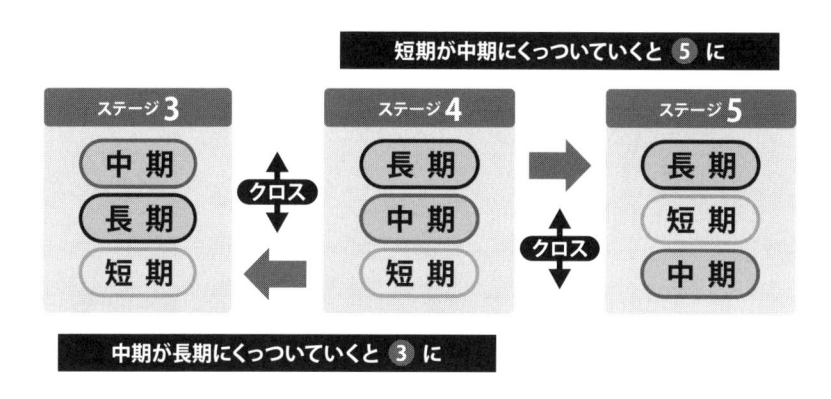

◆線の「間隔」からわかるステージの移行　その2

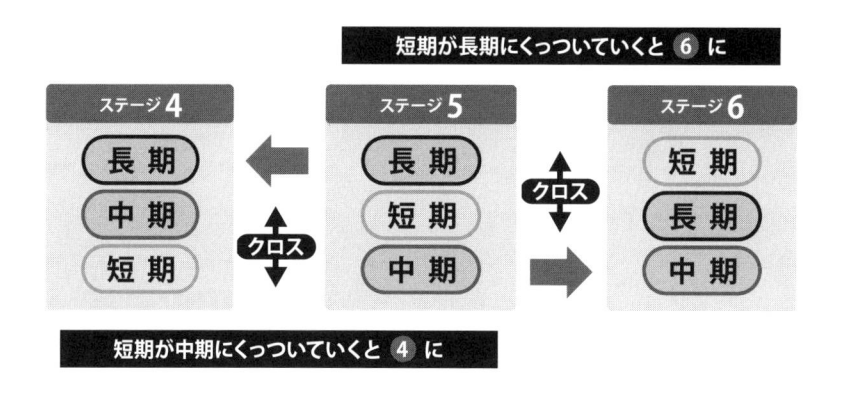

期入り」だと気づいてください。

　ステージを見分けようとしても入り組んでいて、ステージ２なのかステージ３なのか、それともステージ４なのかわからないときは、ほとんどがもみ合いです。そういうときはトレードを仕掛けません。無理にステージを読み取ろうとする努力は不要です。

　その逆で、明らかにステージ１だとわかるときがあります。３本の移動平均線は右肩上がりで、しかも間隔がどんどん広がっているとしたら、それは紛れもなくパーフェクトチャンスです。

# 第7節
# ステージごとの基本戦略

移動平均線がどういう順番で並んでいるかによって6つステージに分かれます。ここでは、各ステージごとの戦略を考えてみます。

## 1）ステージ1（上から短期線・中期線・長期線）の戦略

最初にステージ1を考えます。安定上昇期であれば、当然、買いです。しかし買い注文を出す前に「3本の線がすべて右肩上がりになっていること」を確認する必要があります。ステージ1になったからといって無条件での買いではありません。3本の線がすべて上向きになっていない場合、ステージ1はあっという間に終わる可能性が高いからです。

3本の線がすべて上向きになった瞬間を確認したら、そこは攻めるべきときです。3本の線の間隔がどんどん広がっていくようなら、さらに強気だと判断して買いを仕掛けます。

注意点として覚えておくことは、「3本の右肩上がりを確認して買うと、若干タイミングが遅くなる」ということです。ただ、それは上級者が意識すべきことです。

大きなトレンドの渦中では、多少エントリーのタイミングが遅れたところで大差はありません。仕掛けが早いか遅いかの差は、小さな相場を獲り逃がさないときだけ関係してくる問題です。

もう一度、次ページのチャート『米ドル／円の4時間足（2012年1月〜2月）』を見てください。

　時間軸で右側にある大きなステージ1に入る前にステージ4で底打ちしていますが、ステージ5、ステージ6を経てステージ1に至るまでに相当、価格が上がっています。そうなるとステージ1で仕掛けた途端に上昇トレンドが終わる可能性も否定できません。

　ステージ1においては、3本の移動平均線が右肩上がりの状況は最大の買いのチャンスではあるものの、タイミングとしては若干遅いことを頭の中に入れておいてください。なお、その対応策については、後述します。


## 2）ステージ2（上から中期線・短期線・長期線）の戦略

　ステージ2の基本は買い玉の手仕舞いです。ただし、中期線と長期線の"間隔"に注意します。

　中期線と長期線の間隔（網かけ部分）を"帯"と呼びます。（帯については後述します）。帯が厚ければ厚いほど、そのトレンドは強いと判断できます。

　次ページのチャートの右側のステージ1の丸印のところでは、上昇トレンドが弱まって、価格（ローソク足）が帯にぶつかりそうなほど接近しています（A）。買い持ちしていれば弱気になるところです。

　しかし、そのあたりは帯がとても厚くなっています。すなわち上昇トレンドがしっかりしているので、少々下がってもまた上昇すると判断できるのです。これが帯の使い方です。

　ステージ2は、同時に売りの"試し玉"を仕掛けるタイミングです。試し玉とは、本格的にトレードを仕掛ける場合の何分の一かのポジションを取ることです。損をしても致命傷に至らない、まさに小手調べ程度の仕掛けです（試し玉については後述します）。

◆米ドル／円の４時間足（2012 年１月〜２月）

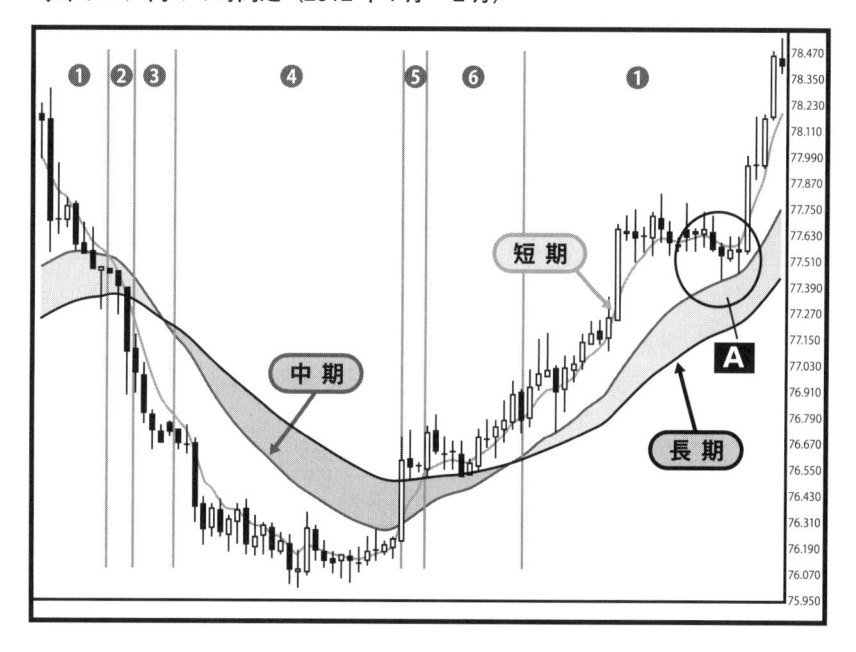

## 3) ステージ3（上から中期線・長期線・短期線）の戦略

ステージ3は、これから下降トレンドに入るステージ4の手前ですから基本は様子見ですが、同時に"早仕掛け"をするタイミングでもあります。

早仕掛けは、試し玉とは異なり、本格的に仕掛ける場合と同じポジション量をワンテンポ早くエントリーするものです。成功すれば、当然、小さなトレンドでも獲れますが、その分、ダマシに遭うリスクも高くなります。

したがって、ステージ3では必ず早仕掛けをするのではなく、移動平均線の傾きをはじめ、さまざまな要素を分析したうえで、早仕掛けの可否を判断します（早仕掛けについては後述します）。

## 4) ステージ4（上から長期線・中期線・短期線）の戦略

ステージ4は安定下降の期間ですから、3本の移動平均線が右肩下がりになっていることを確認して売りエントリーします。考え方はステージ1と同じです。

## 5) ステージ5（上から長期線・短期線・中期線）の戦略

ステージ5は売り玉を手仕舞いするタイミングです。ただし、ステージ2で説明したように、帯が太いときには、下降トレンドが明確である（非常に強い）ため手仕舞いはしません。下げ過程の一時的な上げ（戻し）にすぎず、また下がっていく可能性が高いからです。

もちろんステージ5では、買いの試し玉をすることもあります。

## 6）ステージ6（上から短期線・長期線・中期線）の戦略

　ステージ6はステージ1へ向かう一歩手前ですから基本は様子見です。ただ、同時に、買いの早仕掛けのタイミングにもなります。

# 「帯」で大局を読む

## ～中期線と長期線が作り出す間隔～

### 1）「帯」とは

中期線と長期線の間隔を特に "帯" と呼びます。大局のトレンドを知るのに役立ちます。

右肩上がりの帯を "上昇帯"、右肩下がりの帯を "下降帯" といいますが、その上昇帯から下降帯に切り替わるときが陰転、逆に下降帯から上昇帯に切り替わるときが陽転です（詳しくは後述）。

要は中期線と長期線のクロスです。陽転により大局トレンドが上昇に変わったこと、逆に陰転を経て大局トレンドが下降に変わったことを確認できるのです。

ここで次ページのチャート『帯が大局トレンドを教えてくれる』を見てください。上記の陽転、陰転部分に目を戻すと同時に、価格に注目すると、価格の流れが帯の変化とともに逆転していることがわかります。

上昇帯では「中期線が上、長期線が下」という位置関係にあります。逆に下降帯では「中期線が下、長期線が上」になっています。

この2線の位置関係の変わり目を「帯のねじれ」と呼びます。下降帯から上昇帯への変化が帯の陽転、上昇帯から下降帯への変化が帯の陰転です。

◆帯が大局トレンドを教えてくれる

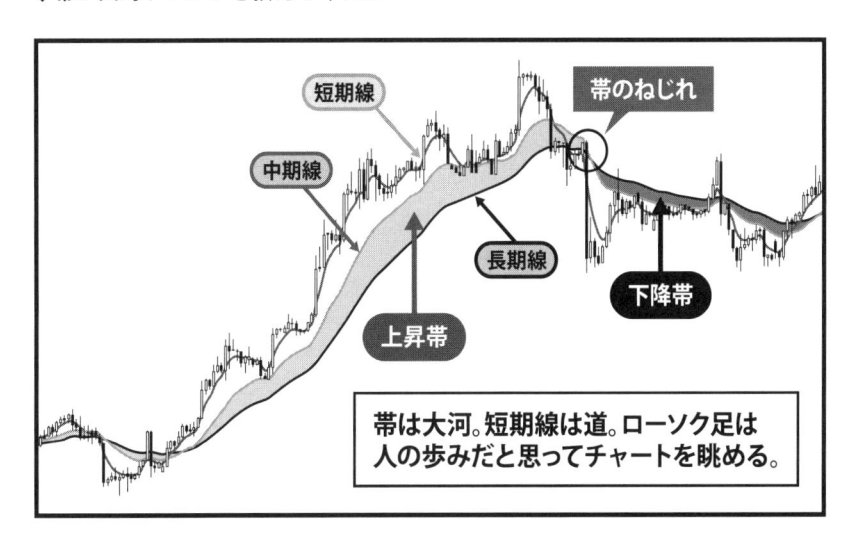

◎中期線と長期線で囲まれているところが帯
◎中期線が上、長期線が下になっている帯が上昇帯（陽転）
◎中期線が下、長期線が上になっている帯が下降帯（陰転）

## 2) チャート読解力の向上

　帯は、喩えるならば、「川」です。大河だと思ってください。短期線は「道」を表しています。そして、ローソク足は「人の歩み」です。そういう感覚でチャートを眺めると、目に飛び込んでくる景色が変わってきます。

> 大河が流れています。
> 大河に沿って道があります。
> 道を人が歩んでいます。
> ときに川を渡ります。

　どうですか。自然とストーリーが脳裡に浮かんでくるのではないでしょうか。

　世の中には、チャートの読解力が飛び抜けて優れたトレーダーがいます。そういうトレーダーは、ほかの人と同じチャートを見ても、「そこからどんなことがイメージできるか」を読み取る術に長けているのです。

　チャートの読解力を向上させるためには、帯をよく分析し、理解しなければなりません。そのためにチャートの要素を「大河」「道」「人の歩み」に喩えました。

　道沿いで人がうごめいているのは、川幅が広いことを示しています。川の傾きは「流れの速さ」です。

　帯が傾いていれば相場の流れは速い、帯が横ばいなら相場の流れは緩やかというイメージです。そういうイメージを自分の頭にどんどんインプットしましょう。

　人々は川沿いで、川に近づいたり離れたりしながら生活しています。

そしてときには川を渡って反対側に行きたいと思うことでしょう。対岸にはよい交易の相手がいるのではないかと夢想しています。

ところが、川幅が広かったり、流れが速いときには、残念ながら川を渡ることはできません。途中まで行きかけても、あきらめて引き返さざるを得ません。

一方で、川幅が狭かったり、流れが緩やかなところでは人々は簡単に川を渡れますから、こちらの岸からあちらの岸、あちら岸のからこちらの岸へと行ったり来たりを繰り返します。チャートが表している価格変動は、実は、自然界の営みのひとつなのです。

そう考えると、よく言われる「売り手と買い手の力関係の変化」もすべて自然界における人間の物語だととらえることができるのではないでしょうか。それを読み取るのがチャートの読解力です。

### 3）帯が教えてくれること

帯は移動平均線大循環分析の中でも「要」となる要素です。帯は、以下の6つのことを教えてくれます。

①大局トレンドがわかる
②トレンドの方向性と力強さがわかる
③トレンドの安定性がわかる
④帯が抵抗帯・支持帯として機能する
⑤帯には陽転と陰転がある
⑥帯は4つの局面に分かれ、それぞれに売買戦略がある

それぞれ解説していきます。

### ①大局トレンドがわかる

帯が教えてくれることの1番目は「大局トレンドの状態」です。移動平均線大循環分析においては、目先の動きを示す短期移動平均線および価格との関係を見極めるために役立ちます。

別の言葉で言えば、相場が大局の流れに沿って動いているのか、それとも大局の流れを打ち破ろうとしているのかを知るのです。

### ②トレンドの方向性と力強さがわかる

帯が教えてくれることの2番目は、「帯の傾きによって大局トレンドの方向性と力強さがわかること」です。なお、横ばいなら、もみあい相場です。

### ③トレンドの安定性がわかる

帯が教えてくれることの3番目は、「帯の幅でトレンドの安定性がわかる」ことです。帯の幅が広ければ現在のトレンドは継続しますし、狭ければそのトレンドは弱く、継続は難しいという判断を下します。帯の幅がどんどん狭くなっている状態は、トレンドが終局に向かっていることを意味します。

実際の例を見てみましょう。

次ページのチャートは2007年から15年にかけての米ドル／円の月足です。2007年12月過ぎの帯のねじれ（チャートのA）、陰転を経て、とても安定した下降帯ができあがっています。

大逆転が起きたのは2012年の後半（チャートの丸囲み）です。その後に上昇帯に切り替わって円安方向へ安定的な流れができました。そこへ「道」である短期移動平均線と価格（薄いグレー線）を記しています。

薄いグレーの線は、帯が安定下降しているときは「川に近づいたら跳ね返される」格好になっていて、結局は下がっていきます。

◆米ドル／円の月足（2007 年〜 2015 年）

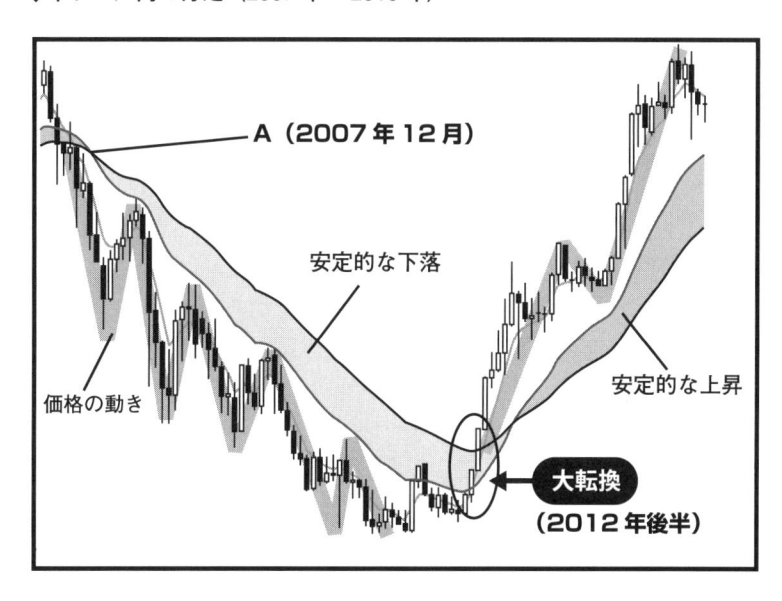

A（2007 年 12 月）

安定的な下落

価格の動き

安定的な上昇

大転換

（2012 年後半）

チャートのA以降、安定的に下落しているときには帯（下降帯）に価格が近づくと跳ね返されている

↓

下降帯が抵抗帯として機能している証拠

ところが、最終的には川を渡っています。帯の傾きは緩やかになり、やがて横ばいになって、狭くなっていきます。

　そこが「大転換」と呼ぶポイントです。大局の下降トレンドが、上昇トレンドに切り変わった、そのときです。大局が上昇トレンドに変わると、今度は価格が下がってきても、川に跳ね返されて上がっていきます。

　テクニカル分析では、上位の足の流れに乗ってトレードするのが基本です。上位とは、相対的に長い時間軸を意味します。

　例えば、日足が上昇トレンドを示しているとします。そうした状況でも4時間足は小刻みに上下動を繰り返しているはずです。その4時間足が下がってきたけれども、日足が上昇力を失っていなければ、そこは押し目買いのチャンスだと判断します。

　もちろん、上位の足の流れも必ずどこかで切り替わります。大局の変化——それが"大転換"です。それを見極めるのがテクニカル分析の一番のポイントと言えるでしょう。

　大転換は、そう頻繁には起こりません。ということは、大転換が発生するまでは、大局に沿ってトレードをしておけば、必ず成功する理屈なのです。

### ④帯が抵抗帯・支持帯として機能する

　帯が教えてくれることの4番目は、帯が「抵抗帯・支持帯として働く」ことです。

　上昇帯では長期線が上昇し、下降帯では長期線が下降します。そうした局面で、上昇帯のときに価格が下がってきてもそれは一時的なものに過ぎません。大転換しない限りは、必ずまた上昇するはずです。つまり、このときの上昇帯は支持帯(サポート)として機能しています。

　次ページのチャートは『米ドル／円の日足（2014年4月～8月）』です。丸印（2014年8月近辺）で、上昇帯が支持帯として機能していることがわかります。

◆米ドル／円の日足（2014年4月〜8月）

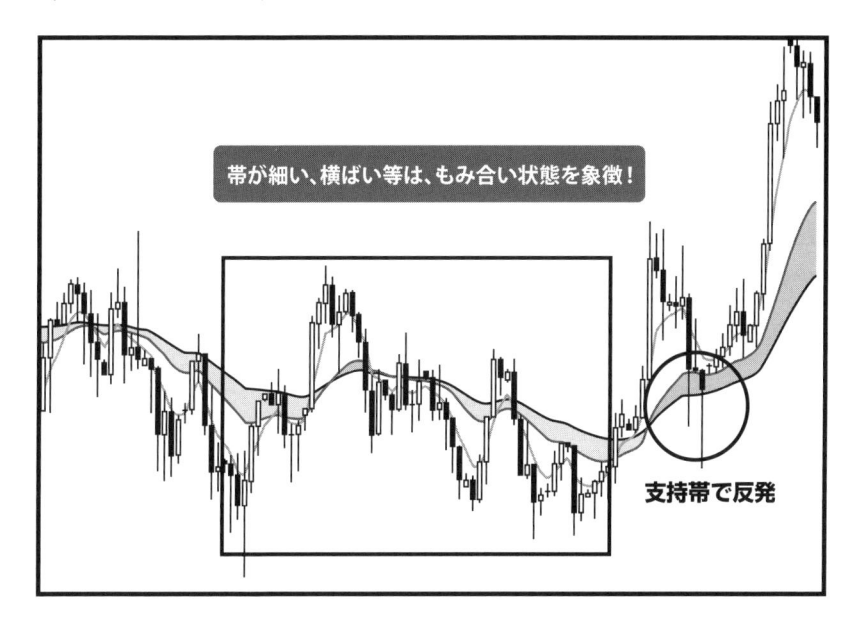

帯が細い、横ばい等は、もみ合い状態を象徴！

支持帯で反発

四角で囲んでいる部分はもみ合い期。この時期にトレードをしても利益を上げにくい

↓

「休むも相場」を実践するとき

このチャートで確認したいのはもみ合い期の状態です（チャートの四角囲み）。チャートでは、帯が横ばいであったり、細かったりする局面が8割方を占めています。すなわち長い、はっきりとした力強い川が現れないのです。細い川のもみ合い相場では、短期線と価格はいとも簡単に川を渡っていますし、また戻っています。

　ここでは最後に川幅がどんどん広く、力強くなっているという変化を読み取りましょう。

　帯が支持帯、抵抗帯として機能するのは、あくまでも太い帯のときだけに限ります。

### ⑤帯の陽転と陰転がある

　帯が教えてくれることの5番目は、帯のねじれに伴う陽転と陰転です。

　帯の陽転と陰転で大局のトレンドが変わります。この大転換の局面さえ理解しておけばトレードで大きな失敗は避けられるはずです。

### ⑥帯は4つの局面に分かれ、それぞれに売買戦略がある

　6番目は相場の局面と、それに合わせた売買戦略です。「買い時代」「売り時代」「もみ合い期」「大転換」と4つのステージに分けて考えます。

　上昇帯は基本的に買いのタイミングです。大局的にトレンドが安定的に上昇している中で一時的な価格の下落場面では買い拾う「押し目買い」も活きてきます。

　逆に、下降帯は売りを仕掛けるべきタイミングです。一時的な価格上昇場面では「戻り売り」も有効です。

　上昇帯と下降帯の切り替わりとなる大転換では、それまでの流れの反対方向に仕掛けて大きなトレンドを獲るチャンスです。

　それぞれの局面におけるトレード手法の違いを把握しましょう。

# 第9節
# 移動平均線大循環分析から読み解く仕掛けと手仕舞い

## 1）移動平均線大循環分析から読み解く仕掛け場

　3本の移動平均線が上から「短期・中期・長期」の順番になったときは買いにエッジがあるときです。逆に、下から「短期・中期・長期」の順番になったときは売りにエッジがあるときです。まずは、エッジのある状況かどうかを確認します。

　エッジが出ていることを確認したら、次に「傾き」の要素を加えます。

　3本の移動平均線がともに上昇しているときが買いシグナルで、3本とも下降しているときが売りシグナルです。

　さらに「間隔」を加えます。3本の線の間隔が広がっている状態がステージ1で起きれば同じく買いシグナルで、ステージ4なら同じく売りシグナルです。

　帯の間隔が広がりつつ上昇していれば安定的な上昇の継続の印です。帯の間隔が広がりつつ下降していれば安定的な下降の継続の印です。いずれも仕掛けのタイミングに活かせます。

## 2）移動平均線大循環分析から読み解く手仕舞い

　手仕舞いは、基本的には仕掛けの逆です。

　買いの手仕舞いはステージ1の終了、売りの手仕舞いはステージ4

の終了です。

　このとき注意したいのは、帯は安定して広い右肩上がりにもかかわらず、短期線と中期線がクロスしてステージ１の終了となった場合です。滅多にはないのですが、ときどき発生します。

　帯の幅が広くて、かつ、上向きだから川は渡りにくいけれども試してみたい、そんな状況です。そういうときに無理に渡っても、深みにはまったり、急流に呑まれそうになるものです。結局、価格は帯に跳ね返されるでしょう。

　そのような場合は押し目買いで対応します。ステージ１からステージ２に移行しても、またすぐステージ１に戻ります。

　では、すでに買っていて、利益もそれなりに出ていたとしたらどうでしょうか。このケースでは、ステージ２に移行したなら、基本は手仕舞いです。しかし、安定性が高く、とても良い帯の渦中にいたとしたら、その場合の手仕舞いは勧めません。

　つまり、ステージ１からステージ２に移行したら"必ず"手仕舞いしなければならないというものではないのです。あくまでも、"基本"は手仕舞いというだけの話です。

　手仕舞いは、帯の傾きと広がり、移動平均線の安定的な右肩上がりなどといった複数の要素を加味して考えるべきです。

◆仕掛け場

**買い条件：ステージ１**

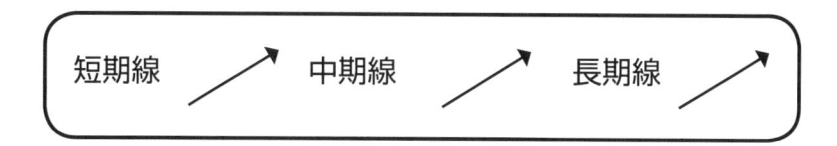

**売り条件：ステージ４**

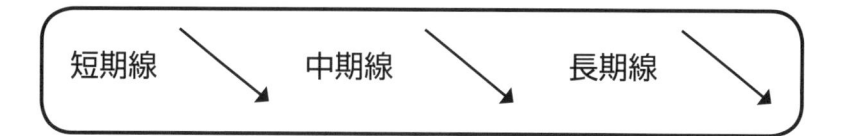

◆手仕舞い場

**買い手仕舞い：ステージ１の終了＝ステージ２に突入**

**売り手仕舞い：ステージ４の終了＝ステージ５に突入**

# 移動平均線大循環分析の注意点

移動平均線大循環分析で注意すべきポイントがあります。

## 1）値動きの小さな銘柄には不向き

ひとつは、値動きが小さな銘柄には不向きであることです。

移動平均線大循環分析の醍醐味は、その年に、ある程度大きな上昇トレンドがあったとしたら（あるいは大きな下降トレンドがあったとしたら）、そのトレンドをそれなりに丸ごと獲れる点にあります。年間で大きな利益を上げられるのです。

ということは、参加者が多くても値動きが小さければダメという話になります。

その対策として、複数の銘柄をウォッチする必要があります。およそ5銘柄を見渡せば、その中には必ず大きく上がるか下がる銘柄が出てくるでしょう。

## 2）急騰急落相場には要注意

もうひとつは急騰・急落に対する備えです。

昨日まで下がっていた相場が急騰してステージ1になり、3本の移動平均線が右肩上がりになった——という状況です。相場では、とき

に1本の大陽線の出現でステージ4が、突如としてステージ1になることがあります。

　ところが、このようなケースでは、すぐにステージ2に移行してしまうこともありがちです。今がチャンスとばかりに飛びついたところ、あっという間に下がってしまった経験は、トレードをしていれば誰にでもあるはずです。経済指標や予期せぬ要人の発言を受けて、瞬間的に急騰、そして反動で急落というパターンです。高いところで買ったうえでの決済ですから、それなりに痛手を被ります。

　こうした損害を避けるためには、急騰銘柄はワンテンポ見て、その急騰がさらに続くことを確認する必要があります。

**◆急騰（急落）には注意**

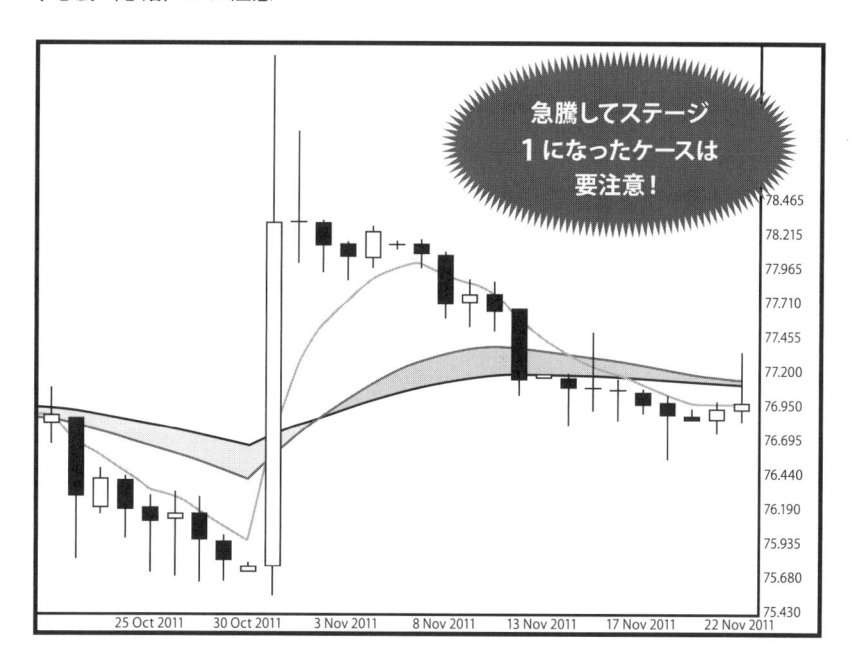

# 第 11 節
# 移動平均線大循環分析からわかること

移動平均線大循環分析の基本コンセプトは、しっかりしたトレンドをしっかり獲ることです。しかし、ノービストレーダーにはそれがなかなかできません。

移動平均線大循環分析を突き詰めていくと、以下の4つのことがわかってきます。

1）押し目買いや戻り売りのポイントがわかる
2）もみ合い放れがわかる
3）獲りやすい相場、獲りにくい相場がわかる
4）トレンド相場、もみ合い相場がわかる

それぞれ解説します。

## 1）押し目買いや戻り売りのポイントがわかる

ステージ1で上向きに推移していた相場がステージ2になれば、普通なら上昇トレンドは終わりです。しかし、そこから逆行して再びステージ1に戻ったとしたら、それは押し目買いのチャンスになります。同様に、ステージ4から5になった後に、再度4に戻ったときは戻り売りのチャンスです。まずはこの「押し目買い」「戻り売り」のパター

ンを覚えます。

　長期の上昇トレンドまたは下降トレンドの中では、必ずこういった形で一時的な"押し目"や"あや戻し"が発生します。そのタイミングを狙います。

　この押し目買いと戻り売りのパターンは、帯が以下の状態を継続する限り有効です。

◎安定上昇または安定下降している
◎傾きを崩していない
◎幅が広い

　ですから、もしもそのときに大局トレンドと同方向の建玉をしていたならば、手仕舞いはしません。逆に、その前に建玉していなかったら、いったん押し目またはあや戻しを迎えたところから、再度、上げまたは下げ出したときを狙って、押し目買いまたは戻り売りを仕掛けます。

　359ページの上段のチャート『米ドル／円の1時間足（2015年2月〜3月）』は押し目買いのタイミングを示しています。

　チャート期間中にわたって右肩上がりの非常に太い帯が形成されています。その中で、ステージ1からステージ2になる瞬間が2カ所ありますが、どちらも帯は太いままです。これだけ太ければ、ステージ3に移行する可能性はまずありません。典型的な「ステージ①→②→①の押し目買いパターン」です。

　帯が安定上昇を崩さず、かつ、太いままであることを確認したら、いったんステージ2に移行しても、そこから少しでも上げ始めたら、すかさず買いを仕掛けます。

## 2）もみ合い放れがわかる

もみ合い相場の中でも、下限での買い、上限での売りを繰り返せば、1トレードごとの利幅は少なくても最終的には確実に大きな収益を得られます。

ただ、理屈はそうでも、価格の上限と下限は必ずしもはっきりわかりません。ですから、上限と下限が揺れ動くもみ合い相場で確実に利益をものにするのはベテラントレーダーでも難しいのです。

では、もみ合い相場には、どう向き合うべきでしょうか。

ひとつの答えは、やがてもみ合い相場は終わり、新しいトレンドが発生すると意識を切り替えることです。これが"もみ合い放れ"を獲る戦略につながります。もみ合い相場が長く続けば続くほど、その後は大相場になると言われています。それまでじっくり待つのです。そして、移動平均線大循環分析の便利なところは、そのときを教えてくれることなのです。

もみ合い相場の中でも、小さな価格の上下動は絶えず繰り返されています。短期間で順行と逆行を繰り返すもみ合い相場が終了する、すなわち、**もみ合い放れをして上昇トレンドに入るのはステージ1のとき、下降トレンドに入るのはステージ4のときしかありません。**逆を言えば、ステージ2、ステージ3、ステージ5、ステージ6のときは、もみ合い放れは発生しないことになります。

以上のことから、もみ合い相場の中でステージ1か、ステージ4に入ったら、ここからもみ合い放れが起きるかもしれないと身構えるのです。もちろん、ステージ1やステージ4になったとしても、もみ合い相場が継続する可能性は否定できません。このとき、どうするかというと、もみ合い相場が継続するか否かを識別するために3本の移動平均線の傾きに注目します。

もし上昇トレンドに入ったならば、3本の線は「短期・中期・長

◆米ドル／円の１時間足（2015年２月〜３月）

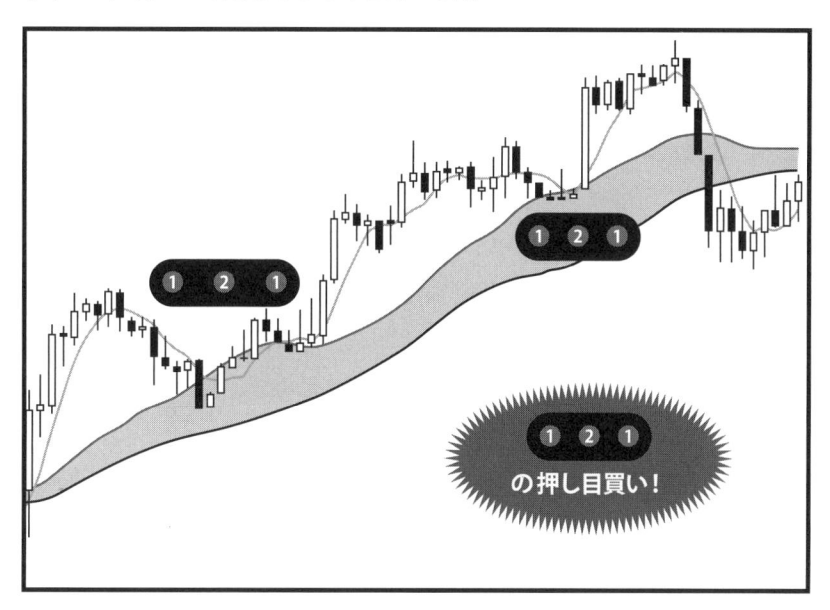

◆東京原油の日足

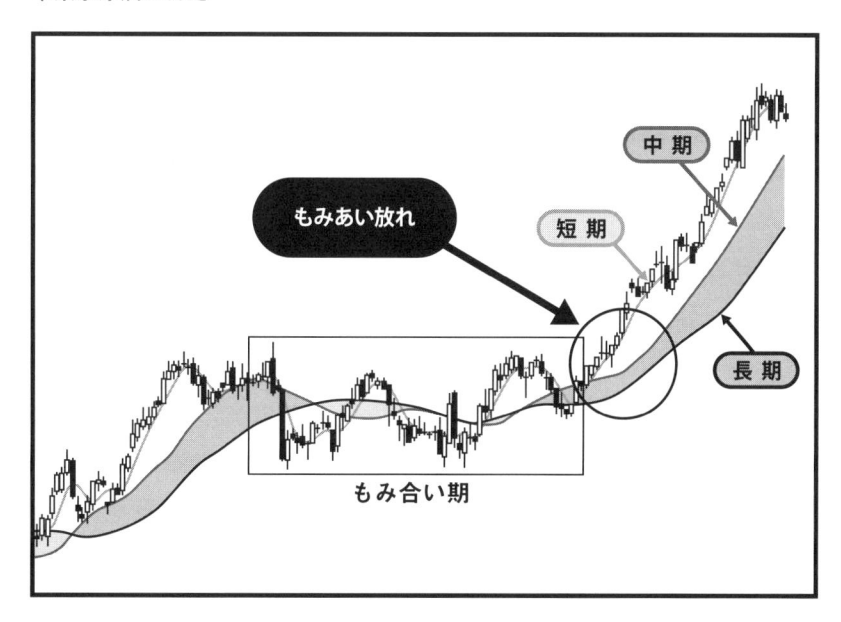

期」の並び順のまま右肩上がりに推移するはずです（前ページの下段のチャート参照）。もみ合っている価格帯の中心あたりから、3本の線がどんどん離れていけばもみ合い放れです。

　ここで、注目すべきは短期線です。短期線が中心から加速度的に離れていったら、高確率でもみ合い放れが起きます。反対に、ステージ1に入ったと思う間もなく短期線が中心に向けて下がり始めたとしたら、もみ合い相場は継続するとみなします。

### 3）獲りやすい相場、獲りにくい相場がわかる

　獲りやすい相場と獲りにくい相場はすぐに見抜くことができます。

　買いで獲りやすい相場は、ステージ1で3本の移動平均線が右肩上がり、帯の間隔が広いときです。逆に、売りで獲りやすい相場は、ステージ4で3本の移動平均線が右肩下がりになっています。ステージが順行で推移してきて、ステージ1とステージ4が長ければ長いほど理想的な形といえます。

　もうひとつの獲りやすいパターンはステージ「1→2→1」の押し目買いと、ステージ「4→5→4」の戻り売りです。これは、帯がしっかりしているときに狙います。

　逆に、獲りにくいのはステージ1とステージ4が短期間で終了する相場です。ただ実際にはステージ1またはステージ4になってみないと長く続くのかどうかわかりません。ひとつの判断基準として挙げるとするなら、ステージ2とステージ3、ステージ5とステージ6が長い場合は、次に来るステージ1またはステージ4が長続きする可能性はまずありません。その状態（ステージ2とステージ3、ステージ5とステージ6が長いとき）は、典型的なもみ合い相場だからです。

　また、帯の間隔が狭い、もしくは、帯が横ばい状態のときに到来す

るステージ1またはステージ4も長続きしません。こういうときは3本の移動平均線が近接していて、ステージの判別さえ困難になっています。

　以下に示している『米ドル／円の1時間足（2015年2月）』は、典型的な獲りにくい相場のチャートです。

　一見してチャートが込み入っていて、ステージが細かく入れ替わっています。しかも帯が横ばいで、幅も狭くなっています。移動平均線大循環分析を学べば、これは手を出すべき相場でないことがすぐにわかるはずです。

◆獲りにくい相場［米ドル／円の1時間足（2015年2月）］

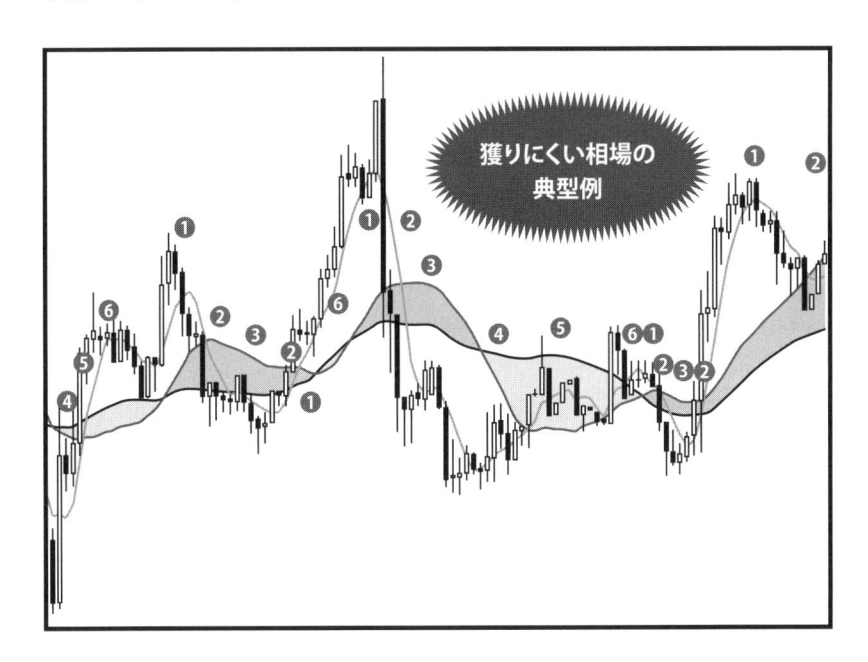

## 4）トレンド相場・もみ合い相場がわかる

　今がトレンドの渦中か、それとも、もみ合い相場なのかがわかります。

　基本的に、トレンド期はステージ1とステージ4が長く続きます。逆に、ステージ2とステージ3、ステージ5とステージ6の移行期は短いという特徴があります。要するに、先にも少し触れたように、ステージ2とステージ3、ステージ5とステージ6が長いときはもみ合い相場なのです。

　次ページのチャート『トレンド期はステージ1とステージ4が長い』は獲れる相場の典型です。

　一見してステージ1とステージ4が長く、移行期であるステージ2とステージ3、ステージ5とステージ6はあっという間に通過しています。

　こういうチャートを見たら、獲るべき相場だと意識しましょう。獲れるときと獲れないときは、チャートを見れば一目瞭然です。

◆トレンド期はステージ１とステージ４が長い

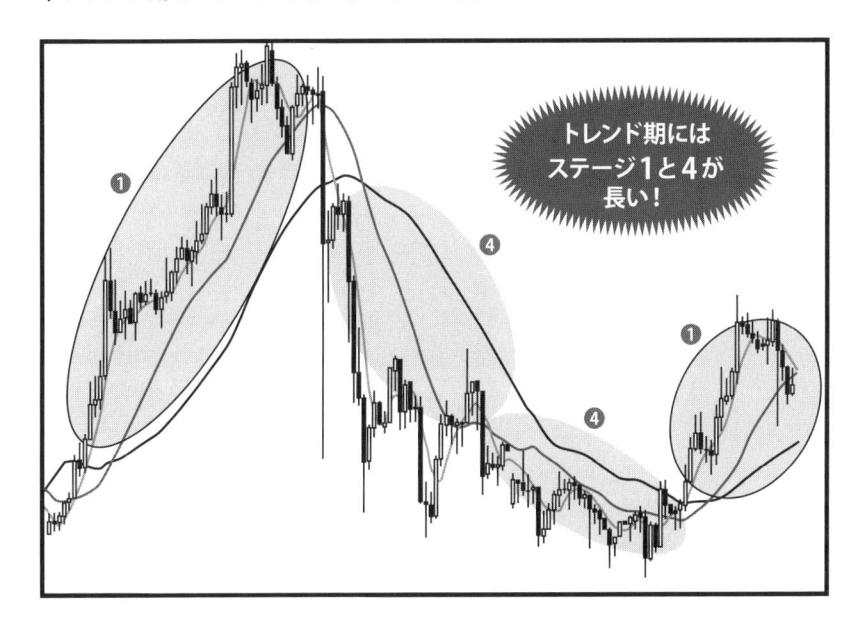

# 第12節
# 移動平均線大循環分析を極める

## 1）ステージの変化は3つのGCとDCでできている！

　2本の移動平均線が交差してできるゴールデンクロス（Gクロス）は買いシグナル、デッドクロス（Dクロス）は売りシグナルでした。移動平均線大循環分析では3本の移動平均線を使いますが、ステージの循環は、煎じ詰めると3つのGクロスと3つのDクロスで発生します（次ページの図『3つのGCとDCでできている』を参照）。

　ステージ1からステージ2への移行は、上から「短期・中期・長期」という並び順が、短期と中期が入れ替わって「中期・短期・長期」となったときに発生します。このときには5日移動平均線（短期）と20日移動平均線（中期）がDクロスしています。

　5日線と20日線でDクロスが起きたら、基本的には「過去1カ月間の買い方がプラスからマイナスに転じた」と判断します。

　ステージ2からステージ3への移行は、5日移動平均線（短期）と40日移動平均線（長期）のDクロスで決まります。このDクロスでは「過去2カ月間の買い方がプラスからマイナスに転じた」という意味です。当然、売りシグナルです。

　最後にステージ3からステージ4への移行は20日移動平均線（中期）と40日移動平均線（長期）のDクロスで決まります。これは大局トレンドが買いから売りに転じたことを示しています。このとき帯

◆3つの GC と DC でできている

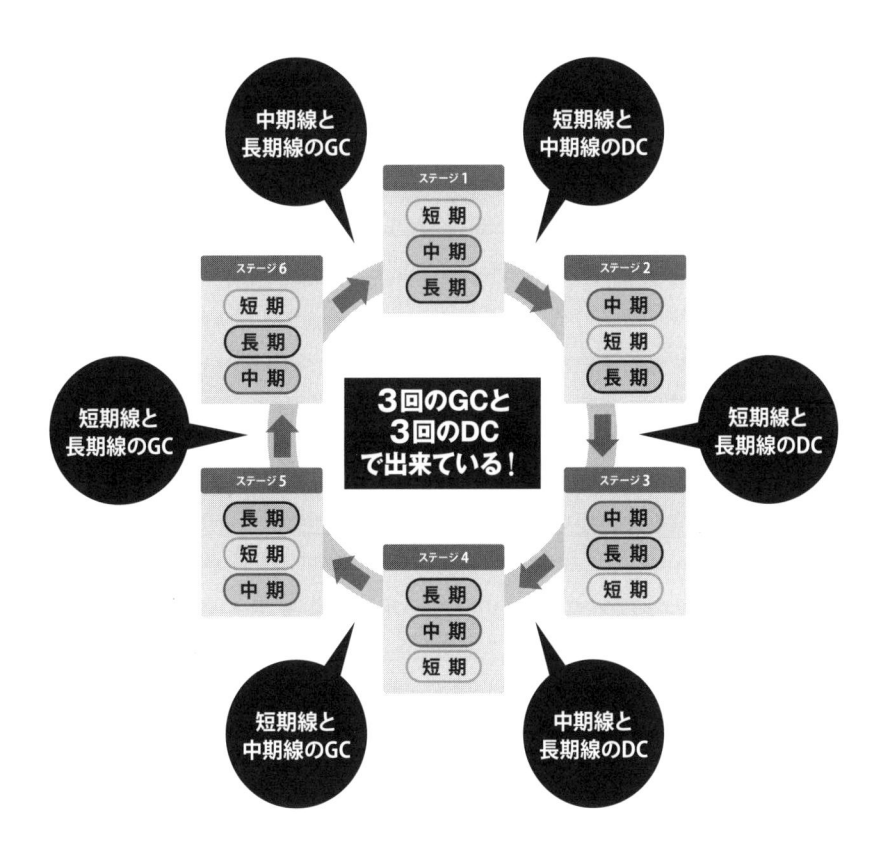

は陰転しています。

このようにステージ1からステージ2へ、ステージ2からステージ3へ、ステージ3からステージ4への移行は、それぞれ売りサインのDクロスを経て完成します。これらは、次第に売りへと傾いていく状況を表しているのです。

ステージ4からステージ1までの変化はこの逆です。それぞれのステージ変化はDクロスではなくGクロスが契機となって発生します。中期線と長期線がGクロスすると、帯は陽転します。


## 2）移動平均線の欠点を、どう克服したか？

移動平均線大循環分析で移動平均線を3本使うのは、移動平均線の欠点を克服することが目的です。

移動平均線と価格（ローソク足）、あるいは2本の移動平均線が織りなす買いサインのGクロスと売りサインのDクロスはそれなりに有効なシグナルですが、もみ合い相場のときにはダマシだらけになる欠点があります。

では、そのダマシに遭わないようにするにはどうすればよいでしょうか。答えは、もみ合い相場のときにはシグナルが出ないようにすることです。そもそも、もみ合い相場でダマシが発生するのは、長期線が上昇し出すころに、短期線が下降を始めているためです。そこで期間が異なる3本の移動平均線の傾きを確認することにします。

ステージ1で3本の移動平均線の右肩上がりを確認して買いを仕掛ければトレンドの認識は確実性が高まります。ただし、その場合には仕掛けのタイミングが遅くなるデメリットが生まれます。

そこで今度は、ダマシに遭わずにどのように早く仕掛けるかという問題をクリアしなければなりません。

## 3）もみ合い相場のシグナルを大幅減少

移動平均線の欠点をどう克服したかを確認します。

下記のチャートを見てください。丸で囲ったエリアがもみ合い相場です。

チャートの中では短期線と中期線がクロスしてDクロスを形成しています。移動平均線の2本だけを見ていたら、当然、売りサインです。しかし、Dクロスのあとですぐに価格は上昇していますから、このDクロスはダマシだったことになります。

ところが、グレーのエリア内では3本の移動平均線が、瞬間的に下から「短期・中期・長期」の並び順（ステージ4）になっているものの、3本そろって右肩下がりの局面はありません。つまり、移動平均線大循環分析で言うところの、売りシグナルが出ていないのです。これがダマシの克服法です。

◆移動平均線大循環分析ではダマシを避けられる

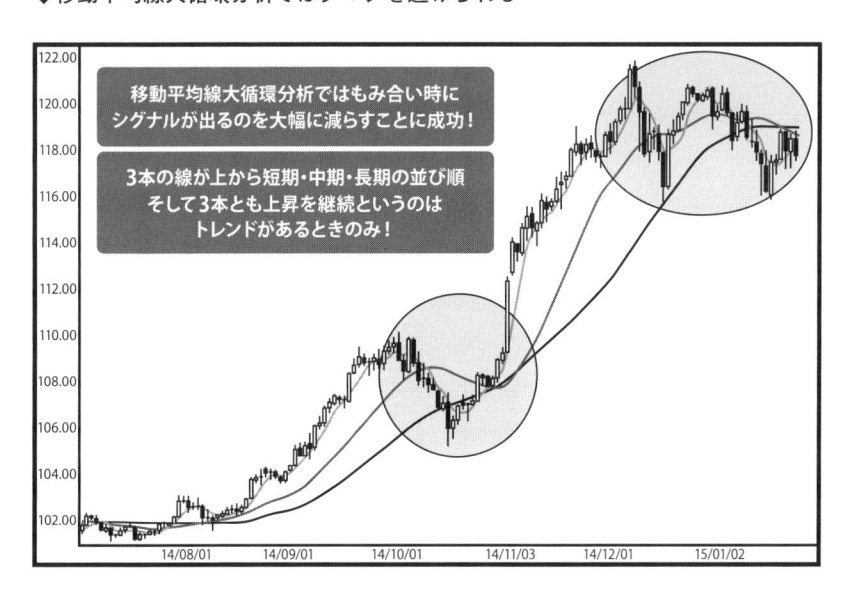

次に、売買シグナルが遅くなるデメリットを解消しなければなりません。すなわち移動平均線大循環分析を使って勝つためには、ワンテンポ早い仕掛けができればすべての問題が解決します。

# 短いトレンドも
# 獲りこぼさずに獲りにいくやり方
## 〜早仕掛け・試し玉〜

　移動平均線大循環分析は「入門者に年間でのトータル利益をいち早く獲得させられる手法」として解説してきました。入門者がトータルで利益を上げるために一番大切なことは、獲りやすい相場をしっかりと獲ることにあります。したがって、本来であれば、移動平均線大循環分析は本仕掛けで完結するのです。

　ところが、移動平均線大循環分析を中級者以上が使うと、「小さなトレンドのときに獲れない」という悩みが出てきます。本来、小さなトレンドなど獲らなくてもよいのですが、精神衛生上良くないので、そこも獲りたいということになります。

　試し玉、早仕掛けという手法が出てくるのは、"そういう理由"からです。


## 1）早仕掛け・試し玉とは

　ワンテンポ早く仕掛けるためには、買いならばステージ1ではなく、それよりも前段階のステージ5またはステージ6ということになります。ただし、その場合、失敗する確率も高まります。

　そこでステージ5またはステージ6で仕掛けて、なおかつ、失敗しにくい早仕掛け・試し玉の条件を検討します。

"早仕掛け"では、本仕掛けと同じポジション量を取引しますが、通常のタイミング（買いならば「ステージ１で３本の移動平均線が右肩上がり」であることを確認して発注）ではなく、それよりも早いタイミングで買いを入れます。早くエントリーすることで、移動平均線大循環分析で獲りこぼしやすい小さなトレンドも獲れるようになります。

　"試し玉"では、通常仕掛ける量の３分の１から、５分の１を仕掛けます。早仕掛けとの最大の違いは、本来、仕掛けるべきタイミング（本仕掛けのタイミング）が到来したら、もう１回、仕掛ける点です。試し玉は、いわば偵察のような位置づけです。試し玉と本仕掛けは１セットになります。


## ２）早仕掛けのタイミング　〜買い〜

　早仕掛けは次の条件を確認したうえで発注します。買いを例に紹介します。


### ①早仕掛け１
現状：ステージ５またはステージ６
タイミング：３本の移動平均線がそろって右肩上がりになったとき

### ②早仕掛け２
現状：ステージ１またはステージ６
タイミング：短期線の上昇、中期線の上昇、長期線の下降から横ばい
　　　　　　への変化が確認できたとき

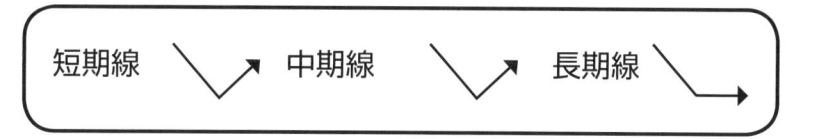

　ステージ4では、3本の移動平均線の状態を確認しておきます。下降トレンドが強ければ3本とも右肩下がりになっているはずです。

　しかし、下降トレンドの終焉では、仮に上昇に転じるのであれば、一番感応度が高い短期線から上向きになります。もちろん短期線が上向いただけでは、まだ本物ではありません。

　次に中期線が上昇を開始したら、下降トレンドの終わりは、かなり信憑性を高めてきます。長期線が上向いてくれば完璧ですが、下がっていた長期の下げ足が緩やかになったとしたら、すでに早仕掛けのタイミング到来と考えてもよいでしょう。ポイントは、方向性が見えてきたときが、早仕掛けのタイミングだということです。

## 3）試し玉のタイミング　〜買い〜

　試し玉については、少ない量の建玉ゆえにリスクが減少するため、条件は早仕掛けよりも緩やかになります。ここでも、買いを例に紹介します。

### ①試し玉1
現状：ステージ5
タイミング：短期線の上昇、中期線の上昇、長期線の下降から横ばい
　　　　　　への変化が確認できたとき

② 試し玉2

現状：ステージ6またはステージ1

タイミング：短期線の上昇、中期線の下降から横ばいへの変化、長期
線の下降が明らかに緩やかになったと確認できたとき。

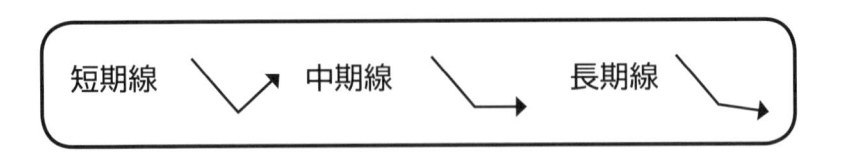

## 4）仕掛けポイント早見表

　早仕掛けと試し玉の条件を整理したのが　次ページ上段の『仕掛け
ポイント早見表（買い）』です。すべて買いを発動するための条件で、
売りならばこの逆になります。

　通常の仕掛け、早仕掛け、試し玉のタイミングを次ページ下段の
チャート『米ドル／円の4時間足（2015年5月30日〜6月15日）』
で確認しましょう。

　通常の仕掛けは、ステージ1に入って、3本の移動平均線が右肩上
がりになったことを確認できた時点です。そして売り手仕舞いするの
は、短期線と中期線がDクロスしてステージ2に移行したときです。

　ところが、仕掛けのポイントと手仕舞いのポイントを考慮すると、
ほとんど儲けていないところかわずかですが損をしています。つまり、
この程度のトレンドでは、通常の仕掛けをしていたのでは遅過ぎるこ
とになります。

　ここで、直前のステージ6での3本の移動平均線の傾きに注目して
ください。短期線は急激に、中期線は緩やかに、長期線も上昇してい
ます。つまり、早仕掛けのタイミングだったことがわかります。もち
ろん利益も獲れています。

◆仕掛けポイント早見表（買い）

下降が

| | | | |
|---|---|---|---|
| 短期線 | 上　昇 | 上　昇 | 上　昇 |
| 中期線 | 上　昇 | ほぼ上昇 | ほぼ平行 |
| 長期線 | ほぼ上昇 | ほぼ平行 | はっきりと緩やかに |
| ステージ1 | 本仕掛け | 早仕掛け | 試し玉 |
| ステージ6 | 早仕掛け | 早仕掛け | 試し玉 |
| ステージ5 | 早仕掛け | 試し玉 | × |

◆米ドル／円 の４時間足（2015年5月30日〜6月15日）

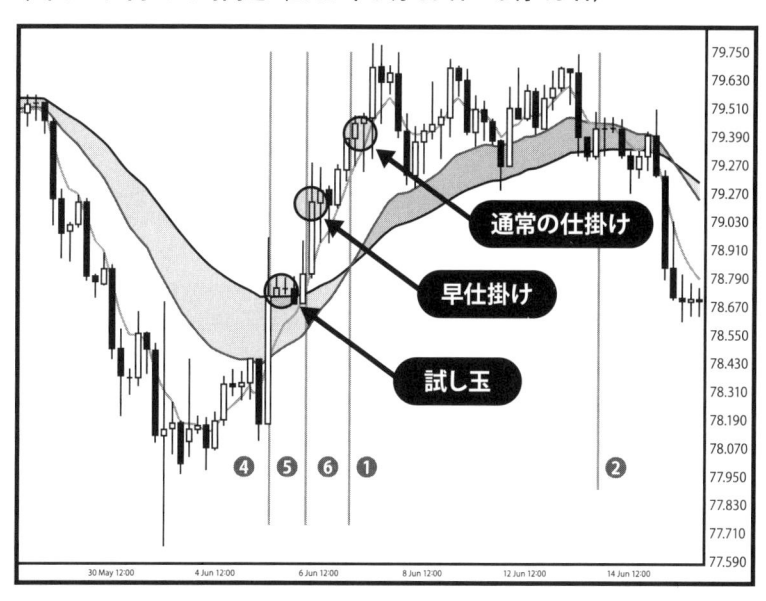

# 第12章

# 大循環MACD

## 第1節
# MACD について

## 1）なぜ MACD が必要なのか？

MACD というテクニカル指標をご存知でしょうか？ 詳しい説明はこれからしていきますが、先に、「なぜ、MACD を紹介するのか」について、お話ししておきます。

先に紹介した移動平均線大循環分析では、トレードすべき状態（ステージ1とステージ4）はわかりますが、ただひとつ、買いサイン＆売りサインの出るタイミングが遅いという弱点がありました。それゆえに、資金管理を大前提に早仕掛けや試し玉が必要なこともお話ししました。

移動平均線大循環分析の唯一の弱点、それを補う策が MACD を利用する仕掛けなのです。それこそが、MACD を必要とする理由です。

## 2）MACD のチャートを見てみる

まずは次ページの MACD のチャート『日経平均の日足』を確認します。中央から上は日経平均のローソク足で、下が MACD です。

MACD のチャートが少しややこしいのは、① MACD、②シグナル、③ヒストグラム——という3本の線が描かれているからです。

MACD という分析手法を構成している3つの要素が MACD とシ

◆日経平均の日足

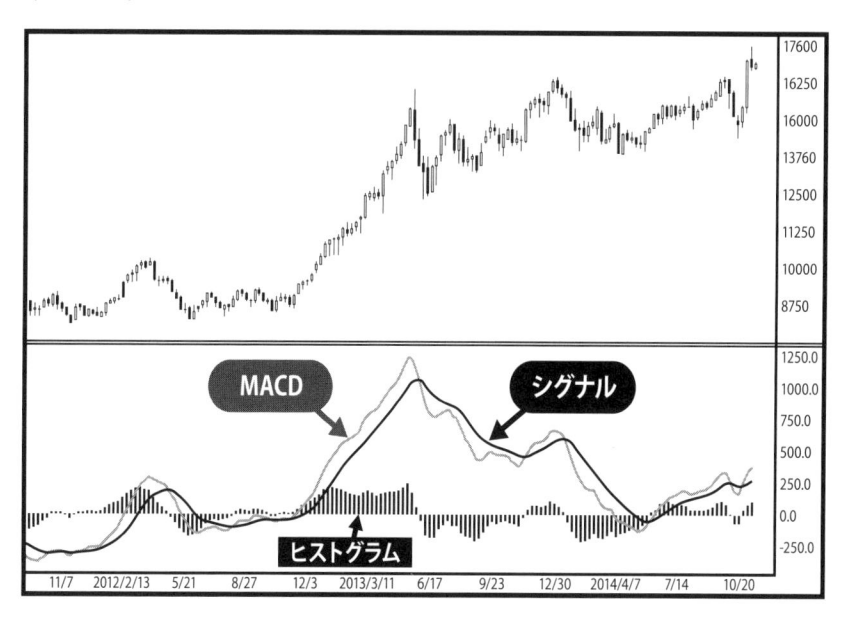

グナルと呼ばれる2本の折れ線と、ヒストグラムと呼ばれる縦棒であることを確認しましょう。

これから学ぶのは、302ページでも説明した次の5箇条です。

① 計算式を覚える
② 計算式の意味を理解する
③ 計算式をもとにそのテクニカル指標がどこを見ているのかを知る
④ 売買サイン（買いなのか、売りなのか）を学ぶ
⑤ 売買サインの理屈を知る

MACDはなんとなく難しそうと言うトレーダーは少なくありませんが、決してそんなことはありません。

## 3）MACD の正式名称

MACD の正式名称は、英語で次のようになります。

Moving Average Convergence / Divergence Trading Method

この英語表記はMACDの本質をよく表しています。最初の"Moving Average" は "移動平均" を意味する言葉です。続く "Convergence" は数学や物理で多用される言葉で "収束" "収れん" を意味します。そして "Divergence" は収束に対する "拡散" を表します。2つの単語が "／（スラッシュ）" で結ばれているのは、MACD移動平均線の収束と拡散を分析する "Trading Method＝取引手法" だからです。したがってMACDは一般的に "移動平均線収束拡散法" と翻訳されています。難解な日本語です。噛み砕いていえば、移動平均線がくっ

ついたり離れたりする状況を分析する手法だと理解してください。

　移動平均線がくっついたり離れたりすることを分析してトレードに活かすのは、移動平均線大循環分析と非常に似ています。つまり移動平均線大循環分析とMACDは極めて近しい関係にあるのです。

## 4）MACDの計算式

　MACDで使う計算式は以下の通りです。

① EMA ＝ （EMAy × （n − 1 ） ＋ P × 2 ） ÷ （ n ＋ 1 ）
② MACD （以後 MACD1） ＝ EMA（短期） － EMA （中長期）
③シグナル （SIGNAL） ＝ MACD 1 の EMA
④ヒストグラム （ HISTOGRAM ） ＝ MACD 1 － シグナル

　まず②について。補足として EMA （短期）、 EMA （中長期）と記してあるように、基本的に使用するパラメーターは、短期線が12日、中長期線は26日です。また③で、シグナルのEMAに使用するパラメーターは9日とします。一見すると難解ですが、実はとても簡単です。

## 5）EMA（指数平滑移動平均線）の特徴

　EMAは日本語で"指数平滑移動平均線"と訳されています。

　一般的に日本で用いられる移動平均線は"単純移動平均線（SMA = Simple Moving Average）"ですが、諸外国では単純移動平均線よりも指数平滑移動平均線（EMA = Exponential Moving Average）のほうがメジャーになっています。

　そして、MACDの場合、公式からわかる通り、EMAがたくさん出てきます。もっと言えばMACDはEMAでできているといっても

過言ではないのです。

　MACD に関する公式を難しく感じるのは、日本人が EMA を理解してないだけの話です。ということは、EMA が何たるかさえわかれば、問題はあっという間に解決するはずです。


　次ページの『EMA（指数平滑移動平均線）の特徴』には、パラメーターが同じ 60 日の SMA と EMA を描画しました。

　それぞれチャート上で天井と底がわかるようにしてあります。ここで確認しておきたいのは、実際の天井（＝価格の天井）と実際の底（＝価格の底）がどこにあり、その実際の天井と実際の底のタイミングにより近いのは SMA か、それとも EMA かという点です。

　答えは明確で、EMA のほうが実際の天底に近くなっています。一方、SMA の天井は実際の天井からずいぶん遅れてから、ようやく天井を打っています。底入れも同様で、実際の価格と SMA の底にはずいぶん時間的なズレがあります。

　これは重要なポイントです。

　移動平均線ではゴールデンクロス（G クロス）またはデッドクロス（D クロス）のサインに応じて買いまたは売りを仕掛けます。そのとき、実際の天井や底からずいぶん遅れて売買サインが出ても、大きな収益は望めません。底打ちしたならば、早めに教えてくれなければ価値がないのです。そこで登場するのが EMA というわけです。

　EMA には、もうひとつの特長があります。SMA と EMA の天底を見比べてみてください。SMA は EMA より天井の値位置が高く、底の値位置が低くなっていることに気づきませんか。

　これは、線の滑らかさと関係しています。EMA は SMA に比べ滑らか（平滑）なのです。逆に、SMA は相対的に線の上下動が激しく見えます。この線の滑らかさは「ダマシが少ない」ことにつながります。このことについては、後で詳しく説明しますので、ここでは「そ

◆ EMA（指数平滑移動平均線）の特徴

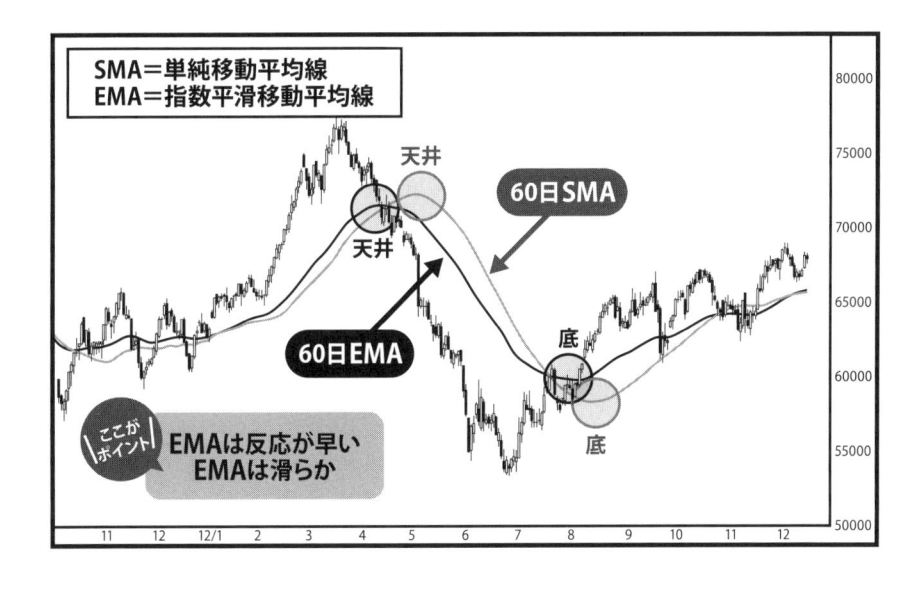

ういうものだ」と理解しておいてください。

　EMAの特徴として、過去のデータよりも直近のデータにより重点を置いて平均値を算出する点が挙げられます。そのことを説明するためにSMAの欠点を先に説明します。

　例えば、10日単純移動平均線で、今の移動平均の値が1000円だと仮定します。翌日には、その値（＝1000円）は「昨日の値」と呼ばれることになります。

　では、今日の値が1200円だとします。さて、今日の移動平均線は上向くでしょうか、それとも下向くでしょうか。

　答えは「上向く」だと思われがちですが、話はそれほど単純ではありません。これを説明しているのが、次ページの『実は簡単、EMAの計算式』です。計算を簡単にするために5日移動平均で考えます。

　本日の価格から遡って、1日前の価格、2日前の価格、3日前の価格、4日前の価格を合計して5で割った結果がSMAの1000円でした。

　そして、日にちが1日進み、新たなSMAを計算するために最新の価格である1200円が登場します。もちろん、一番古い価格は落として（除外して）、新たな5日間でSMAを計算し直します。

　さて、このとき、その一番古い価格が1300円だったらどうでしょう。要素（価格）のひとつが1300円でも、5日間の平均が1000円ということはあり得ます。例えば、1300円と700円、残り3日間が1000円の場合がそうです。さて、5日間の合計が5000円で、一番古い1300円が外れ、新たに1200円が計算すべき5日間の値段に繰り入れられたとしたら、平均値はそれまでの1000円よりも下がるはずです。

　移動平均線が上がるか下がるかは、今日の価格が移動平均線よりも高いか安いかで決まるのではありません。計算から外れる価格と新たに加わる価格のどちらが高いか低いかによるのです。ダマシが起こるのはこのためです。

◆実は簡単、EMA の計算式

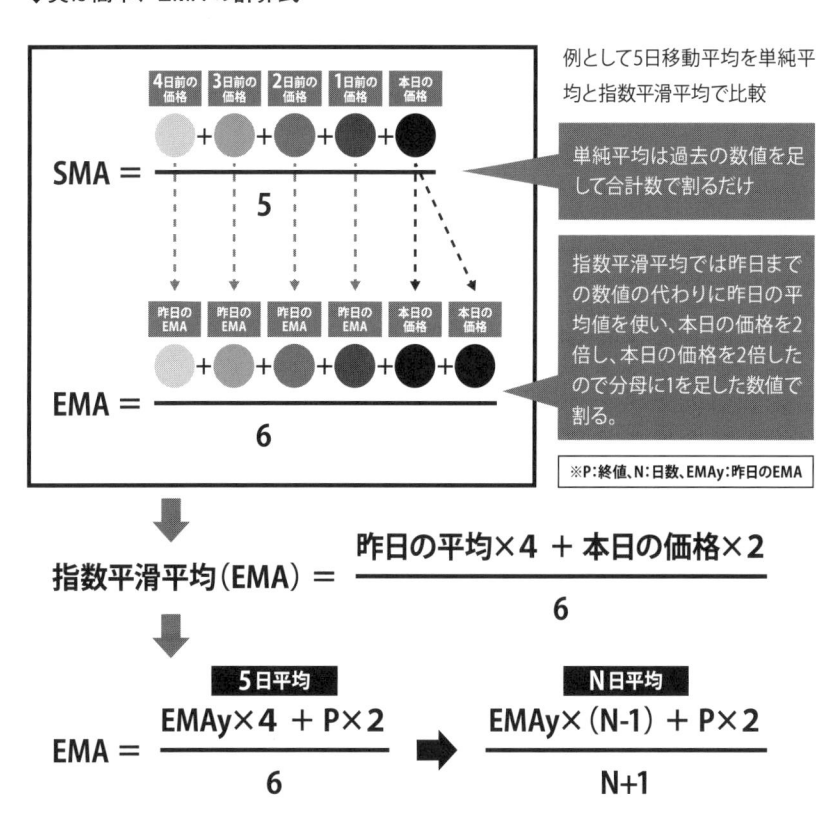

例として5日移動平均を単純平均と指数平滑平均で比較

単純平均は過去の数値を足して合計数で割るだけ

指数平滑平均では昨日までの数値の代わりに昨日の平均値を使い、本日の価格を2倍し、本日の価格を2倍したので分母に1を足した数値で割る。

※P：終値、N：日数、EMAy：昨日のEMA

$$指数平滑平均（EMA）= \frac{昨日の平均 \times 4 + 本日の価格 \times 2}{6}$$

**5日平均**

$$EMA = \frac{EMAy \times 4 + P \times 2}{6}$$

**N日平均**

$$\frac{EMAy \times (N-1) + P \times 2}{N+1}$$

「今日の価格が高い」という理由で、移動平均線が上向いてGクロスすることがあります。

反面、今日の価格が高くないにもかかわらず、計算から外れる価格がたまたま低いとしたら、移動平均線はやはり上向きます。それも、外れる価格が低ければ低いほど上向きの加減は強まります。その結果、Gクロスすることも、もちろんあります。このとき、その状態を見て飛びついて買ったトレーダーがダマシに遭うのです。

SMA の問題点はこれだけではありません。

100 日 SMA で平均値を取って、今日の価格と比較します。昨日の価格の高安は今日の価格に強く影響します。しかし 100 日前の価格はどうでしょう。今日の価格に対するインパクトは、昨日の価格に比べて格段に薄くなるはずです。ところが、SMA は 100 日分の価格を合計して 100 で割って求めているのです。要するに、100 日前の価格と今日の価格ウエイトがまったく同じなのです。

こうした SMA の問題点を克服したのが EMA です。5 日 EMA の計算式は以下の通りです。

$$5\text{日EMA} = \frac{\text{昨日の平均} \times 4 + \text{今日の価格} \times 2}{6}$$

今日の価格を 2 倍しているのは、SMA の問題点のひとつである "価格のインパクト" を考慮したためです。すなわち過去の価格よりも最新の価格のインパクトを高めています。

一方で、昨日までの 4 日間の価格は大雑把に扱っています。この計算結果（分子）を 6（分母）で割るのは、今日の価格を 2 日分に見立

てているからです（計算に用いたデータは6日分）。

　さて"昨日の平均"ですが、この数値の算出にも"昨日の価格"は2倍されて用いられています。同様に"一昨日の平均"を求めるために用いた平均値では、一昨日の価格が2倍されています。このため、データを長期にするほど、過去の価格のウエイトは低くなるのです。

　これを5日ではなくN日として一般式に書き換えると次の式になります。

$$EMA = \frac{EMAy \times (N-1) + P \times 2}{N+1}$$

　分子中の"EMAy"は昨日（yesterday）のEMA、"P"は今日の価格（Price）を意味します。

　海外のトレーダーがSMAではなくEMAを使う理由は、長期の移動平均を計算する簡便さにあります。100日移動平均線、もっといえば1000日移動平均線を計算する場合、EMAは昨日の平均値と今日の価格がわかればたちどころに計算できてしまうからです。

　試しに100日EMAを計算しましょう。

　昨日のEMAは100円、今日の価格は120円です。今日のほうが価格は高くなっています。先に示した計算式に当てはめます。

$$100日EMA = \frac{100 \times 99 + 120 \times 2}{100+1} = 100.396\cdots$$

## 6）2本の EMA のサイン

　EMA の使い方は、SMA の使い方と変わることはありません。

　以下のチャートの時間軸で左側にある上昇トレンドに注目してください。このときの位置関係は短期（12 日）EMA が長期（26 日）EMA の上側に位置しています。また 2 本の EMA の傾きがより強い右肩上がりを示している期間は、価格はさらにその上に来ています。ところが価格が下がると、価格に対してより感応度が高い短期 EMA は傾きを小さくし、結果、長期 EMA と接近していきます。しかし、また価格が騰勢を取り戻すと、2 本の EMA は間隔を広げ始めることがわかります。これが価格と 2 本の EMA の基本的な関係です。

　その上昇トレンドもやがては終わりを迎えます。価格の騰勢が衰え横ばいに推移するようになると、ついに短期 EMA が長期 EMA の下に位置するようになります。その転換点、すなわち交差するときがデッドクロスです。ここからは、相場は下降トレンドに突入します。

◆2本の EMA のサイン

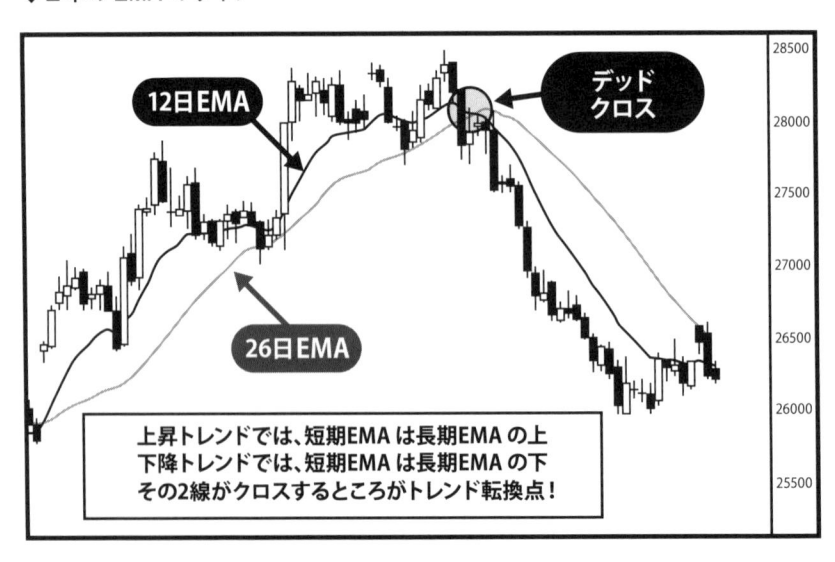

## 第2節
# MACD を構成する3つの要素とは

MACD のチャートは以下の3つの要素で構成されています。

1）MACD（MACD1）　2）シグナル　3）ヒストグラム

それぞれ、解説します。

## 1）MACD（MACD1）について

### ◎概要

MACD の中には MACD という線があります。これは、MACD1 というテクニカル指標と MACD2 というテクニカル指標がワンセットになっているためです。MACD1 と MACD2 の開発者が別人であるために、こういうややこしいことになりました。

本来、テクニカル指標である MACD は MACD 線のことであり、"マックディーオリジナル"あるいは"MACD1"と呼ばれています。本書では今後、混乱を避けるためにチャート手法全体を指す場合は"MACD"、MACD 線を指す場合は"MACD1"と表記することにします。

シグナルとヒストグラムは MACD の正確性を強化するために、あとから補助的につけられたものです。

## ◎計算式

　MACD1 の計算式は次の通りです。

$$\text{MACD1} = 12\text{日 EMA} - 26\text{日 EMA}$$

　MACD では、すべて指数平滑移動平均線（EMA）を使います。これが日本人から MACD を遠ざけている原因です。しかし、EMA の基本を理解した今となっては"食わず嫌い"の理由は何もないはずです。

　MACD1 で求めた数値は、短期線と長期線の"間隔"です。そして、本章の冒頭で紹介したように、MACD では 2 本の EMA がくっついたり離れたりする様子を分析します。

　2 本の EMA がくっつけば最終的にはクロスが発生します。それがＧクロスかＤクロスかを知る手がかりが MACD なのです。ノービストレーダーが"食わず嫌い"を起こすほど身構えた MACD は、実は、それほどシンプルなものだったのです。

　次ページの『MACD1』の解説図を見てください。ここでは、縦に 2 本の直線を引いています。その直線上でＤクロス（左）とＧクロス（右）が発生しています。

　ここで、考えてほしいのが 12 日 EMA と 26 日 EMA の間隔です。2 本の EMA がクロスしているということは"くっついている"状態ですので、間隔は、当然、ゼロになります。

　価格チャートの下部は、MACD1 の数値を目で確認するための、いわば定規です。中央のＡの線が MACD1 のゼロ地点です。このＡの

線を挟んで MACD1 は上下に揺れ動きます。

　丸印の『注目ポイント』と記した地点を見ると、MACD1 がマイナス圏から数値がどんどん上昇を始め、やがてゼロに到達している様子がわかります。マイナスからゼロになる、このときがGクロスです。

　Gクロスしたあと MACD1 はさらに右肩上がりを続けていきます。その結果、いったんゼロになった間隔がふたたび離れ始めます。ただし、その値は先ほどのマイナスから今度はプラスに転じています。この動きは、上昇トレンドが継続していることを示すものです。

　このように、2本の EMA の間隔を見れば、GクロスとDクロスの発生を先読みできるのが MACD1 の特徴であり、強みなのです。

　『注目ポイント』の垂直上方、価格チャート内に矢印①をつけました。この時点で EMA は2本とも右肩下がりになっていますが、実は2本の間隔は"くっつき"始めています。ただ、EMA だけを見ていても、

◆ MACD1 の解説図

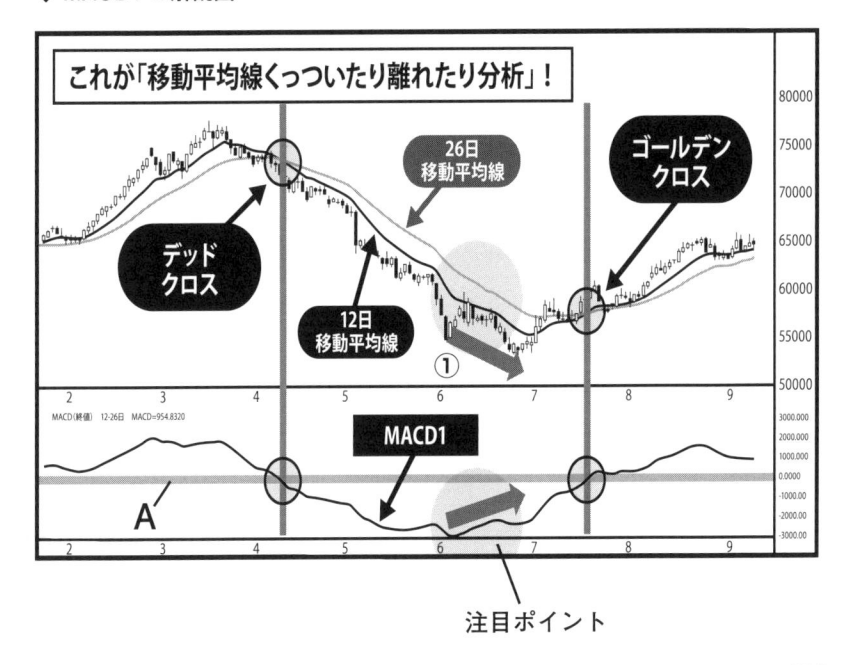

注目ポイント

そのくっつき始めていることがわかりにくいのです。

　ところが MACD1 を見れば 2 本の線の間隔はピークを過ぎてくっつき始めていることが確認できます。そして、その先に G クロスがあるとわかっていれば、G クロス以前に買いを仕掛けることができるはずです。

　移動平均線大循環分析ではステージ 1 の発生以前に早仕掛けまたは試し玉をするための条件を説明しました。MACD を使えば、その確度をさらに向上させることが可能なのです。

## 2）シグナルについて

　MACD を構成する 2 つ目の要素である「シグナル」とは、MACD1 の 9 日 EMA を意味します。なぜ EMA の間隔をさらに EMA で分析するのでしょうか。

　理由は価格のトレンドよりも MACD1 のトレンドが先行するためです。これはとりもなおさず、MACD1 が上昇トレンドにあるのか下降トレンドにあるのかを知れば、やや遅れて発生する価格のトレンドを先んじて知ることにつながります。

　MACD1 に移動平均線をつければ、そこで G クロス、D クロスが発生します。そのときに上昇トレンドまたは下降トレンドを予見できる仕組みなのです。

　MACD1 とシグナルが G クロスしたら、MACD1 に上昇トレンドが発生した証拠です。つまり、買いサインとなります。もちろん MACD1 とシグナルの D クロスは売りサインになります。

◆シグナル

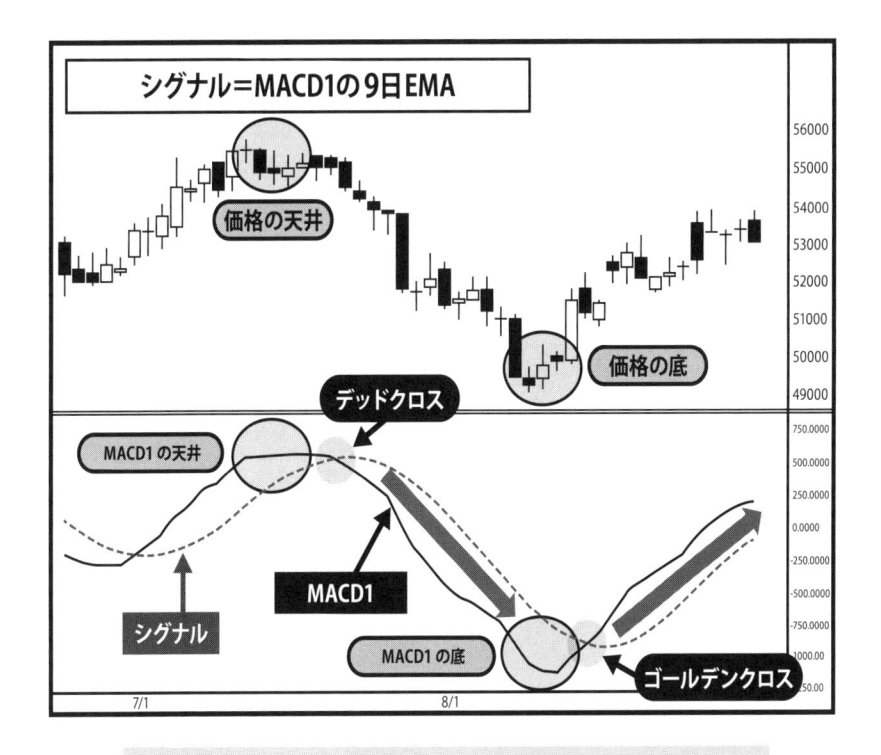

MACD1とシグナルがGクロス＝買いサイン
MACD1とシグナルがDクロス＝売りサイン

## 3）ヒストグラムについて

ヒストグラムは MACD2 と呼びます。計算式は次の通りです。

> ヒストグラム＝ MACD1 －シグナル

つまり、ヒストグラムは MACD1 とシグナルの差、すなわち間隔を見るための物差しということになります。

MACD1 とシグナルがGクロスまたはDクロスする地点が買いサイン・売りサインであることは説明した通りです。であるならば、そこは離れていた MACD1 とシグナルが"くっつく"場所であるはずです。

そもそも MACD1 は、12 日 EMA と 26 日 EMA の間隔を見るためのツールです。それにより 2 本の EMA のGクロス・Dクロスをひと足早く知ることができるのですが、今度は MACD1 とシグナルの間隔の拡大・縮小によって MACD1 を先読みするのです。つまり、ヒストグラムは先読みの先読みをするためのツールという位置づけです。

MACD1 とシグナルは折れ線グラフですが、ヒストグラムは棒グラフで間隔がくっついたり離れたりする動きを表現します。

次ページの『MACD2 ＝ヒストグラム』の図には、上段に価格、中段に MACD1 とシグナル、下段にヒストグラムを描画しました。このうち下段では、右側のゼロを挟んで上下に伸びたり縮んだりする様子が見てとれます。これがヒストグラムです。

価格チャートは下降トレンドで始まっています。ローソク足は下げの連続です。このとき中段の MACD1 とシグナルも同様に下降線をたどっていますが、下げのピーク（底）は価格よりも早く、すなわち価格に先行して上昇しています。

下段のヒストグラムはどうでしょうか。

　価格、MACD1、シグナルと比較すると最初に下向きの棒が最大に伸びている地点（ピーク）は MACD1、シグナルよりも先行して現れています。

　価格が上昇トレンドに入ってからはどうでしょうか。トレンドの中盤では細かい上げ下げがありますが、ヒストグラムはこのとき伸びたり縮んだりを繰り返しています。これはヒストグラムが早く売買サインを出そうとしているためです。しかし、サインが早くなればダマシも増えてきます。したがって、ヒストグラムはあくまでも参考にとどめます。それだけで売買はしません。ヒストグラムは相場の大きな流れをつかむための指針なのです。

◆ MACD2 ＝ヒストグラム

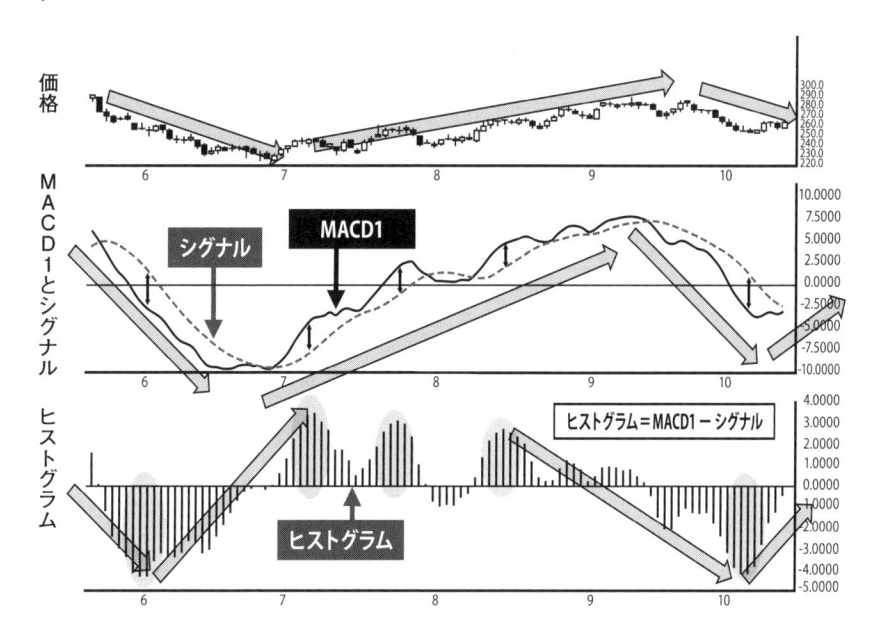

## 第3節
# MACD の総合分析

### 1）MACD は 5 本の線で分析する！

　MACD を 5 本の線で分析するのが小次郎講師流です。

　MACD で本来用いる MACD1、シグナル、ヒストグラムに 12 日
EMA と 26 日 EMA を足して 5 本とします。

　次ページのチャート『MACD は 5 本の線で分析する（くりっく株
日経 225 の日足）』が実際の分析例です。上段に 12 日 EMA と 26 日
EMA を、下段に MACD1、シグナル、ヒストグラムを配置しています。
これが MACD を最もよく理解できる見方です。

　MACD からは以下の 3 つの売買サインを読み取ります。


### ① 12 日 EMA と 26 日 EMA のクロス
### ② MACD1 とシグナルのクロス
### ③ヒストグラムの増減


　このとき、どのサインに従って売買を仕掛けたら良いのか戸惑うト
レーダーは少なくありません。それは、それぞれのサインが持つ意味
と、相互の関係をきちんと理解できていないからです。

◆ MACD は 5 本の線で分析する（くりっく株日経 225 の日足）

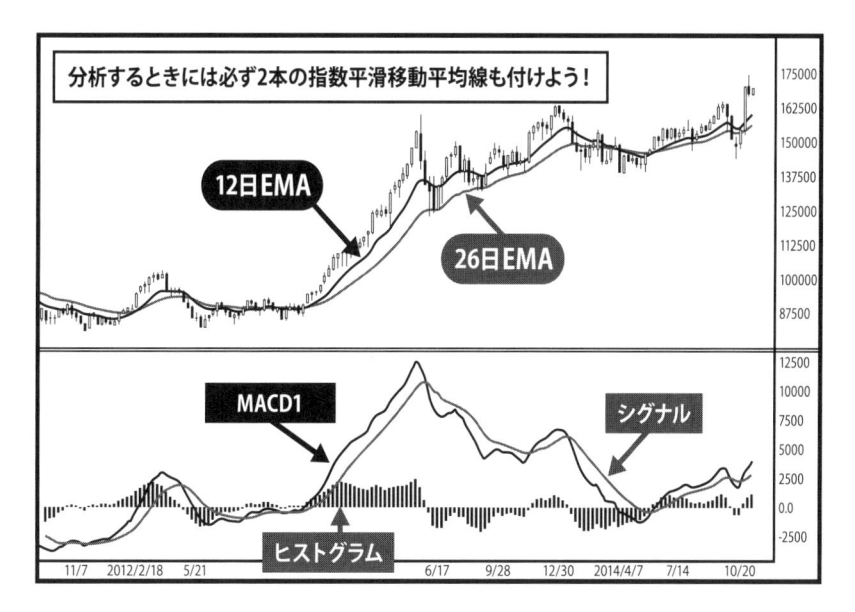

分析するときには必ず2本の指数平滑移動平均線も付けよう！

12日EMA

26日EMA

MACD1

シグナル

ヒストグラム

## ２）MACD を使いこなすための極意図

　次ページの『MACD を使いこなすための極意図』を見てください。上段では、12 日 EMA と 26 日 EMA が形成する G クロスと D クロスを丸印で囲んでいます。

　中段では、MACD1 とシグナルの G クロス、D クロスを丸印で囲んでいます。

　下段では、ヒストグラムのボトムアウト（ヒストグラムがマイナスの領域で最大値をつけた地点＝買いシグナル）とピークアウト（ヒストグラムがプラスの領域で最大値をつけた地点＝売りシグナル）を丸印で囲んでいます。

　この３者の関係を時系列で追うと、次のようになります。

**①ヒストグラムのボトムアウト**
**② MACD1 とシグナルの G クロス**
**③ 12 日 EMA と 26 日 EMA の G クロス**
**④ヒストグラムのピークアウト**
**⑤ MACD1 とシグナルの D クロス**
**⑥ 12 日 EMA と 26 日 EMA の D クロス**

　注目するのは、これらのクロスまたはボトム／ピークアウトと、価格（ローソク足）変動のタイミングです。

　12 日 EMA と 26 日 EMA のクロスは、価格が底または天井をつけてしばらくしてから発生しています。ということは、EMA のクロスを確認してから仕掛けていては、トレンドの少なくない部分を獲り逃がすことになります。

　一方、下段のヒストグラムにダマシが多いことはすでに説明しました。したがって、MACD1 とシグナルの G クロス、D クロスが最良の

◆ MACD を使いこなすための極意図

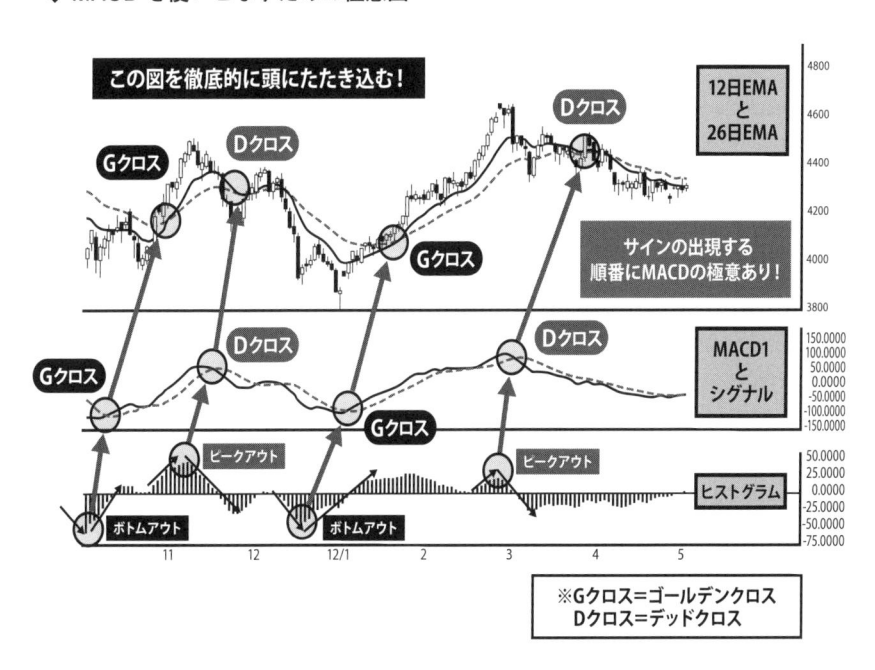

買いサイン、売りサインとなるのです。

　では、なぜダマシの多いヒストグラムをあえてチャートに描画するのでしょうか。

　ヒストグラムは観劇の開演ベルに似ています。劇場では、観客は開演を待つ間、お茶を飲んだりパンフレットを眺めたりしています。しかし、ベルが鳴ると緊張が走ります。そして席に着いて、お芝居を観ようというモードに入るのです。ヒストグラムもそれと同じ意味合いなのです。

　この3つのサインの関係が理解できればMACDの免許は皆伝です。


## 3）MACDの仕掛けと仕切り

　MACDについてはすべてをお伝えしました。ここからは小次郎講師流の「MACDを使った仕掛けと仕切りテクニック」について、買いを例に具体的に紹介します。


### ◎試し玉

　ヒストグラムのボトムアウトから上昇への転換は"劇場のベル"にすぎません。ですから、ヒストグラムを利用して仕掛けても、信頼性に欠けます。トレーダーの早く仕掛けたい気持ちはわかりますが、仮にヒストグラムを根拠に買いを仕掛けるなら、試し玉のレベルで留めておくべきです。ダマされてもあきらめがつく程度にしておきましょう。


### ◎本仕掛けと増し玉

　本格的な仕掛けはMACD1とシグナルのクロスです。

　追加で仕掛けるタイミングは2本のEMAのクロスです。MACDを知らなければ、そこが普通の仕掛けどころだったはずです。

追加で仕掛けるときには、見逃してはいけない重要なサインがあります。EMA のクロス発生に至る MACD の動きに注視してください。

①ヒストグラムの上昇が緩やかになる
②ヒストグラムが下げ始める
② MACD1 の上昇が緩やかになる
④ MACD1 の上昇が平行に近くなる

時系列的に①～④が観察できたら、上昇トレンドは終わりに近づいていると判断します。もちろん、増し玉はしません。

増し玉は利益を伸ばすために有効な戦術ですが、タイミングを誤ると高値掴みになってしまいます。MACD の長所は、MACD1 の下降によって上昇トレンドの終了をあらかじめ教えてくれることにあるのです。

◎仕切り

例えば、買い玉の仕切りは、ヒストグラムのピークアウトから下降への転換で目安をつけます。そのタイミングで建玉の一部を早めに手仕舞いする戦術は否定しませんが、ダマシにあうこともしばしばあります。したがって、早めの手仕舞いを「検討する」くらいの気持ちでよいでしょう。

実際に手仕舞いするのは MACD1 のピークアウトを確認してからで十分です。そのときは建玉の半分を仕切るイメージです。残りの半分をすべて手仕舞いするのは MACD1 とシグナルの D クロスが発生したときです。

◎ロスカット

買い建玉したときのロスカットラインは "直近の底（前回の底値）"

とします。

　MACD1 とシグナルの G クロスを確認して買い建てたものの、ほんのわずかの後に価格が反転して前回の底値を下回ったということは、本当のボトムアウトではなかったことになります。したがって、潔く誤りを認め、トレードはそこで終了させます。

　このとき、エントリーしたところから直近の底まである程度の値幅がある場合は、すべての収益を吐き出すまで待つ必要はありません。自分で適当と思われる値幅を決めて、その価格をロスカットラインに設定しましょう。


## 4）ダマシの発見

　MACD ではダマシを察知することもできます。

　トレーダーがダマシに気づくのには 2 つのパターンがあります。仕掛ける前に気づけるパターンと仕掛けた後に気づくパターンです。


### ①仕掛ける前に気づけるダマシ

　そもそも仕掛ける前にはダマシが起こりえる状況をあらかじめ想像しておくべきです。第一に、そういう場面では仕掛けないようにします。どうしても仕掛けたいのであれば、細心の注意を払います。

　MACD の売買チャンスは MACD1 とシグナルのクロスです。この G クロスについていえば、ゼロライン以下で発生する場合とゼロラインより上で発生する場合があり得ます。このうちダマシが多いのはゼロラインより上の G クロスです。ゼロラインに近いクロスも要注意だと認識しましょう。

　ヒストグラムには大きな谷のボトムアウト／大きな山のピークアウトと、小さな谷のボトムアウト／小さな山のピークアウトがあります。このうち信頼度が高いのは大きな谷と大きな山です。小さい谷・山に

は注意が必要です。

## ②仕掛けた後に気づくダマシ

　仕掛けた後にダマシだと気づくこともあります。幸いまだ価格は下がっていません。さてどうすべきでしょうか。もちろん、律儀にロスカットラインまで待つ必要はありません。すぐに手仕舞いします。

　MACD1とシグナルのGクロスを確認して買いを仕掛けたとします。正しく上昇トレンドをとらえていれば、MACD1もシグナルも右肩上がりに推移するはずです。ところが、どちらかの上昇力が失速したならば、それはトレンドに乗りきれなかった証拠です。

　本来、上昇の過程ではMACD1はゼロラインをクロスしなければなりません。それが12日EMAと26日EMAのGクロスになるからです。

　MACD1がいつまでたってもゼロラインに届かないのであれば、EMAのGクロスは起きません。すなわち、ダマシだったということになります。

第4節

# 大循環 MACD

## 1）大循環 MACD とは

　大循環 MACD は移動平均線大循環分析の進化形です。移動平均線大循環分析がノービストレーダーにもわかりやすいということを趣旨にしているのに対し、大循環 MACD は上級者向けの指標になります。

　移動平均線大循環分析は大きなトレンドをしっかりと獲ることを目的にしていますが、大循環 MACD では大きなトレンドを獲ることはもちろん、小さなトレンドも獲りこぼさず獲っていくことを狙っています。

## 2）大循環 MACD の構成

　『大循環 MACD』は 4 つの要素で構成されています。

　次ページのチャートを見てください。上部は移動平均線大循環分析です。ただし、3 本の移動平均線は EMA を使います。パラメーターは移動平均線大循環分析と同じく、5 日、20 日、40 日です。日足以外では 5 本、20 本、40 本を使います。

　その下に 3 つの MACD を並べました。便宜的に上から MACD（上）、MACD（中）、MACD（下）と呼びます。

　3 つの MACD のパラメーターはそれぞれ次のようになります

◆大循環 MACD

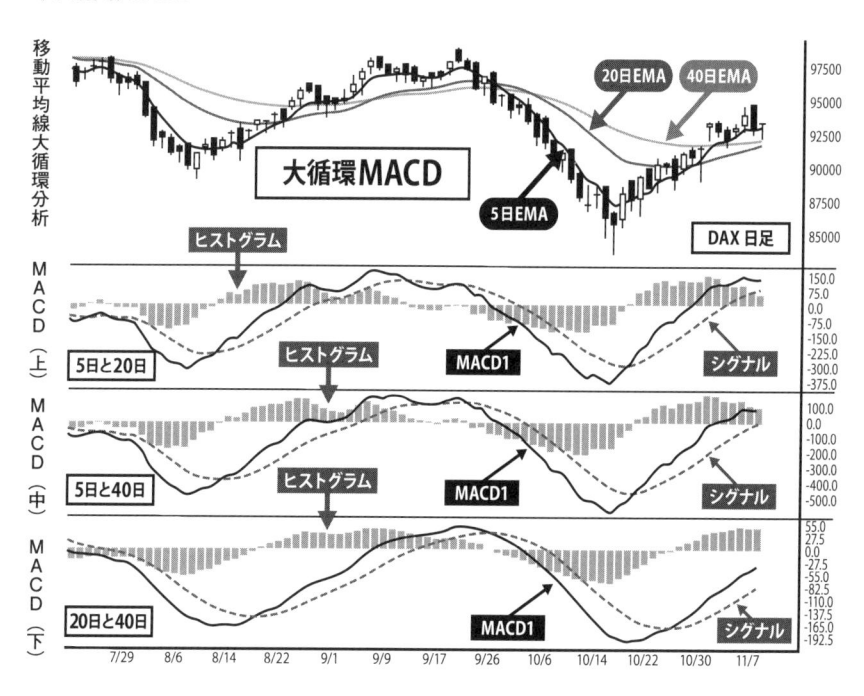

```
MACD（上）・・・5・20・9
MACD（中）・・・5・40・9
MACD（下）・・・20・40・9
```

　MACD は、前述したとおり、2 本の移動平均線（EMA）の間隔の変化を見るものです。そして、その間隔を見ることにより、2 本の移動平均線のGクロス、Dクロスを先読みするという役割がありました。

　上記の3つのパラメーターのうち、最初の2つの数字［※ MACD（上）でいうと5と20］は、その MACD がどの EMA とどの EMA の間隔を見ているかを示します。

---

**MACD（上）**
5 日 EMA（短期線）と 20 日 EAM（中期線）の間隔を見る
**MACD（中）**
5 日 EMA（短期線）と 40 日 EMA（長期線）の間隔を見る
**MACD（下）**
20 日 EMA（中期線）と 40 日 EMA（長期線）の間隔を見る

---

　そして、最後のパラメータ9は、シグナルを計算するときの標準的パラメーターです。

---

**シグナル＝ MACD 1の9日 EMA**

---

### 3）3つの MACD をつける意味

　移動平均線大循環分析では、3本の線のうち2本がクロスすることによりステージが推移することを学びました。3本の線の並び順が上から短期線・中期線・長期線となっているステージ1から短期線と中期線がDクロスすることによりステージ2へ、その後、短期線と長期線がDクロスすることにより、ステージ3へ、そして最後に中期線と長期線がDクロスしてステージ4に移行します。ステージ4からステージ1への推移も同様です。3回のGクロスを経てステージ1へ移行します（364ページ参照）。

　すでに学んだとおり、MACD には2本の EMA のGクロス（あるいはDクロス）を先読みできる性質があります。Gクロス（あるいはDクロス）するならば、2本の線の間隔はどんどんくっついていくからです。

　MACD のこの特徴を活かし、移動平均線大循環分析でのステージ変化を先読みするものとして編み出したのが3種類の MACD です。それぞれの役割は以下の通りです。

---

### 【3つの MACD の役割】

#### ■ MACD（上）
パラメーター5・20 の MACD は、短期線と中期線のGクロス（Dクロス）を先読みします。
計算式；MACD1 = 5日 EMA − 20日 EMA

## ■ MACD（中）

パラメーター5・40のMACDは、短期線と長期線のGクロス（Dクロス）を先読みします。

計算式：MACD1 ＝ 5日EMA － 40日EMA

## ■ MACD（下）

パラメーター20・40のMACDは、中期線と長期線のGクロス（Dクロス）を先読みします。

計算式：MACD1 ＝ 20日EMA － 40日EMA

　このように、3種類のMACDを使うことによって、ステージの移行が早く読めるようになります。例えば、小さなトレンドでも利益を上げようと思うと、ステージ1で3本の移動平均線が右肩上がりになるのを待っていては遅いケースがあります。

　しかし、移動平均線よりも早く反応するMACDを使えば、ステージ6やステージ5の段階で今後ステージ1に向かっていく展開が読めるようになるのです。結果的に、一歩先手を打つことができるようになります。

### 4）大循環MACDと移動平均線大循環分析の関係

　シンプルなMACDチャートを使って、大循環MACDと移動平均線大循環分析の関係を再確認したいと思います。

　次ページの『大循環MACDと移動平均線大循環分析の関係』を見てください。この図の3つのMACDはシグナルやヒストグラムを割愛し、MACD1だけを描いています。上部のチャートは上から40日

◆大循環 MACD と移動平均線大循環分析の関係

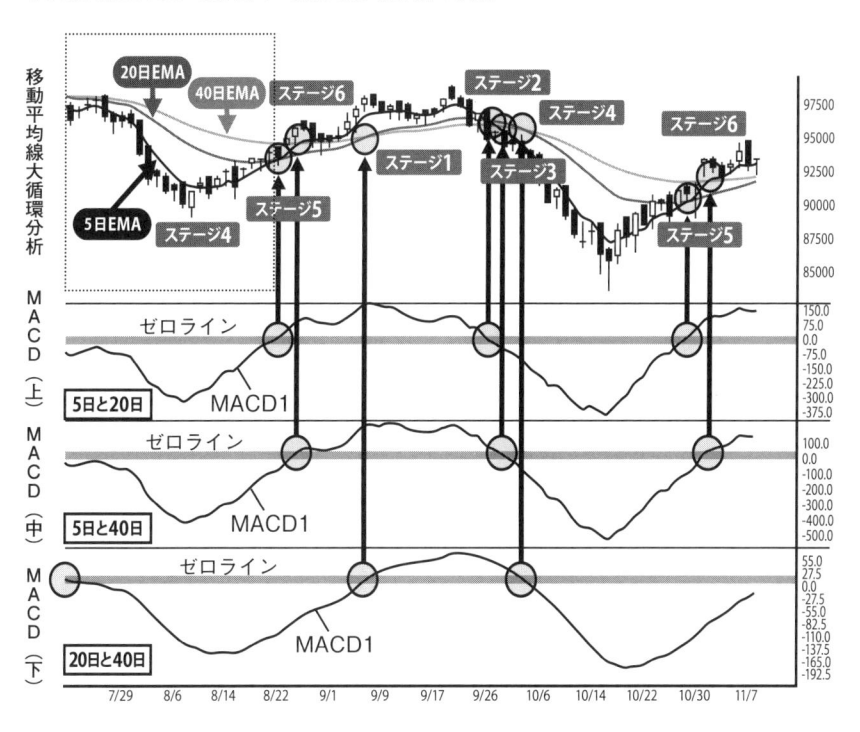

EMA（長期線）、20日EMA（中期線）、5日EMA（短期線）という並び順のステージ4から始まっています（点線枠）。

さて、最初に短期線と中期線がGクロスして、ステージ5となりました。そのとき、MACD（上）のMACD1がゼロラインを下から上へクロスしているのがわかるはずです。つまり、MACD（上）の動きを見ていれば、ステージ5への変化は先読みできるわけです。

続いて、短期線と長期線がGクロスして、ステージ6となりました。そのとき、MACD（中）のMACD1がゼロラインを下から上へクロスしているのがわかるはずです。つまりMACD（中）の動きを見ていれば、ステージ6への変化は先読みできるわけです。

さらに、中期線と長期線がGクロスして、ステージ1となりました。そのとき、MACD（下）のMACD1がゼロラインを下から上へクロスしているのがわかるはずです。つまりMACD（下）の動きをみていれば、ステージ1への変化は先読みできるのです。

以後の推移もチャートで確認してください。それぞれのステージの変化が3つのMACDで先読みできることが確認できます。ここに大循環MACDの醍醐味があります。

さて、ここで、407ページのチャートの中ごろで発生したステージ1に注目してください。とても小さな上昇トレンドで、買い玉を建てる間もなく下降に転じています。移動平均線大循環分析では獲りにくい相場です。

ところが、そのひとつ前のステージ6やステージ5で仕掛けることができれば、この小さなトレンドも獲ることができます。早く仕掛ければ仕掛けるほど、通常はダマシが多くなります。しかし、大循環MACDを使うことでステージの変化を先読みできれば、ダマシに遭う確率を減らしながら、仕掛けることができるのです。

## 5）大循環 MACD の仕掛け　〜買い〜

### ①本仕掛け

大循環 MACD の買いの本仕掛けは次の条件となります。

---

・ステージ6

・MACD（下）の MACD 1 がシグナルと G クロスをすませている

・3 本の MACD が右肩上がり

---

ステージ6 というのは短期 EMA が帯（342 ページ参照）を渡った状態です。なおかつ、MACD（下）の MACD 1 がシグナルと G クロスしていることによって、MACD1 の上昇が確認でき、ステージ1への移行も予測できます。さらに、3 本の MACD の上昇により、高い確率で上昇トレンドが継続すると判断できます。

### ②早仕掛け

大循環 MACD の買いの早仕掛けは次の条件となります。

---

・ステージ5

・MACD（下）の MACD 1 がシグナルと G クロスをすませている

・3 本の MACD が右肩上がり

---

本仕掛けと違うのはステージだけです。ステージ5 は短期 EMA が

帯に突入しながらも、まだ帯を抜けていない状態です。MACD（中）の上昇がステージ5からステージ6へ、MACD（下）の上昇がステージ6からステージ1への移行を教えてくれます。

### ③試し玉

大循環 MACD の買いの試し玉は次の条件となります。

> ・ステージ4
> ・MACD（下）の MACD 1 がシグナルと G クロス
> ・3 本の MACD が右肩上がり

ここも、違いはステージだけです。MACD（上）の上昇はステージ4からステージ5への移行を、MACD（中）の上昇はステージ5からステージ6へ移行を予兆しています。MACD（下）の上昇はステージが6からステージ1への移行の予兆です。

試し玉のシグナルが出るのはステージ4です。上にはまだ帯が広がっていて、そこで跳ね返される可能性があります。その点に注意してください。

次ページのチャート『米ドル／円の4時間足（2015年7月8日〜7月28日)』を見てください。本仕掛けも、早仕掛けも、試し玉でも、3 本の MACD の上昇はとても大事なサインになっています。MACD（上）は価格変動に対して感応の早い線です。一方、MACD（下）は感応の遅い線です。ということは、もし、上昇トレンドが小さなトレンドで終わるときには、MACD（下）が上昇を始めたときには、

◆米ドル／円の4時間足（2015年7月8日〜7月28日）

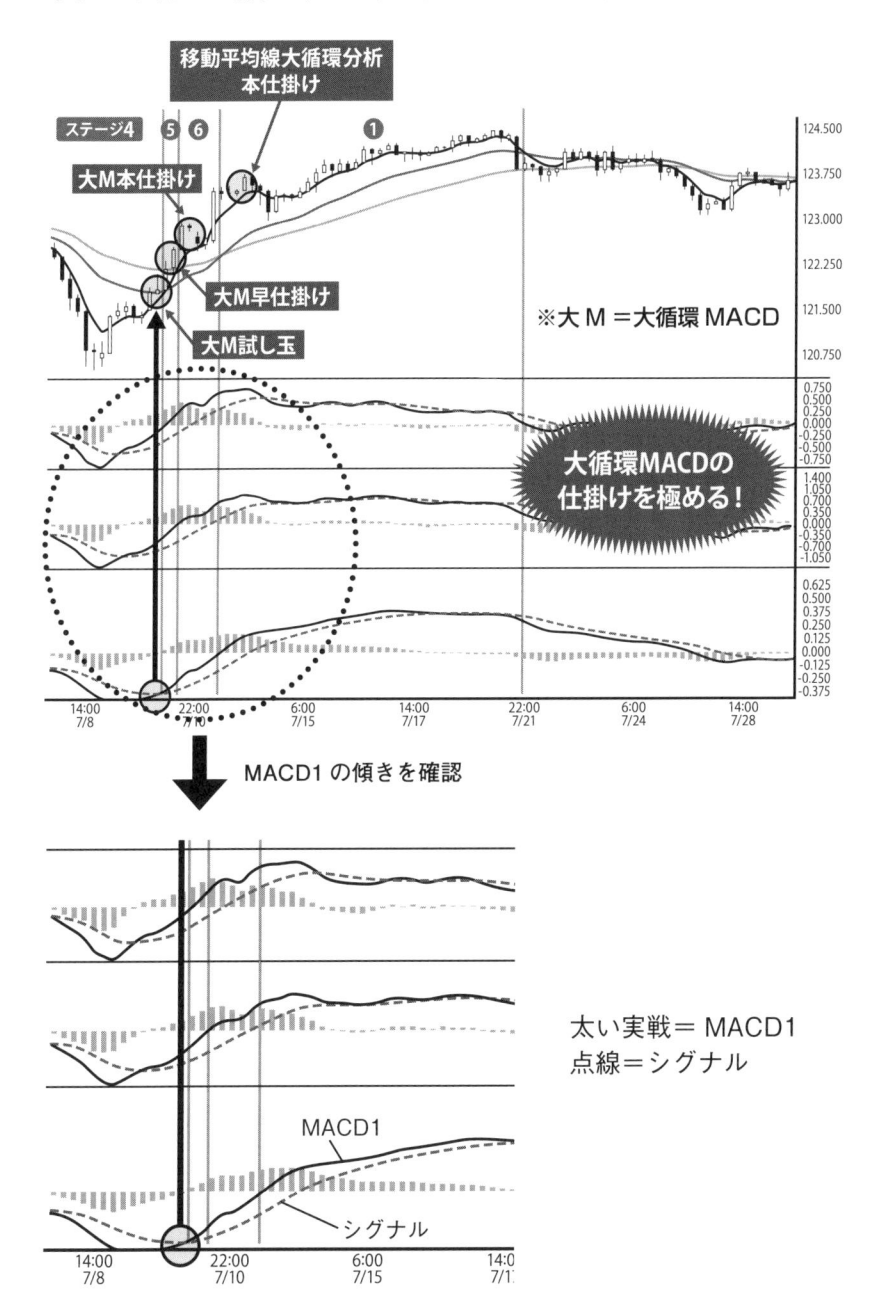

MACD1 の傾きを確認

太い実戦＝ MACD1
点線＝シグナル

MACD（上）はすでに下降していることが多いのです。だからこそ、今後の価格の上昇を強く示唆してくれるものとして、時間差のある3本の線が上昇しているかどうかには注目すべきなのです。

## 6）チャートで確認

407ページのチャート『大循環MACDと移動平均線大循環分析の関係』を振り返ってください。このときの状況では、ステージ1のタイミングで買ったらすでに利益を獲り逃がしていました。

ここで、そのときの3本のMACD1を見てみましょう。

MACD（下）のMACD1は、今まさにGクロスしたばかりですから上向いています。ところが、MACD（中）とMACD（上）のMACD1は、わずかですが下げ出しています。ということは、すでに買えなかったことになります。

しかし、大循環MACDの早仕掛けのサインを使えば、このトレンドを獲ることができました。

前ページのチャート『米ドル／円の4時間足（2015年7月8日〜7月28日）』は、ステージ4からスタートしています。その後はステージ5→ステージ6→ステージ1と順調に遷移しています。このときのMACD1の動きに注目しましょう。

ステージ4の最後の地点でMACD（下）のMACD1がシグナルとGクロスしています。このときMACD（中）とMACD（上）のMACD1を確認します。太い実線で示したMACD1は2本とも上昇しています。ということは、ステージ4で試し玉ができる条件を満たしていることになります。

その直後にステージ5に移行しています。MACD（下）のMACD1とシグナルのGクロスはステージ4で確認済みですから、ここで改めて3つのMACDのそれぞれのMACD1に注目すると、いずれも上昇

を継続しています。すなわち早仕掛けOKのサインです。ステージ6でも同じ条件なら、いよいよ本仕掛けが可能になります。

　ステージ1での移動平均線大循環分析の本仕掛けのサインを見てください。そこで仕掛けても大きな利益は獲れませんし、場合によっては損をするかもしれません。だからこそ、大循環MACDの試し玉、早仕掛けは強力な武器となるのです。

## 7）大循環 MACD の仕掛け　〜売り〜

### ①本仕掛け

　大循環 MACD の売りの本仕掛けは次の条件となります。

> ・ステージ3
> ・MACD（下）の MACD 1がシグナルと D クロスをすませている
> ・3本の MACD が右肩下がり

### ②早仕掛け

　大循環 MACD の売りの早仕掛けは次の条件となります。

> ・ステージ2
> ・MACD（下）の MACD 1がシグナルと D クロスをすませている
> ・3本の MACD が右肩下がり

### ③試し玉

　大循環 MACD の売りの試し玉は次の条件となります。

> ・ステージ1
> ・MACD（下）の MACD 1 がシグナルと D クロス
> ・3 本の MACD が右肩下がり

## 8）大循環 MACD の手仕舞い

　大循環 MACD の手仕舞いは移動平均線大循環分析と同じですが、ステージの変化を見て、それから手仕舞い注文を出したのでは遅すぎます。MACD（上）の動きを見れば、これからステージが変化するということが事前にわかります。トレンドが終了すると思えば、一歩早く手仕舞っていきましょう。

　ある程度、利益の上がった後の手仕舞いとしては、前日の移動平均線の中期線の値で逆指値注文を出しておき、決済するという方法があります。これは大きく価格が上昇した後には、下げも早いということから考えられました。逆指値注文をあらかじめ出しておけば、いち早く決済できるからです。

　いずれにせよ、3 本の MACD の動きを見れば、下降トレンドへの変化は先読みできるはずです。

## 9) まとめ

　2章にわたって、エントリーポイントの説明をしてきました。トレーダーにとってここが一番興味のある部分だと思います。しかし、大事なのは資金管理・リスク管理であり、エントリールールはトレードルールの一要素であることを忘れてはいけません。

　エントリールールが教えてくれるのはエッジにすぎないのです。「どこで入るか」も大切ですが、いくらまで賭けていいのか、いくらまで耐えられるのかを理解し、実践することができなければ、Ｖトレーダーになることはできません。

　トレードルールを作り、検証してバージョンアップしてください。トレードルールをバージョンアップしていくことで、成長を確認できます。成長が確認できれば、みなさんの目指すゴールへたどり着くはずです。ひとりでも多くのＶトレーダーが育つことを望んでやみません。

## ◆著者紹介：小次郎講師（こじろうこうし）

　本名は手塚宏二。チャート研究・トレード手法研究家。5年間に数百人のトレーダーに小次郎講師流に改良したタートルズトレードを伝授し、勝てる投資家を輩出。

　現在は、個人投資家のカリスマコーチングプロとして人気を博し2千人を超える門下生を抱えている。

　みんなの株式「コラムアワード 2013 大賞」「2014 大賞」と2年連続大賞を受賞。2015 年はパンローリング「ブルベア大賞」の準大賞を受賞している。ライフワークは「日本に正しい投資教育を根付かせること」

　ホームページ：http://kojirokousi.com/

2016 年 04 月 03 日　　第 1 刷発行
2016 年 05 月 02 日　　第 2 刷発行
2016 年 07 月 03 日　　第 3 刷発行
2018 年 03 月 01 日　　第 4 刷発行
2019 年 01 月 02 日　　第 5 刷発行

## 小次郎講師流　目標利益を安定的に狙い澄まして獲る

# 真・トレーダーズバイブル
### ──Vトレーダーになるためのルール作り

著　者　　　小次郎講師
執筆協力　　小島栄一
発行者　　　後藤康徳
発行所　　　パンローリング株式会社
　　　　　　〒 160-0023　　東京都新宿区西新宿 7-9-18-6F
　　　　　　TEL 03-5386-7391　　FAX 03-5386-7393
　　　　　　http://www.panrolling.com
　　　　　　E-mail　info@panrolling.com
装　丁　　　パンローリング装丁室
組　版　　　パンローリング制作室
印刷・製本　株式会社シナノ

## 相場の上下は考えない
## 「期待値」で考える株式トレード術 増補版

定価 本体2,000円+税　ISBN:9784775991596

### 相場変動に左右されない、期待値の高い取引
### ＝サヤ取り投資

投資で利益を出すにあたって、予測的な側面を重視する投資家の数は多いことでしょう。しかし、そのやり方では、いつまでたってもイチかバチかのギャンブル的な要素が漂う世界から抜け出すことはできません。相場の流れは誰にもわかりません。わからないということは、予測してもあまり意味がないということです。それではいったい、私たち投資家がすべきことは何なのでしょうか？ 答えを先に言うと、正しい行動を取ればいいのです。具体的には、期待値がプラスになるような優位性のある行動を取らなければなりません。運の要素を取り除いて、純粋に確率論で物事を判断する必要があるのです。

## サヤ取り入門 [増補版]

定価 本体2,800円+税　ISBN:9784775990483

### あのロングセラーが増補版となってリニューアル!!

本書の初版が多くの個人投資家に「必読書」として絶賛されたのは、このサヤ取りを個人で実践する秘訣が、惜しげもなく披露されていたからである。筆者自身、長きにわたってサヤ取りを実践する個人投資家。だからこそ本書には、本物ならではの分かりやすさと具体性があるのだ。

## 為替サヤ取り入門

定価 本体2,800円+税　ISBN:9784775990360

### 2組の通貨ペアによる「スプレッド」投資なら
### 為替間のサヤもスワップ金利も一挙両得が可能

個人でもできるFXの裁定取引。例えば、ユーロ／円とユーロ／ドルなど外国為替の相関関係を利用した「低リスク」売買で「スワップ金利」だけでなく「為替のサヤ」も狙っていく投資手法それが「FXキャリーヘッジトレード」だ！

# 齊藤トモラニ

ウィンインベストジャパンのFXトレーダー兼講師。2006年11月の杉田勝FXセミナーの受講生。セミナー受講後、FXでの利益が給料を上回るようになる。その後、トレーダー兼講師としてウィンへ入社。抜群のFXトレードセンスを持ち、セミナー受講生から絶大な評判を得る。「トモラニ」の愛称で親しまれている。

## 簡単サインで「安全地帯」を狙う
# FXデイトレード

定価 本体2,000円+税　ISBN:9784775991268

### FXコーチが教えるフォロートレード
### 簡単サインで押し目買い&戻り売りの
### 絶好ポイントを探せ!

本書で紹介しているWBRという新しいインジケーターは、RSIに、ボリンジャーバンド（以下、ボリン）の中心線と±2シグマのラインを引いたもの。RSIとボリンの関係から見える動き、具体的には「RSIとボリンの中心線の関係」「RSIとボリンの±2σの関係」からエントリーを探る。

---

**DVD**
## トモラニが教える給与を10倍にする
## FX勝ちパターンを実現する極意
定価 本体2,800円+税　ISBN:9784775963531

誰かのトレードのマネをしても性格も違う、相場の経験値も違うため自分に合うとは限らない。やはり勝ちパターンは手法ではなく自分自身の中にしか無いのだ。チャートから勝つ技術をつくりだす方法を解説!

---

**DVD**
## 通貨ペアの相関を使ったトレード法
## 時間軸の選び方がポイント
定価 本体2,800円+税　ISBN:9784775964040

相場で利益を出すためにはトレンドの見極め方が大事だがそれよりも勝敗を分けるのは通貨ペアの選び方である。またUSDJPYだけしかトレードしないという方もいますが、そういう方は時間軸の選び方が利益を上げるキーポイントとなる。

## リスク限定のスイングトレード

出来高急増で天底（節目）のサインを探る！

著者：矢口新

定価 本体1,600円＋税　ISBN:9784775991084

【これまでは「出来高」は地味な存在だった】何日ぶりかの出来高急増は節目（最良の売買タイミング）になりやすい！　節目を確認して初動に乗る「理想のトレード」で損小利大を目指す。

## 板読みデイトレード術

投資家心理を読み切る

著者：けむ。

定価 本体2,800円＋税　ISBN:9784775990964

板読み＝心理読み！の視点に立って、板の読み方や考え方だけではなく、もっと根本的な部分にあたる「負ける人の思考法」「勝つための思考法」についても前半部分で詳説。

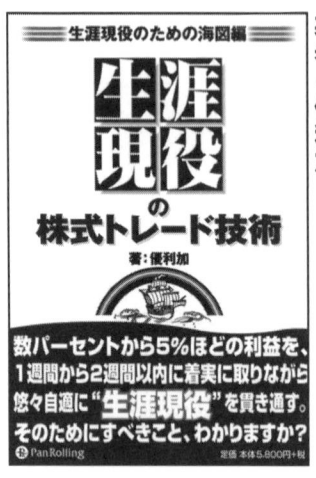

## 生涯現役の株式トレード技術【生涯現役のための海図編】

著者：優利加

定価 本体2,800円＋税　ISBN:9784775990285

数パーセントから5％の利益を、1週間から2週間以内に着実に取りながら“生涯現役”を貫き通す。そのためにすべきこと、決まっていますか？わかりますか？

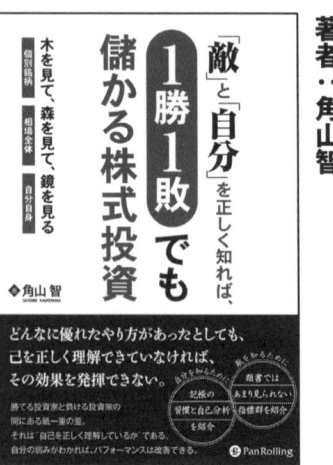

## 「敵」と「自分」を正しく知れば1勝1敗でも儲かる株式投資

著者：角山智

定価 本体1,500円＋税　ISBN:9784775991398

己を知らずに良い手法を使っても、効果は一時的なものになるでしょう。でも、自分の弱みを理解し、己に打ち勝つことができれば、継続的に手法の効果を実感できるでしょう。

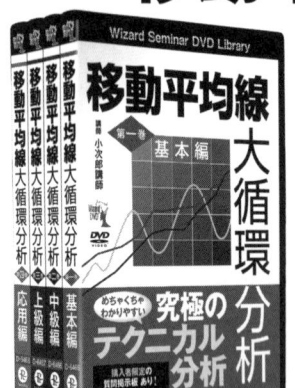
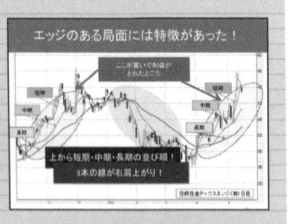

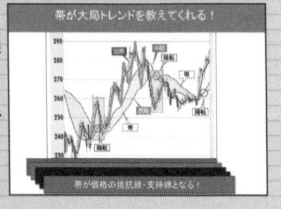
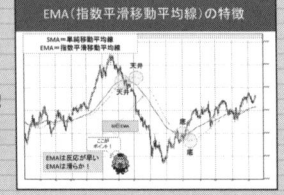

# 投資(トレード)のやり方は<br>ひとつではない。

## "百人百色"のやり方がある！

凄腕の投資家たちが
赤裸々に語ってくれた、
投資のやり方や考え方とは
いかに……。

好評発売中